채권법 제3부

1905 제2·9권
보성전문학교 교과서번역사업 9
고려대학교 仁星기금 후원

채권법 제3부

債權法 第三部

조성구 지음
명순구 옮김

KOREA
UNIVERSITY
PRESS
고려대학교
출판문화원

인성기금

“인성기금은 유휘성 회장이
고려대학교에 기부하여 조성된 연구기금입니다”

역자 서문

국권이 스러져가던 1905년 을사년(乙巳年) 충숙공 이용익 선생께서 교육구국(教育救國)의 신념으로 설립한 고려대학교, 인촌 김성수 선생의 통 큰 결단으로 종로의 요람을 떠나 안암동산에 새로 뿌리를 내린 지 90년이 되었다. 2025년 고려대학교는 개교 이후 두 번째 을사년을 맞는다.

고려대학교가 개교 110주년을 맞이한 2015년, 고려대학교와 대한민국의 역사가 의미 있게 교차하는 지점을 연구·정리하기 위하여 "1905" 시리즈를 창설했다. 그 사업의 일환으로 보성전문학교 교과서 번역 사업을 시작한 것이 2017년이었다. 2017년 《민법총론(民法總論)》(제2·1권)을 출간한 이후, 2018년 《물권법 제1부(物權法 第一部)》(제2·2권), 2019년 《국가학(國家學)(제2·3권)》, 2020년 《행정법대의(行政法大意)》(제2·4권), 2021년 《물권법 제2부(物權法 第二部)》(제2·5권)와 《전시국제공법(戰時國際公法)》(제2·6권), 2023년 《채권법 제1부(債權法 第一部)》(제2·7권), 2024년 《채권법 제2

부(갑)(債權法 第二部)(甲)》(제2·8권)이 빛을 보았다. 이들에 이어 이번엔 《채권법 제3부(債權法 第三部)》(제2·9권)를 출간하게 되었다. 2025년은 1905년 을사년에 설립된 고려대학교가 두 번째 환갑을 맞는 해이다. 이를 계기로 보성전문학교 교과서 번역 사업이 보다 신속하게 진전되기를 기대한다.

한민족 역사의 격동기에 설립된 보성전문은 민족의 미래를 이끌어 갈 인재들을 길러 내기 위하여 근대적 실용학문을 본격적·체계적으로 교수한 고등교육기관이다. 그러므로 보성전문에서 시행된 교육과 연구는 대한민국의 학문사에 진한 방점을 찍어야 할 부분이며, 보성전문의 교과서는 우리나라 근대 학문의 초기 모습을 보여주는 매우 귀중한 자료이다. 그러나 많은 한자어, 언문일치가 되지 않은 문장 스타일, 종서 형식의 인쇄 등으로 인해 요즘 사람들이 그 내용을 이해하기가 쉽지 않다. 보성전문 교과서 번역 사업은 학문을 하는 사람들과 자료를 공유하기 위한 작업의 일환이다. 이 사업은 우리나라에 있어서 법학·경제학·경영학의 초기 모습을 정확히 인식하는 단서가 될 것이다. 보성전문 교과서 번역 사업이 성숙 단계에 이르면 저자 및 교과서의 학문적 계보에 관한 연구 등 심도 있는 후속 작업을 수행할 수 있을 것이다. 이 사업은 대한민국 학문사의 시곗바늘을 지금보다 훨씬 뒤로 돌려 학문 수준을 높이는 계기가 될 것이다.

보성전문의 채권법 교과서는 모두 네 책으로 구성되어 있다. 《채권법 제1부(債權法 第一部)》(현대의 체계로는 채권총론), 《채권법 제2부(갑)(債權法 第二部(甲)》(현대의 체계로는 계약총론), 《채권법 제2부(을)(債權法 第二部)(乙)》(현대의 체계로는 계약각론), 《채권법 제3부(債權法 第三部)》(현대의 체계로는 법정채권관계)가 그것이다. 이번 《채권법 제3부(債權法 第三部)》의 출간으로 《채권법 제2부(을)(債權法 第二部)(乙)》을 제외하고 민법(재산편) 교과서 번역이 완료되었다. 석진형(石鎭衡, 1877-1946) 저술의 《채권법 제2부(을)(債權法 第二部)(乙)》은 아직까지 그 원본을 입수하지 못해 매우 안타깝게 생각한다. 앞으로 많은 사람들이 각별한 관심을 가지고 힘을 모아 탐색하여 빛을 보기를 기대한다.

대부분의 보성전문 교과서가 그러하듯 《채권법 제3부(債權法 第三部)》 또한 저자가 조성구(趙聲九, 1881-1958)라는 것 외에는 출판사항에 관한 기록이 없다. 조성구는 1907년 보성전문학교 법률과 야간부를 제1회로 졸업하였으며, 보전친목회(1907년 보성전문학교 제1회 졸업을 계기로 창설된 것으로 단체로서 현 고려대학교 교우회의 모태) 초대 회장을 역임했다. 1906년 내부주사, 1907년 내부 서기관, 1908년 내부 민적과장, 1910부터 1914년 경무총감부 경무과 경시, 1924년 충남 천안군수, 해방 후 영등포구청장 등을 역임했다. 민족문제연구소 《친일인명사전》에 등재되었다. 《헌법(憲法)》,

《지방행정론(地方行政論)》, 《형사령(刑事令)·형법석의(刑法釋義)》 등의 저서가 있으며, 마쓰이 시게루(松井茂)의 《경찰학(警察學)》(1909)을 번역하는 등 활발한 저술활동을 했다.*

이 번역서는 인성기금(仁星基金) 후원의 결과이다. 이 기금은 유휘성 회장님께서 고려대학교 법학전문대학원에 조성해 주신 연구진흥기금이다. 유 회장님의 후원이 없었다면 이 사업을 시작할 수 없었다. 대한민국과 고려대학교의 역사를 소중히 여기시는 유 회장님의 안목에 깊은 존경과 감사의 마음을 드린다.

역사는 미래를 비추는 거울이며, 대학의 힘은 학문에서 비롯된다. 《1955년 고려대학교, 법과 시와 음악》(1905 제1권, 2015), 《양호기》(1905 제3권, 2019)의 뒤를 이어 "1905" 시리즈가 시간과 함께 더욱 힘차게 성장하길 기원해 본다.

2024년 12월

옮긴이 명순구

* 조성구에 대하여 자세한 것은 김효전, 〈조성구의 생애와 《헌법》〉, 《青村論叢》(청촌장학재단) 창간호(1999년 12월), 41-70쪽 참조.

차례

趙聲九 講述

第一編 事務管理

事務管理라홈은法律上의義務가無ᄒᆞ고他人의事務를管理홈을謂홈이라故로法律上의義務의因ᄒᆞ야他人의事務를管理ᄒᆞᄂᆞᆫ境遇ᄂᆞᆫ此에屬치아니ᄒᆞᄂᆞ니即委任境遇에在ᄒᆞ야ᄂᆞᆫ契約에因ᄒᆞ야事務를管理ᄒᆞᄂᆞᆫ義務가有ᄒᆞᆫ者ㅣ오所謂「事務管理」가아니며又法定代理人은法律上義務에因ᄒᆞ야他人의事務를管理ᄒᆞᄂᆞᆫ者ㅣ오其義務와同時에其權利가存在ᄒᆞ야도要ᄒᆞᆫ건대是亦管理의義務가有ᄒᆞᆫ境遇에屬ᄒᆞᄂᆞᆫ事ㅣ勿論이오此와反ᄒᆞ야玆에所謂「事務管理」ᄂᆞᆫ本人과管理者關에何等의法律關係가無ᄒᆞ고成立홈을得ᄒᆞᄂᆞᆫ者ㅣ라今에其最히普通되ᄂᆞᆫ境遇를據ᄒᆞᆯ진대友人이好意上本人의事務를管理ᄒᆞᄂᆞᆫ境遇와如ᄒᆞᆫ지라然이ᄂᆞ日本舊民法과如히好意로써홈을事務管理의要素라홈은誤謬됨이니即同法財産編第三百六十二條第一項에「不在者其他人의財産에患害가有홈으로見ᄒᆞᄂᆞᆫ時에合意上法律上又ᄂᆞᆫ裁判上의委任이無ᄒᆞ고好意로써其事務를管理ᄒᆞ

채권법 제3부

조성구

제1편 사무관리

사무관리란 법률상 의무 없이 타인의 사무를 관리하는 것을 말한다. 그러므로 법률상 의무로 인하여 타인의 사무를 관리하는 경우에는 이에 속하지 않는다. 즉, 위임의 경우에는 계약으로 인하여 사무를 관리할 의무가 있는 것이고 이른바 “사무관리”가 아니다. 또 법정대리인은 법률상 의무로 인하여 타인의 사무를 관리하는 것이고 그 의무와 동시에 권리가 존재하더라도 요컨대 이 또한 관리의 의무가 있는 경우임은 물론이다. 이와 반대로 여기서 이른바 “사무관리”는 본인과 관리자 간에 어떠한 법률관계도 없이 성립할 수 있는 것이다. 이제 가장 일반적인 경우를 들면 친구가 호의로 본인의 사무를 관리하는 경우와 같다. 그러나 일본 구 민법*과 같이 호의로 할 것을 사무관리의 요소라고 하는 것은 잘못이다. 즉, 일본 구 민법 재산편 제362조 제1항에서 “부재자 기타 사람의 재산이 손해를 입으리라고 보이는 때에 합의상, 법률상 또는 재판상 위임 없이 호의로 그 사무를 관리하

* 역자 주: 일본 구 민법은 이른바 ‘보아소나드 민법전’을 가리킴. 일본은 메이지 유신을 계기로 프랑스 파리대학 교수 Gustave Emile Boissonade (1825~1910)의 책임 아래 1870년 민법전 편찬사업을 시작하여 1890년 민법전이 완성되었음. 프랑스 민법전의 지배적 영향을 받은 이 법전은 시행되지 못했는데 이것이 ‘일본 구 민법전’임. 1893년부터 다시 민법전 제정 작업을 진행하여 독일 민법전 제1초안(1887)의 영향 아래 새로운 민법전이 제정되어 1898년부터 시행되었는데 이것이 일본 현행 민법전임.

는者는本主의財産으로브터收ᄒᆞᆫ利益을返還ᄒᆞ고且其管理ᄒᆞᆯ際에自己의名으로取得ᄒᆞᆫ權利及訴權을本主의게移轉ᄒᆞᆯ責이有ᄒᆷ」이라規定ᄒᆞ야好意라云ᄒᆞ는事를事務管理의定義中에揭ᄒᆞ얏시니是는實로不必要ᄒᆞᆫ條件이오極端으로言ᄒᆞ면惡意가有ᄒᆞ야도事務管理의成立上何等의障碍가無ᄒᆞᆫ바ㅣ라假令甲이라云ᄒᆞ는不在者가有ᄒᆞ야其親戚乙이란者ㅣ甲이歸家치아니ᄒᆞᆯ진대結局其財産은自己의所有에歸ᄒᆷ을可得ᄒᆷ으로思料ᄒᆞ고一時其財産을管理ᄒᆞᆫ境遇에在ᄒᆞ야는毫末도好意가無ᄒᆞ고全히自己의利益을爲ᄒᆞ야行ᄒᆞᆫ者ㅣ라然이나其事務管理됨은無疑ᄒᆞ며又縱令惡意가無ᄒᆞ다ᄒᆞ야도自己의正當ᄒᆞᆫ利益을保護ᄒᆞ기爲ᄒᆞ야其事務를管理ᄒᆞ는事ㅣ有ᄒᆞᄂᆞ니假令債務者의去處가不明ᄒᆞᆫ境遇에近隣에住ᄒᆞ는債權者가自己債權의安全을期圖ᄒᆞ기爲ᄒᆞ야債務者의財産을管理ᄒᆷ과如ᄒᆞᆫ者ㅣ라此境遇에在ᄒᆞ야도敢히好意로써ᄒᆞ는者ㅣ라云ᄒᆞ기不能ᄒᆞᄂᆞ니盖此等事는甚히頻繁ᄒᆞᆫ故로縱令多數境遇에好意가有ᄒᆞ다云ᄒᆷ을得ᄒᆞᆯ지라도此로써事務管理의要素라云ᄒᆷ을不得ᄒᆞᆯ바ㅣ오오쥭事務管理의要素로는第一에他人을爲ᄒᆞ는者ㅣ되지아니ᄒᆷ이不可ᄒᆞᄂᆞ니故로自己를爲ᄒᆞ는境遇는

는 자는 본래 소유자의 재산으로부터 받은 이익을 반환하고 그가 관리할 때에 자기 명의로 취득한 권리 및 소권(訴權)을 본래 소유자에게 이전할 책임이 있음"이라고 규정하여 호의라는 것을 사무관리의 정의 안에 들었다. 그런데 이는 실로 불필요한 조건이고, 극단적으로 말하면 악의가 있어도 사무관리 성립에 어떠한 장애도 없는 것이다. 가령 甲이라는 부재자가 있는데 그 친척 乙이라는 사람이 甲이 집으로 돌아오지 않으면 결국 그 재산이 자기 소유가 될 수 있으리라고 생각하고 일시 그 재산을 관리한 경우에는, 털끝만큼도 호의가 없고 전적으로 자기 이익을 위하여 한 것이나 그것이 사무관리임에는 의문이 없다. 또 설령 악의가 없다고 하여도 자기의 정당한 이익을 보호하기 위하여 사무관리를 할 수도 있다. 가령 채무자의 거처가 불분명한 경우에 이웃에 사는 채권자가 자기 채권의 안전을 꾀하기 위하여 채무자 재산을 관리하는 것과 같다. 이 경우에도 감히 호의로 하는 것이라고 말할 수 없는데, 대개 이들 경우는 매우 빈번하므로 설령 많은 경우 호의가 있다고 말할 수 있을지라도 호의를 사무관리의 요소라고 말할 수 없는 것이다. 그리고 오직 사무관리의 요소로는 첫째로 타인을 위할 것이라고 하지 않을 수 없는데, 그러므로 자기를 위한 경우는

事務管理가아니라此點에就ᄒᆞ야ᄂᆞᆫ實際上屢屢히疑問이生ᄒᆞᄂᆞ니假令余가自己의財產으로信ᄒᆞ고他人의財產을占有ᄒᆞ야此를保存或은改良ᄒᆞ기爲ᄒᆞ야或契約을締結ᄒᆞ얏다ᄒᆞᆯ진대所有者로브터其財產을還推ᄒᆞᄂᆞᆫ時ᄂᆞᆫ其契約의結果ᄂᆞᆫ所有者의利益이되고毫末도余의利益이되지아니ᄒᆞᄂᆞ니此境遇에在ᄒᆞ야其結果로브터觀ᄒᆞᆯ진대余ᄂᆞᆫ他人을爲ᄒᆞ야其財產을管理ᄒᆞᆷ과同一ᄒᆞᆫ狀態에在호대是ᄂᆞᆫ事務管理를行ᄒᆞᆫ者ㅣ아니라何者오余ᄂᆞᆫ毫末도他人을爲ᄒᆞᆫ意思가無ᄒᆞ고自己를爲ᄒᆞ야行ᄒᆞᆫ意思되ᄂᆞᆫ所以라故로次編에論述ᄒᆞᆯ바不當利得을生ᄒᆞᄂᆞᆫ事ᄂᆞᆫ有ᄒᆞᆯ지로대所謂事務管理ᄂᆞᆫ되지아니ᄒᆞᄂᆞᆫ바ㅣ라然而他人이라云ᄒᆞᆷ은반다시誰某라一定ᄒᆞᆷ을不要ᄒᆞ고오즉自己를爲ᄒᆞᆷ이아니오他人을爲ᄒᆞᄂᆞᆫ意思가有ᄒᆞ면足ᄒᆞᄂᆞ니假令余를訪問ᄒᆞᆫ者가其飼犬을遺歸ᄒᆞ얏시나其何人됨을知치못ᄒᆞᄂᆞᆫ境遇에其犬을飼養ᄒᆞ고且其本主의게通知케ᄒᆞ기爲ᄒᆞ야費用을出ᄒᆞ얏다ᄒᆞᆯ진대余ᄂᆞᆫ毫末도自己를爲ᄒᆞᄂᆞᆫ意思가無ᄒᆞ고其本人에對ᄒᆞᆫ好意로써行ᄒᆞᆫ者ㅣ라故로是ᄂᆞᆫ純然ᄒᆞᆫ事務管理에屬ᄒᆞᄂᆞᆫ바ㅣ니其犬의게食物을與ᄒᆞᆷ은犬을保存ᄒᆞᄂᆞᆫ行爲오其他費用도亦本人의利益을爲ᄒᆞ야出ᄒᆞᆫ者ㅣ라然而其飼養主

사무관리가 아니다. 이 점에 대해서는 실제로 끊임없이 의문이 생긴다. 가령 내가 자기 재산으로 믿고 타인의 재산을 점유하여 보존하거나 개량하기 위하여 어떤 계약을 체결하였다면, 소유자에게 그 재산을 반환할 때에는 그 계약의 결과는 소유자의 이익이 되고 털끝만큼도 나의 이익이 되지 않는다. 이 경우에 결과적으로 보면 나는 타인을 위하여 그 재산을 관리한 것과 동일한 상태에 있게 되지만 이는 사무관리를 한 것이 아니다. 왜냐하면 나는 털끝만큼도 타인을 위할 의사 없이 자기를 위하여 할 의사였기 때문이다. 그러므로 다음 편에 서술할 부당이득을 발생시킬 수는 있겠지만 이른바 사무관리는 되지 않는 것이다. 그러나 타인이란 반드시 누구라고 특정되어야 하는 것은 아니고 오직 자기를 위하는 것이 아니라 타인을 위할 의사가 있으면 족하다. 가령 나를 방문한 사람이 키우던 개를 남겨두고 돌아갔으나 그가 누구인지 알지 못하는 경우에, 그 개를 키우고 본래 견주에게 통지하기 위하여 비용을 지출하였다고 하자. 그러면 나는 털끝만큼도 자기를 위할 의사 없이 그 본인에 대한 호의로 행한 것이다. 그러므로 이는 순수한 사무관리에 속하는 것인데, 그 개에게 먹이를 주는 것은 개를 보존하는 행위이고 기타 비용 또한 본인의 이익을 위하여 낸 것이다. 그러나 그 사육주

된他人은甲者되고乙者됨이判然치아니ᄒᆞ며第二의要素ᄂᆞᆫ義務가無ᄒᆞ고管理ᄒᆞᄂᆞᆫ事ㅣ是라卽委任或은法定代理와如히法律上原因에由ᄒᆞ야管理의義務를負ᄒᆞᄂᆞᆫ者ᄂᆞᆫ其法律關係에依ᄒᆞ야處理ᄒᆞᄂᆞ니委任境遇ᄂᆞᆫ委任契約의處理를受ᄒᆞ고法定代理境遇ᄂᆞᆫ後見人에就ᄒᆞ야ᄂᆞᆫ後見의規定이有ᄒᆞ고親權者에就ᄒᆞ야ᄂᆞᆫ親權의規定이有ᄒᆞ야各其規定의適用을受ᄒᆞ고事務管理의規定을適用ᄒᆞᄂᆞᆫ事ㅣ無ᄒᆞᆫ바ㅣ라

事務管理ᄂᆞᆫ次編에論述ᄒᆞᆯ不當利得과共히學者가準契約이라稱ᄒᆞᄂᆞᆫ바ㅣ니是ᄂᆞᆫ沿革上理由가存ᄒᆞᆫ所以라昔時羅馬法에在ᄒᆞ야ᄂᆞᆫ義務의原因을契約과犯罪로區別ᄒᆞ야契約이아니오適法ᄒᆞᆫ行爲로브터義務가生ᄒᆞᄂᆞᆫ境遇에在ᄒᆞ야ᄂᆞᆫ（義務도契約을依ᄒᆞᆷ과如히生）ᄒᆞᆫ다ᄒᆞ야因ᄒᆞ야其義務를（契約에因ᄒᆞᆷ과如ᄒᆞᆫ義務）라稱ᄒᆞᆫ지라是以로法、德等國에在ᄒᆞ야準契約이라云ᄒᆞᄂᆞᆫ語를用ᄒᆞᆷ에至ᄒᆞ고日本舊民法도亦此語를襲用ᄒᆞ얏시니卽事務管理ᄂᆞᆫ此에屬ᄒᆞᆫ바ㅣ라然而羅馬에在ᄒᆞ야ᄂᆞᆫ如此히分類ᄒᆞᆷ이實際의効益이有ᄒᆞ야準契約의訴權은契約의訴權과其種類를同一케ᄒᆞᆫ바ㅣ라然이나今日에在ᄒᆞ야ᄂᆞᆫ如此히分類ᄒᆞᆯ必要가無

인 타인은 甲인지 乙인지는 확실하지 않다. 그리고 둘째 요소는 바로 의무 없이 관리할 것이다. 즉, 위임 또는 법정대리와 같이 법률상 원인으로 말미암아 관리의 의무를 지는 것은 그 법률관계에 따라 처리된다. 위임의 경우에는 위임계약의 처리를 받고, 법정대리의 경우에는 후견인에게는 후견의 규정이 있고 친권자에게는 친권의 규정이 있어 각 그 규정의 적용을 받고 사무관리 규정이 적용될 일이 없는 것이다.

사무관리는 다음 편에 서술할 부당이득과 함께 학자들이 준계약으로 일컫는다. 이는 연혁적 이유가 있기 때문이다. 옛날 로마법에서는 의무의 원인을 계약과 범죄로 구별하여, 계약이 아닌 적법한 행위로부터 의무가 발생하는 경우에는 [의무도 계약에 따르는 것처럼 발생]한다고 함으로써 그 의무를 [계약에 따르는 것과 같은 의무]라고 일컬었다. 그리하여 프랑스, 독일 등의 나라에서 준계약이라고 하는 말을 쓰기에 이르렀고 일본 구 민법 또한 이 말을 그대로 받아들여 사용하였는데 곧 사무관리는 여기에 속한 것이다. 그런데 로마에서는 이와 같이 분류하는 것이 실제로 효용이 있었다. 준계약의 소권은 계약의 소권과 동일한 종류로 한 것이다. 그러나 오늘날에는 이렇게 분류할 필요가 없

ᄒᆞᆫ故로다만沿革上學者가此語를用ᄒᆞᆷ에止ᄒᆞᆯ뿐이오實際上全히不必要ᄒᆞᆫ名稱이라是以로日本新民法에ᄂᆞᆫ準契約이란語를用치아니ᄒᆞ얏시나通常學者의用語로써其意義의一般을知ᄒᆞᆷ은大抵無用이라云ᄒᆞ기不能ᄒᆞᆫ바ㅣ라然즉準契約이라ᄒᆞᆷ은如何ᄒᆞᆫ者ㅣ오曰契約도아니오不法行爲도아닌行爲로債務發生의原因되ᄂᆞᆫ者ㅣ라故로事務管理ᄂᆞᆫ當然히此에包含되고彼不當辨償即非債辨償의境遇도亦此에屬ᄒᆞᄂᆞᆫ者ㅣ니非債辨償이라ᄒᆞᆷ은債務가無ᄒᆞᆷ에不拘ᄒᆞ고債務의辨償으로或給付를行ᄒᆞᆫ境遇가是오其他遺言으로브터生ᄒᆞᄂᆞᆫ債務、後見으로브터生ᄒᆞᄂᆞᆫ債務와如ᄒᆞᆫ者도契約으로브터生ᄒᆞᆷ이아니오又不法行爲로브터生ᄒᆞᄂᆞᆫ債務도아니오一方行爲其他管理行爲等으로브터生ᄒᆞᄂᆞᆫ者ㅣ라故로此等行爲ᄂᆞᆫ準契約中에包含케ᄒᆞ얏시나今日實際에在ᄒᆞ야ᄂᆞᆫ如此히區別ᄒᆞᆯ必要가無ᄒᆞᆫ故로余ᄂᆞᆫ如此ᄒᆞᆫ名稱을襲用ᄒᆞᆷ이不可ᄒᆞᆷ으로信ᄒᆞ노라

玆에事務管理와不當利得의關係에就ᄒᆞ야一言ᄒᆞᆯ者ㅣ有ᄒᆞ니盖此點에就ᄒᆞ야ᄂᆞᆫ多少議論이有ᄒᆞᆫ대余의信ᄒᆞᄂᆞᆫ바에依ᄒᆞᆯ진대日本舊民法에在ᄒᆞ야ᄂᆞᆫ不當利得中에事務管理의規定을置ᄒᆞ얏스니卽以上에說明ᄒᆞᆫ同法財產編第三百六十

으므로 다만 연혁적으로 학자들이 이 용어를 쓰는 데 그칠 뿐이고 실제로는 완전히 불필요한 명칭이다. 그리하여 일본 신 민법에서는 준계약이라는 용어를 쓰지 않았다. 그러나 보통 학자들의 용어에서 그 대강의 의의를 아는 것이 쓸모없다고 말할 수는 없는 것이다. 그렇다면 준계약이란 어떤 것인가 하면 계약도 아니고 불법행위도 아닌 행위로 채무 발생의 원인이 되는 것이다. 그러므로 사무관리는 당연히 여기에 포함되고 저 부당변제, 곧 비채변제(非債辨濟) 또한 여기에 속하는 것이다. 비채변제란 바로 채무가 없음에도 불구하고 채무의 변제로 어떤 급부를 한 경우이다. 그리고 그밖에 유언으로부터 발생하는 채무, 후견으로부터 발생하는 채무와 같은 것도, 계약으로부터 발생한 것이 아니면서 불법행위로부터 발생한 채무도 아니고 일방행위 기타 관리행위 등으로부터 발생한 것이다. 그러므로 이들 행위는 준계약 안에 포함되게 하였으나, 오늘날 실제로는 이렇게 구별할 필요가 없으므로 나는 이러한 명칭을 그대로 받아들여 쓰는 것이 옳지 않다고 생각한다.

여기서 사무관리와 부당이득의 관계에 대하여 한마디 할 것이 있다. 대개 이 점에 대해서는 다소 논의가 있는데, 내가 아는 바에 따르면 일본 구 민법에서는 부당이득 안에 사무관리 규정을 두었다. 즉, 이상에서 설명한 일본 구 민법 재산편 제362

二條는「不當利得」題下에規定ᄒᆞ얏고西洋學者中에도日本舊民法과同一히主論ᄒᆞ는者ㅣ不少ᄒᆞᆫ지라是는往往學者의批難을受ᄒᆞ는바ㅣ로대余는此批難으로써反히誤謬된者로信ᄒᆞ노니盖事務管理境遇는他不當利得境遇와其趣를異히ᄒᆞ고就中其沿革을異히ᄒᆞᆫ故로從來에全히格別ᄒᆞᆫ者로觀察ᄒᆞ얏시나細密히攷究ᄒᆞᆯ진대一種不當利得의適用이라云ᄒᆞᆷ을可得ᄒᆞᆯ지니是卽管理者及本人의義務에就ᄒᆞ야觀ᄒᆞᆯ時는自然明瞭ᄒᆞᆯ바ㅣ라卽管理者의義務中第一은其管理에就ᄒᆞ야或注意를行ᄒᆞᆷ에在ᄒᆞ니是는畢竟不法行爲問題에不外ᄒᆞᆫ바ㅣ라盖管理者는法律上原因이無ᄒᆞ고他人의事務를管理ᄒᆞ는者ㅣ오管理自體는法律이禁ᄒᆞ는바ㅣ아니로대만일其事務를管理ᄒᆞᆯ時에不注意에因ᄒᆞ야他人의게損害를加ᄒᆞᆫ時는元來不法行爲라云ᄒᆞᆷ이可ᄒᆞ느니換言ᄒᆞ면法律上管理를行ᄒᆞᆯ必要가無ᄒᆞ고此를傍觀ᄒᆞ얏실진대尙可ᄒᆞᆯ바ㅣ어늘徒然히他人의事務를管理ᄒᆞᆫ者ㅣ된以上은他人의게損害를加치아니ᄒᆞᆷ을期圖ᄒᆞᆯ지라然而縱令他人을害ᄒᆞᆯ意思가無ᄒᆞ다ᄒᆞᆯ지라도其管理에注意치아니ᄒᆞᆷ을因ᄒᆞ야損害를加ᄒᆞᆫ時는過失이有ᄒᆞᆫ者ㅣ라故로不法行爲의責任을負치아니ᄒᆞᆷ이不可ᄒᆞ느니因ᄒᆞ야注意의義務

조는 "부당이득" 표제 아래 규정되어 있고 서양 학자 중에서도 일본 구 민법과 같이 주장하는 사람이 적지 않다. 이는 자주 학자들의 비판을 받는데, 나는 도리어 이 비판을 잘못된 것으로 생각한다. 대개 사무관리의 경우에는 다른 부당이득과 그 취지가 다르고 그 가운데서도 연혁을 달리하므로 종래에는 완전히 다른 것으로 보았다. 그러나 세밀하게 연구하면 일종의 부당이득의 적용이라고 말할 수 있는데, 이는 곧 관리자 및 본인의 의무로 볼 때에는 자연스레 명료해질 것이다. 곧 관리자의 의무 가운데 첫째는 그의 관리에 대하여 어떠한 주의를 다하는 데 있는데 이는 결국 불법행위 문제일 뿐이다. 대개 관리자는 법률상 원인 없이 타인의 사무를 관리하는 것이고 관리 자체는 법률이 금지하는 것이 아니다. 그런데 만일 그 사무를 관리할 때 부주의로 인하여 타인에게 손해를 가한 때에는 원래 불법행위라고 말함이 옳다. 바꾸어 말하면 법률상 관리를 할 필요 없이 오히려 이를 방관하였어도 될 텐데, 공연히 타인의 사무를 관리한 자가 된 이상 타인에게 손해를 가하지 않도록 할 것이다. 그러나 설령 타인을 해할 의사가 없었다 할지라도 그 관리에 주의를 다하지 않음으로 인하여 손해를 가한 때에는 과실이 있는 것이므로 불법행위의 책임을 지지 않을 수 없다. 따라서 주의를 다할 의무는畢竟不法行爲問題에不外ᄒᆞ며第二의義務는管理의繼續이니本人又는其代理人或은承繼人이스ᄉᆞ로管理ᄒᆞᆷ에至ᄒᆞ기ᄭᆞ지其管理를繼續지아니ᄒᆞᆷ이不可ᄒᆞᆫ바ㅣ라是亦不法行爲의問題니何故오自初로他人의事務에干涉지아니ᄒᆞ얏실진대本人의親戚或其他人이此를管理ᄒᆞ얏실바ㅣ오又本人에就ᄒᆞ야도其管理者가有ᄒᆞᆷ을因ᄒᆞ야此를放置ᄒᆞᆷ이極多ᄒᆞᆯ바ㅣ라故로만일管理를行ᄒᆞᆯ者ㅣ無ᄒᆞᆫ時는本人은相當ᄒᆞᆫ管理者를選任ᄒᆞ얏실바ㅣ어늘然而管理者는他人의事務에干涉ᄒᆞ야此를管理ᄒᆞᆷ을不拘ᄒᆞ고突然히其管理를中止ᄒᆞᆷ과如ᄒᆞᆫ事ㅣ有ᄒᆞᆯ진대本人은非常ᄒᆞᆫ損害를被ᄒᆞᆯ지니是는畢竟不法行爲라故로一朝에管理에着手ᄒᆞᆫ以上은其管理를繼續지아니ᄒᆞᆷ이不可ᄒᆞᆯ바ㅣ오第三의義務는一般히「計筭義務」라稱ᄒᆞ는者ㅣ라仔細히觀察ᄒᆞᆯ時는此中에二個義務를包含ᄒᆞᆫ者ㅣ니即其一은管理ᄒᆞᆫ事務의報告라是는多數로金錢上의問題가되는故로通常計算이란文字를用ᄒᆞᆫ바ㅣ니假令財産을管理ᄒᆞ는境遇에在ᄒᆞ야는幾許의收入이有ᄒᆞ고幾許의支出을行ᄒᆞᆷ을報告ᄒᆞᆷ에在ᄒᆞᆫ바ㅣ오其二는自己가本人을爲ᄒᆞ야受取ᄒᆞᆫ物을傳授ᄒᆞᆷ이니學者는此亦計算의義務라云ᄒᆞ는者ㅣ有호대近來獨逸學者

는 결국 불법행위의 문제일 뿐이다. 둘째 의무는 계속 관리의 의무로, 본인이나 그 대리인 또는 승계인이 스스로 관리하게 되기까지 그 관리를 계속하여야 하는 것이다. 이 또한 불법행위의 문제이다. 왜냐하면 처음부터 타인의 사무에 간섭하지 않았다면 본인의 친척이나 다른 사람이 이를 관리하였을 것이고, 또 본인에게도 그 관리자가 있음에 따라 이를 방치하는 경우가 극히 많을 것이다. 그러므로 만일 관리를 할 자가 없는 때에는 본인은 적당한 관리자를 선임하였을 것이다. 그런데 관리자가 타인의 사무에 간섭하여 이를 관리함에도 불구하고 갑자기 그 의무를 중지하는 것과 같은 일이 있으면 본인은 매우 큰 손해를 입을 것인데 이는 결국 불법행위이다. 그러므로 하루아침에 관리에 착수한 이상 그 관리를 계속하지 않을 수 없는 것이다. 셋째 의무는 일반적으로 "계산의무"라고 일컫는 것이다. 자세히 보면 이 안에는 두 개의 의무가 포함된다. 즉, 하나는 관리한 사무의 보고이다. 이는 많은 경우 금전상의 문제이므로 통상 계산이라는 문자를 쓴 것이다. 가령 재산을 관리하는 경우에 얼마의 수입이 있고 얼마의 지출을 하였는지 보고하는 것이다. 둘은 자기가 본인을 위하여 수취한 물건을 인도하는 것이다. 학자들 중에는 이 또한 계산의 의무라고 말하는 사람도 있는데, 근세 독일 학자들는此二個義務를區別ᄒᆞ고余亦此로써正確홈으로信ᄒᆞ는바ㅣ라此計算의義務中報告의義務는不法行爲問題와牽連호대其他返還等의義務는畢竟不當利得의問題에不外ᄒᆞᆫ바ㅣ라即他人의物을占有ᄒᆞ고此를返還치아니ᄒᆞᆫ時는是는不當히領有홈이오만일惡意가有ᄒᆯ진대不法行爲에屬ᄒᆯ지로대亦不當利得의原因이되고特히惡意가無ᄒᆞᆫ時는單히不當利得의原因됨에不外ᄒᆞᆫ바ㅣ라尙且詳細ᄒᆞᆫ바는後編에論述코자ᄒᆞ는바ㅣ로대要ᄒᆞ건대此計算義務는報告를行홈과同時에物을傳授ᄒᆞ는點으로브터觀ᄒᆯ진대報告의義務도他人의財產을本人의게返還ᄒᆞ는事에伴ᄒᆞ는義務라故로主ᄒᆞ야不當利得의問題되ᄂᆞ니如此히管理者義務의方面으로브터觀察ᄒᆞ야도二個의義務는不法行爲에問題에屬ᄒᆞ고一個의義務는不當利得의問題가되며更히本人의義務에就ᄒᆞ야觀ᄒᆯ진대本人은第一에費用償還의義務를負ᄒᆞᄂᆞ니假令管理者가本人을爲ᄒᆞ야家屋을修繕홈에因ᄒᆞ야有益ᄒᆞᆫ費用을出ᄒᆞᆫ時는本人은此를管理者의게償還치아니홈이不可ᄒᆞ고만일償還치아니ᄒᆞᆫ時는不當利得이되ᄂᆞ니即管理者는此를因ᄒᆞ야費用을出ᄒᆞ고本人은此를因ᄒᆞ야物의破損을免ᄒᆞ거나又或物의價格이增加ᄒᆞᆫ等利益

은 이 두 의무를 구별하고, 나 또한 이를 정확하다고 생각한다. 이 계산의 의무 중 보고의 의무는 불법행위 문제와 관련되어 있으나 기타 반환 등의 의무는 결국 부당이득 문제일 뿐인 것이다. 즉, 타인의 물건을 점유하고 이를 반환하지 않는 때에는 부당하게 영득한 것인데 만일 악의가 있으면 불법행위에 속하겠지만 이 또한 부당이득의 원인이 되고, 특별히 악의가 없는 때에는 단순히 부당이득의 원인일 뿐인 것이다. 따라서 상세한 것은 오히려 뒤 편에서 서술하고자 한다. 요컨대 이 계산의무는 보고를 함과 동시에 물건을 인도하는 점에서 보면 보고의 의무도 타인의 재산을 본인에게 반환하는 것에 뒤따르는 의무이다. 그러므로 주로 부당이득의 문제가 되는데, 이와 같이 관리자 의무의 측면에서 보아도 두 가지 의무는 불법행위 문제에 속하고 한 가지 의무는 부당이득 문제가 된다. 다시 본인의 의무에 대하여 보면 본인은 첫째로 비용상환의 의무를 진다. 가령 관리자가 본인을 위하여 가옥을 수선함에 따라 유익한 비용을 지출한 때에는 본인은 이를 관리자에게 상환하여야 하고 만일 상환하지 않으면 부당이득이 된다. 즉, 관리자는 이로 인하여 비용을 지출하고 본인은 이로 인하여 물건의 파손을 면하거나 물건 가격이 증가하는 등의 이익이不少ᄒᆞᆫ者ㅣ라故로此를賠償치아니ᄒᆞᆫ時ᄂᆞᆫ不當利得이되고第二의義務ᄂᆞᆫ債務의負擔이니管理者가本人을爲ᄒᆞ야債務를負擔ᄒᆞᆫ境遇에在ᄒᆞ야ᄂᆞᆫ本人이此를負擔치아니ᄒᆞᆷ이不可ᄒᆞᄂᆞ니假令管理者가工匠을使用ᄒᆞ야物을修繕ᄒᆞᆫ境遇에아직其賃金을支撥ᄒᆞ기前에其物을本人의게返還ᄒᆞᆫ時ᄂᆞᆫ其賃金支撥의義務ᄂᆞᆫ工匠과管理者間의契約으로브터生ᄒᆞᆫ者ㅣ오管理者의債務로ᄃᆡ本人의利益을爲ᄒᆞ야行ᄒᆞᆫ者ㅣ라故로本人이此를負擔치아니ᄒᆞᆷ이不可ᄒᆞᄂᆞ니不然즉是ᄂᆞᆫ不當利得이되ᄂᆞᆫ바ㅣ라

以上과如히詳論ᄒᆞᆯ진대事務管理의効力中에ᄂᆞᆫ不當利得의問題를惹起ᄒᆞ고又ᄂᆞᆫ不法行爲의問題가伴ᄒᆞᄂᆞᆫ故로不當利得에重ᄒᆞᆷ을置ᄒᆞ야此를不當利得章中에規定ᄒᆞ야도誤謬된者ㅣ라云ᄒᆞ기不能ᄒᆞᆯ바ㅣ라然이나日本新民法에ᄂᆞᆫ此를別章으로規定ᄒᆞ얏시니是ᄂᆞᆫ前述ᄒᆞᆷ과如히事務管理ᄂᆞᆫ不當利得의問題를生ᄒᆞᄂᆞᆫ外에不法行爲의問題가伴ᄒᆞᆯ뿐아니라事務管理와普通의不當利得은其効力을異히ᄒᆞ고事務管理의境遇에在ᄒᆞᆫ本人의義務ᄂᆞᆫ普通의不當利得者에比ᄒᆞ야重ᄒᆞᆫ者ㅣ有ᄒᆞᆫ故로各別히規定ᄒᆞᆫ바ㅣ라

이 적지 않은 것이다. 그러므로 이를 배상하지 않은 때에는 부당이득이 된다. 둘째 의무는 채무의 부담으로, 관리자가 본인을 위하여 채무를 부담한 경우에는 본인이 이를 부담하여야 한다. 가령 관리자가 기술자를 사용하여 물건을 수선한 경우에, 아직 그 임금을 지급하기 전에 그 물건을 본인에게 반환한 때에는 그 임금 지급 의무는 기술자와 관리자 사이의 계약으로부터 발생한 것으로 관리자의 채무이다. 그렇지만 본인의 이익을 위하여 한 것이므로 본인이 이를 부담하여야 하는데, 그렇지 않으면 이는 부당이득이 되는 것이다.

이상과 같이 상세히 논하면 사무관리의 효력 안에서는 부당이득 문제가 야기되거나 불법행위 문제가 뒤따르므로 부당이득에 무게를 두어 이를 부당이득 장 안에 규정하여도 잘못되었다고 말할 수 없을 것이다. 그러나 일본 신 민법에서는 이를 다른 장으로 규정하였다. 이는 전술한 것과 같이 사무관리는 부당이득의 문제를 발생시키는 것 외에 불법행위 문제가 뒤따를 뿐 아니라, 사무관리와 일반 부당이득은 그 효력을 달리하고 사무관리에서의 본인의 의무는 일반 부당이득자에 비하여 무거우므로 다르게 규정한 것이다.

以上에事務管理의槪意를說明ᄒᆞᆫ지라玆에附言ᄒᆞᆯ者ㅣ有ᄒᆞ니即事務管理ᄂᆞᆫ法律上單獨存在ᄒᆞᆷ과如호대實際에在ᄒᆞ야ᄂᆞᆫ決코不然ᄒᆞ니換言ᄒᆞ면他法律關係에件ᄒᆞ야事務管理의法律關係가生ᄒᆞᄂᆞᆫ事ㅣ最히頻繁ᄒᆞᆫ지라假令余가日本書店에書籍을注文ᄒᆞ야其書店과余間에書籍賣買의契約이成立ᄒᆞᆫ境遇에書店은其書籍을保險에付ᄒᆞᆯ義務를負치아니ᄒᆞᄂᆞ니然而此를保險에付ᄒᆞ얏실진대是ᄂᆞᆫ一種의事務管理라何故오義務가無ᄒᆞ고余의事務를管理ᄒᆞᆫ所以오又委任境遇에在ᄒᆞ야도權限外의行爲即受任者가委任者를爲ᄒᆞ야委任契約에定ᄒᆞᆫ事項以外의行爲를行ᄒᆞᆫ時ᄂᆞᆫ是亦事務管理니假令余가或人에게物品의買入을依賴ᄒᆞᆫ時ᄂᆞᆫ一種委任으로賣買契約의締結을委托ᄒᆞᆫ者ㅣ라此境遇에在ᄒᆞ야余ᄂᆞᆫ賣買契約이成立ᄒᆞᆫ後에스ᄉᆞ로代價를支撥ᄒᆞᆯ意思가有ᄒᆞᆫ故로受任者의게代價支撥을委任치아니ᄒᆞᆫ지라然而만일賣主가現金이아니면賣買ᄒᆞᆷ을不欲ᄒᆞᄂᆞᆫ意思가有ᄒᆞᆫ故로受任者ᄂᆞᆫ其物品이他處에賣却됨을慮ᄒᆞ야好意上代金을支撥ᄒᆞ얏다ᄒᆞᆯ진대是ᄂᆞᆫ權限外의行爲오委任契約의當然ᄒᆞᆫ結果가아니며又況如右ᄒᆞᆫ境遇에在ᄒᆞ야他處로브터代金을借入ᄒᆞ야支撥ᄒᆞ얏다ᄒᆞᆯ진대是ᄂᆞᆫ毫末도委任을

이상에서 사무관리의 개략적 의의를 설명하였다. 여기에 덧붙일 말이 있는데, 곧 사무관리는 법률상 단독으로 존재할 것 같지만 실제로는 결코 그렇지 않다. 바꾸어 말하면 다른 법률관계에 수반하여 사무관리의 법률관계가 발생하는 경우가 가장 빈번한 것이다. 가령 내가 일본서점에서 도서를 주문하여 그 서점과 나 사이에 도서 매매계약이 성립한 경우에 서점은 그 도서를 보험에 부칠 의무를 지지 않는다. 그렇지만 이를 보험에 부쳤다면 이는 일종의 사무관리이다. 왜냐하면 의무 없이 나의 사무를 관리하였기 때문이다. 또 위임의 경우에도 권한 밖의 행위, 곧 수임인이 위임인을 위하여 위임계약에서 정한 사항 이외의 행위를 한 때 역시 사무관리이다. 가령 내가 누군가에게 물품 매입을 의뢰한 때에는 일종의 위임으로 매매계약 체결을 위탁한 것이다. 이 경우에 나는 매매계약 성립 후에 스스로 대가를 지급할 의사가 있으므로 수임인에게 대가 지급을 위임하지 않았다. 그런데 만일 매도인이 현금이 아니면 매매를 하지 않으려는 의사가 있으므로 수임인은 그 물품이 다른 곳에 매각될 것을 염려하여 호의로 대금을 지급하였다면, 이는 권한 밖의 행위이고 위임계약의 당연한 결과가 아니다. 하물며 위와 같은 경우에 다른 곳에서 대금을 차입하여 지급하였다면 이는 털끝만큼도 위임을

受치아니ᄒᆞᆫ事項됨으로써其委任契約範圍內에在치아니홈이勿論이라故로是ᄂᆞᆫ事務管理라謂치아니홈이不可ᄒᆞᄂᆞ니盖如此ᄒᆞᆫ事項은實際에極히頻繁ᄒᆞᆫ者ㅣ오最注意ᄒᆞᆯ要点이라

第一章 管理者의義務

羅馬法에在ᄒᆞ야ᄂᆞᆫ管理者의義務履行을求ᄒᆞᄂᆞᆫ權利ᄅᆞᆯ直接訴權이라稱ᄒᆞᄂᆞ니是ᄂᆞᆫ事務管理로브터當然히直接으로生ᄒᆞᄂᆞᆫ訴權이라홈에因홈이오此와反ᄒᆞ야本人의義務履行을目的ᄒᆞᄂᆞᆫ訴權을反對訴權이라稱ᄒᆞᆫ지라故로羅馬法에在ᄒᆞ야ᄂᆞᆫ事務管理ᄂᆞᆫ主ᄒᆞ야不當利得의問題로視ᄒᆞᆫ바ㅣ라

右直接訴權에對ᄒᆞᆫ管理者의義務ᄂᆞᆫ旣述홈과如히三種이有ᄒᆞ니此ᄅᆞᆯ左에分說코ᄌᆞᄒᆞ노라

第一은管理者의注意니其注意程度에就ᄒᆞ야ᄂᆞᆫ各國의規定이不一ᄒᆞ고學者의立說도一致치아니ᄒᆞᆫ바ㅣ라然而此에關ᄒᆞᆫ日本新民法의規定과同法委任에關ᄒᆞᆫ規定을比照ᄒᆞᆯ時ᄂᆞᆫ一種疑問이生ᄒᆞᄂᆞ니即同法第六百四十四條에「受任者ᄂᆞᆫ委任의本旨에從ᄒᆞ야善良ᄒᆞᆫ管理者의注意로써委任事務ᄅᆞᆯ處理ᄒᆞᆯ義

받지 않은 사항이므로 그 위임계약 범위에 있지 않음이 물론이다. 그러므로 이는 사무관리라고 하지 않을 수 없는데, 대개 이와 같은 사항은 실제로 극히 빈번한 것으로 가장 주의하여야 할 요점이다.

제1장 관리자의 의무

로마법에서는 관리자의 의무 이행을 청구할 권리를 직접소권이라고 일컬었다. 이는 사무관리로부터 당연히 직접 발생하는 소권이라는 데 따른 것이다. 이와 반대로 본인의 의무 이행을 목적으로 하는 소권을 반대소권이라고 일컬었다. 그러므로 로마법에서는 사무관리는 주로 부당이득의 문제로 본 것이다.

위 직접소권에 대한 관리자의 의무는 이미 서술한 것처럼 세 가지로, 이를 다음에 분설하고자 한다.

첫째는 관리자의 주의로, 그 주의 정도에 대하여는 각국 규정이 하나같지 않고 학자들의 학설도 일치하지 않는다. 그러나 이에 관한 일본 신 민법 규정과 같은 법의 위임에 관한 규정을 대비하면 한 가지 의문이 생긴다. 곧 일본 신 민법 제644조에서 "수임인은 위임의 본지(本旨)에 따라 선량한 관리자의 주의로 위임사무를 처리할 의

務ᄅᆞᆯ負ᄒᆞᆷ」이라規定ᄒᆞ고羅馬法에在ᄒᆞ야ᄂᆞᆫ「良家父의注意」라云ᄒᆞ얏시며西洋에在ᄒᆞ야ᄂᆞᆫ一般히此語ᄅᆞᆯ用ᄒᆞ얏시니盖羅馬法은家長權을認ᄒᆞ야家長即戶主ᄂᆞᆫ一家의財產을管理ᄒᆞᆫ지라故로一家의財產을管理ᄒᆞᆷ은戶主의一責務되ᄂᆞ니不良ᄒᆞᆫ戶主ᄂᆞᆫ其財產을減滅ᄒᆞ고善良ᄒᆞᆫ戶主ᄂᆞᆫ其財產을增殖ᄒᆞ야毫末도減滅ᄒᆞᄂᆞᆫ事ㅣ無ᄒᆞᆫ지라於是乎善良ᄒᆞᆫ管理人의注意ᄅᆞᆯ「良家父의注意」라云ᄒᆞ얏시며同法第四百條에도亦此와如ᄒᆞᆫ規定이有ᄒᆞ니此二個條ᄂᆞᆫ其適用範圍가頗廣ᄒᆞ야原則으로他人을爲ᄒᆞ야或行爲ᄅᆞᆯ行ᄒᆞᆫ者ᄂᆞᆫ善良ᄒᆞᆫ管理者의注意ᄅᆞᆯ用치아니ᄒᆞᆷ이不可ᄒᆞ고今日歐洲諸國法律에在ᄒᆞ야도大槪此主義ᄅᆞᆯ取ᄒᆞᆫ지라然而事務管理의規定은此와大異ᄒᆞ니即同法第六百九十七條에「義務가無ᄒᆞ고他人을爲ᄒᆞ야事務의管理ᄅᆞᆯ始ᄒᆞᆫ者ᄂᆞᆫ其事務의性質에從ᄒᆞ야本人의利益에最適ᄒᆞᆫ方法에依ᄒᆞ야其管理ᄅᆞᆯ行ᄒᆞᆷ을要ᄒᆞᆷ」이라規定ᄒᆞ고其第二項에「管理者가本人의意思ᄅᆞᆯ知ᄒᆞᆫ時又ᄂᆞᆫ此ᄅᆞᆯ推知ᄒᆞᆷ을可得ᄒᆞᆯ時ᄂᆞᆫ其意思에從ᄒᆞ야管理ᄅᆞᆯ行ᄒᆞᆷ을要ᄒᆞᆷ」이라規定ᄒᆞᆫ지라然즉日本立法者ᄂᆞᆫ事務管理에就ᄒᆞ야一般原則과相異ᄒᆞᆫ主義ᄅᆞᆯ取ᄒᆞᆫ者ㅣ라云ᄒᆞᆯ가是即不然

무를 짐"이라고 규정하였고 로마법에서는 "선량한 가장의 주의"*라고 말하였으며 서양에서는 일반적으로 이 용어를 사용하였다. 대개 로마법은 가장권(家長權)을 인정하여 가장, 즉 호주는 일가의 재산을 관리하였다. 그러므로 일가의 재산을 관리하는 것은 호주의 한 책무로, 선량하지 않은 호주는 그 재산을 감소시키고 선량한 호주는 그 재산을 증식하여 털끝만큼도 감소되는 일이 없었던 것이다. 여기서 선량한 관리자의 주의를 "선량한 가장의 주의"라고 말하였다. 일본 신 민법 제400조에도 이와 같은 규정이 있는데, 이 두 조는 그 적용범위가 자못 넓어 원칙적으로 타인을 위하여 어떤 행위를 한 자는 선량한 관리자의 주의로 하여야 한다. 그리고 오늘날 유럽 여러 나라 법률에서도 대개 이 태도를 취하였다. 그러나 사무관리의 규정은 이와 크게 다른데, 곧 일본 신 민법 제697조에서 "의무 없이 타인을 위하여 사무의 관리를 개시한 자는 그 사무의 성질에 따라 본인의 이익에 가장 적합한 방법으로 그 관리를 행하여야 함"이라고 규정하고 같은 조 제2항에서 "관리자가 본인의 의사를 안 때 또는 알아낼 수 있는 때에는 그 의사에 따라 관리를 행하여야 함"이라고 규정하였다. 그렇다면 일본의 입법자는 사무관리에 대하여 일반원칙과 다른 태도를 취한 것이라고 말할 수 있는가? 이는 그렇지 않은

* 역자 주: 좋은 가부(家父)의 注意(bonus pater familias).

ᄒᆞ니日本立法者ᄂᆞᆫ同一히一般原則에從ᄒᆞᄂᆞᆫ意思가有ᄒᆞᆫ者ㅣ라謂치아니ᄒᆞᆷ이不可ᄒᆞᆫ지라然즉何故로其規定을相異히ᄒᆞᆫ者ㅣ라云ᄒᆞᆯ가盖物의保存과如ᄒᆞᆷ은大略確定ᄒᆞᆫ事項이니物의保存이라云ᄒᆞᆷ은物의滅失을防禦ᄒᆞᆷ에在ᄒᆞᆫ故로「善良ᄒᆞᆫ管理者의注意」라云ᄒᆞᆷ은其意義가明白ᄒᆞ고又委任境遇ᄂᆞᆫ其範圍가廣汎ᄒᆞ야如何ᄒᆞᆫ事項을委任ᄒᆞᆷ을豫測ᄒᆞ기不能호대其契約에因ᄒᆞ야受任者ᄅᆞᆯ爲ᄒᆞᄂᆞᆫ事項은確定ᄒᆞᆫ바ㅣ라故로「善良ᄒᆞᆫ管理者의注意」라云ᄒᆞᆷ으로써足ᄒᆞ고其他ᄂᆞᆫ委任의本旨ᄅᆞᆯ從ᄒᆞ면即可ᄒᆞᆫ바ㅣ라假令廣汎히概括的委任에在ᄒᆞᆫ境遇라도一定ᄒᆞᆫ集合財産의管理ᄅᆞᆯ委任ᄒᆞᆫ者ㅣ오單히委任契約中其範圍가最廣ᄒᆞᆫ者ㅣ라云ᄒᆞᆷ에不過ᄒᆞᆫ바ㅣ라然而其「財産의管理」라云ᄒᆞᆷ은果然後에生ᄒᆞᆫ財産도管理ᄒᆞᆷ이可ᄒᆞᆯ가是ᄂᆞᆫ一個問題되ᄂᆞᆫ바ㅣ로대다만各個契約의解釋問題에不過ᄒᆞᄂᆞ니要ᄒᆞ건대「財産의管理」라ᄒᆞᆷ은畢竟財産의減少ᄅᆞᆯ防止ᄒᆞ고增加ᄅᆞᆯ務圖ᄒᆞᆷ에在ᄒᆞᆫ바ㅣ라假令不動産에在ᄒᆞ야ᄂᆞᆫ他人이此ᄅᆞᆯ領有치못ᄒᆞ게ᄒᆞᆷ을努力ᄒᆞ고適當ᄒᆞᆫ修繕을施ᄒᆞ야本人의自用에供치못ᄒᆞᆯ者ᄂᆞᆫ適當ᄒᆞᆫ借主ᄅᆞᆯ選擇ᄒᆞ야此ᄅᆞᆯ貸與ᄒᆞ고相當ᄒᆞᆫ借賃을收入ᄒᆞ며又田畓과如ᄒᆞᆷ

데, 일본의 입법자는 동일하게 일반원칙에 따를 의사가 있는 것이라고 말하지 않을 수 없다. 그렇다면 어째서 그 규정을 달리 한 것인가? 대개 물건의 보존과 같은 것은 대략 확정적인 사항이다. 물건의 보존이란 물건의 멸실을 방지하는 데 있으므로 "선량한 관리자의 주의"라고 하면 그 의의가 명백하다. 또 위임의 경우에는 그 범위가 광범위하여 어떠한 사항을 위임할지 예측할 수 없지만, 그 계약에 따라 수임인이 할 사항은 확정적인 것이다. 그러므로 "선량한 관리자의 주의"라고 말하면 족하고 그 밖의 것은 위임의 본지를 따르면 되는 것이다. 가령 광범위하게 포괄적 위임을 한 경우라도 일정한 집합재산의 관리를 위임한 것이고, 다만 위임계약 중에서 그 범위가 가장 넓은 것이라고 말할 수 있을 뿐이다. 그런데 그 "재산의 관리"라고 하면 과연 뒤에 발생한 재산도 관리할 수 있는지는 하나의 문제가 되기는 하지만 개별 계약의 해석 문제에 불과하다. 요컨대 "재산의 관리"라고 하면 결국 재산의 감소를 방지하고 증가를 힘써 도모하는 데 있는 것이다. 가령 부동산을 타인이 영득하지 못하게 노력하고 적당한 수선을 하여 본인 스스로 사용하게 하지 못할 사람은, 적당한 차주(借主)를 선택하여 이를 대여하고 적정한 차임을 받으며, 또 논밭과 같은 것은勤勉ᄒᆞᆫ農家의注意로써此를耕作ᄒᆞ야其收穫ᄒᆞᆫ物을相當ᄒᆞᆫ價格으로써適當ᄒᆞᆫ時期에賣却ᄒᆞ는等이是라然而事務管理境遇에在ᄒᆞ야는自初로管理者의執行ᄒᆞᆯ事務가一定치아니ᄒᆞᆫ故로單히「善良ᄒᆞᆫ管理者의注意」라云ᄒᆞ야도其意義가判然치아니ᄒᆞᆫ者ㅣ有ᄒᆞ니是即日本新民法에此語를用치아니ᄒᆞᆫ所以라然而事務管理境遇는畢竟本人의利益을期圖ᄒᆞᆷ을目的ᄒᆞ는者ㅣ라故로法律은特히此를保護ᄒᆞᆯ必要가有ᄒᆞᆫ지라是以로日本新民法은其趣意를明白히ᄒᆞ기爲ᄒᆞ야「本人의利益에最適ᄒᆞᆯ方法에依ᄒᆞ야」其管理를行ᄒᆞᆷ이可ᄒᆞ다云ᄒᆞᆫ지라然이나此를行ᄒᆞᆷ에는如何ᄒᆞᆫ行爲를行ᄒᆞᆷ이可ᄒᆞᆯ가此는管理ᄒᆞ는事務의性質을因ᄒᆞ야不一ᄒᆞᆷ으로此를豫定ᄒᆞ기不能ᄒᆞ니是以로同法에「其事務의性質에從ᄒᆞᆷ」이라云云ᄒᆞᆫ바ㅣ라然이나其適用上에在ᄒᆞ야는所謂「善良ᄒᆞᆫ管理者의注意」와同一ᄒᆞᆷ에歸ᄒᆞᆯ뿐이오其第二項에는管理者가本人의意思를知ᄒᆞᆫ時는其意思에從ᄒᆞᆷ을規定ᄒᆞ얏시니假令其管理ᄒᆞᆫ財產中에公債가有ᄒᆞ다ᄒᆞᆯ진ᄃᆡ管理者는金利가高翔ᄒᆞᆯ際에公債를有ᄒᆞᆷ은不利ᄒᆞᆫ故로寧히或會社의股本을買收ᄒᆞᆷ이適當ᄒᆞᆫ境遇에在ᄒᆞ야만일第一項에規定만有ᄒᆞᆯ진

은 부지런한 농가의 주의로 이를 경작하여 수확물을 적정한 가격으로 적당한 시기에 매각하는 등이 그것이다. 그러나 사무관리의 경우에는 처음부터 관리자가 집행할 사무가 일정하지 않으므로 다만 "선량한 관리자의 주의"라고 말하더라도 그 의의가 확실하지 않을 수 있는데, 이것이 곧 일본 신 민법에서 이 말을 쓰지 않은 까닭이다. 그러나 사무관리의 경우에는 결국 본인의 이익을 꾀함을 목적으로 하는 것이므로 법률은 특별히 이를 보호할 필요가 있다. 그리하여 일본 신 민법은 그 취지를 명백히 하기 위하여 "본인의 이익에 가장 적합한 방법에 따라" 그 관리를 하는 것이 마땅하다고 하였다. 그러나 이렇게 하려면 어떠한 행위를 하여야 하는가? 이는 관리하는 사무의 성질에 따라 다르므로 이를 미리 정할 수 없다. 그리하여 일본 신 민법에서 "그 사무의 성질에 따름"이라고 한 것이다. 그러나 그것을 적용할 때에는 이른바 "선량한 관리자의 주의"와 동일하게 될 뿐이다. 그리고 그 조의 제2항에서는 관리자가 본인의 의사를 안 때에는 그 의사에 따를 것을 규정하였다. 가령 관리자가 관리하는 재산 가운데 공채(公債)가 있다고 하면, 금리가 높을 때에 공채를 가지면 불리하므로 관리자로서는 오히려 어떤 회사의 주식을 매수하는 것이 적당할 것이다. 이 경우에 만일 제1항만 있다대低利혼公債를有홈보다確實혼會社에股本을有홈이本人의利益에最適홀바ㅣ로대第二項의規定이有홈을因ᄒᆞ야本人이股本을不欲ᄒᆞ는時는其公債를股本으로換홈을不得홀바ㅣ오次에本人의意思를推知홈을得홀時라홈은本人의平素談話等을依ᄒᆞ야其意思를推知홈을可得홀境遇니假令本人이從來에公債만有혼時에他人이股本을買入홈을勸告ᄒᆞ야도此를拒絕홈을知혼境遇와如홈은本人이股本을不欲홈을推知ᄒᆞ기可得홀지라故로管理者는公債를賣却ᄒᆞ야股本으로換홈이不可혼바ㅣ라以上은管理者의注意程度오學理的으로言ᄒᆞ면同一히善혼良管理者의注意됨에不外혼바ㅣ라

以上은管理者의注意義務에關혼原則이라此에對혼例外가有ᄒᆞ니卽本人의身体、名譽又는財産에對ᄒᆞ야急迫혼危害가有혼境遇에關혼者ㅣ라此境遇에在ᄒᆞ야는管理者는速히其危害를防禦홀方法을執치아니홈을不得홀지니卽本人이非常혼損害를被홈을處慮호대顧慮홀暇隙이無혼境遇에在ᄒᆞ야도尙此善良혼管理者의注意를行홈이可ᄒᆞ다홈진대其危害를防禦ᄒᆞ기不能홀지라故로管理者가惡意又는重大혼過失이無혼以上은縱令輕過失이有홀지

면 낮은 금리의 공채를 가지는 것보다 확실한 회사의 주식을 가지는 것이 본인의 이익에 가장 적합하겠지만, 제2항이 있음에 따라 본인이 주식을 원하지 않는 때에는 그 공채를 주식으로 바꿀 수 없을 것이다. 다음으로, 본인의 의사를 알아낼 수 있는 때란 본인의 평소 이야기 등에 따라 그 의사를 알아낼 수 있는 경우이다. 가령 본인이 본래 공채만 가진 때에, 타인이 주식을 매입할 것을 권하여도 거절하였음을 안 경우 같으면 본인이 주식을 원하지 않음을 알아낼 수 있을 것이다. 그러므로 관리자는 공채를 매각하여 주식으로 바꿀 수 없는 것이다. 이상은 관리자의 주의의 정도이고 학술적으로 말하면 동일하게 선량한 관리자의 주의일 뿐인 것이다.

이상은 관리자의 주의의무에 관한 원칙이다. 이에 대한 예외가 있는데, 곧 본인의 신체, 명예 또는 재산에 대하여 급박한 위해가 있는 경우에 관한 것이다. 이 경우에는 관리자는 신속히 그 위해를 방지할 방법을 강구하여야 한다. 즉, 본인이 매우 큰 손해를 입을 우려가 있는데 돌이켜 생각할 겨를이 없는 경우에도 여전히 이 선량한 관리자의 주의를 다함이 마땅하다고 하면 그 위해를 방지할 수 없을 것이다. 그러므로 관리자가 악의 또는 중대한 과실이 없는 이상 설령 경과실이 있을지라도此ᄅᆞᆯ容恕치아니ᄒᆞᆷ이不可ᄒᆞᆯ지니即善良ᄒᆞᆫ管理者의注意ᄅᆞᆯ必要치아니ᄒᆞᄂᆞᆫ바ㅣ라此에關ᄒᆞ야日本新民法第六百九十八條에「管理者가本人의身体、名譽又ᄂᆞᆫ財産에對ᄒᆞ야急迫ᄒᆞᆫ危害ᄅᆞᆯ免케ᄒᆞ기爲ᄒᆞ야其事務ᄅᆞᆯ管理ᄒᆞᆫ時ᄂᆞᆫ惡意又ᄂᆞᆫ重大ᄒᆞᆫ過失이有치아니ᄒᆞ면此에因ᄒᆞ야生ᄒᆞᆫ損害ᄅᆞᆯ賠償ᄒᆞᆯ責任이無ᄒᆞᆷ」이라規定ᄒᆞᆫ지라是ᄂᆞᆫ實際에適用이極稀ᄒᆞᄂᆞ니所謂身体에急迫ᄒᆞᆫ危害가有ᄒᆞᆫ境遇라ᄒᆞᆷ은假令或人이急病에罹ᄒᆞ야速히治療치아니ᄒᆞ면如何ᄒᆞᆫ重症에陷ᄒᆞᆷ을不知ᄒᆞ고又ᄂᆞᆫ因ᄒᆞ야生命을喪失ᄒᆞᆯ危險이有ᄒᆞᆫ境遇에在ᄒᆞ야ᄂᆞᆫ診察料의多小와藥價의高下ᄅᆞᆯ論ᄒᆞᆯ暇隙이無ᄒᆞ고最히近地에住ᄒᆞᄂᆞᆫ醫師ᄅᆞᆯ招ᄒᆞ야診察ᄒᆞ거나又ᄂᆞᆫ最近ᄒᆞᆫ藥店으로브터必要ᄒᆞᆫ藥劑ᄅᆞᆯ求ᄒᆞ야服用치아니ᄒᆞᆷ이不可ᄒᆞᆯ지니因ᄒᆞ야其醫師가診察料ᄅᆞᆯ貪ᄒᆞᄂᆞᆫ庸醫오又其藥劑가高價오効驗은顯著치아니ᄒᆞᆯ지라도苟其惡意又ᄂᆞᆫ重大ᄒᆞᆫ過失이無ᄒᆞᆫ管理者ᄂᆞᆫ責任을負치아니ᄒᆞᄂᆞᆫ바ㅣ라

惡意의意義ᄂᆞᆫ特히說明을不要ᄒᆞᆯ바ㅣ오重過失이라ᄒᆞᆷ은結局事實問題니假令二個의藥店이有ᄒᆞᆫ境遇에ᄂᆞᆫ甲의店舖ᄂᆞᆫ乙의店舖에比ᄒᆞ야藥劑ᄅᆞᆯ高價로

라도 이를 용서하여야 할 것이다. 즉, 선량한 관리자의 주의를 필요로 하지 않는 것이다. 이에 관하여 일본 신 민법 제698조에서 "관리자가 본인의 신체, 명예 또는 재산에 대한 급박한 위해를 면하게 하기 위하여 그 사무를 관리한 때에는 악의 또는 중대한 과실이 없으면 이로 인하여 발생한 손해를 배상할 책임이 없음"이라고 규정한 것이다. 이는 실제로 적용이 극히 드문데, 이른바 신체에 급박한 위해가 있는 경우란 가령 어떤 사람이 급병에 걸려 빨리 치료하지 않으면 어떠한 중증에 빠질지 모르거나 생명을 잃을 위험이 있는 경우를 들 수 있다. 이 경우에 진찰료나 약값의 액수를 따질 틈 없이 가장 가까이에 사는 의사를 불러 진찰하거나 가장 가까운 약국에서 필요한 약을 구하여 복용하여야 할 것이다. 따라서 그 의사가 진찰료를 많이 받고자 하는 돌팔이 의사이거나 그 약값이 비싸고 효능이 뚜렷하지 않을지라도, 진실로 악의 또는 중대한 과실이 없는 관리자는 책임을 지지 않는 것이다.

악의의 의의는 특별히 설명이 필요하지 않고, 중과실이란 결국 사실의 문제이다. 가령 약국이 둘 있는 경우에 甲의 가게는 乙의 가게보다 약을 고가로

賣却홈을一般히認知ᄒᆞᄂᆞᆫ바ㅣ어ᄂᆞᆯ甲의店鋪가乙의店鋪보다稍遠홈을不拘ᄒᆞ고甲의店鋪에서藥劑ᄅᆞᆯ購買ᄒᆞᆫ境遇와如ᄒᆞᆫ重大ᄒᆞᆫ過失이有ᄒᆞᆫ者ㅣ라云홈을得ᄒᆞᆯ바ㅣ라

名譽에急迫ᄒᆞᆫ危害가有ᄒᆞᆫ境遇ᄂᆞᆫ一層稀小ᄒᆞᄂᆞ니假令惡漢이有ᄒᆞ야或人의不在홈을乘ᄒᆞ야無根ᄒᆞᆫ事實을搆造ᄒᆞ야新聞社에投書ᄒᆞᆫ故로萬一此ᄅᆞᆯ放置ᄒᆞᄂᆞᆫ時ᄂᆞᆫ不在者ᄂᆞᆫ名譽의毁損을被홈이甚ᄒᆞᆫ境遇에在ᄒᆞ야不在者ᄅᆞᆯ爲ᄒᆞ야新聞紙에事實이無根홈으로廣告文을揭載홈과如홈은縱令其廣告料가太過ᄒᆞ야도惡意又ᄂᆞᆫ重大ᄒᆞᆫ過失이無ᄒᆞᆫ以上은管理者에게責任이無ᄒᆞᄂᆞ니此境遇에在ᄒᆞ야重大ᄒᆞᆫ過失이라홈은假令漢城에서發行ᄒᆞᄂᆞᆫ一個新聞紙에其記事ᄅᆞᆯ揭載ᄒᆞᆫ境遇에全國新聞紙에廣告ᄒᆞ거나或은簡單ᄒᆞᆫ廣告ᄅᆞᆯ揭載홈으로써足ᄒᆞᆯ境遇에甚히冗長ᄒᆞᆫ廣告ᄅᆞᆯ揭載ᄒᆞᄂᆞᆫ等類가是라

財產에對ᄒᆞ야急迫ᄒᆞᆫ危害ᄂᆞᆫ屢屢히發生ᄒᆞᄂᆞ니假令隣家에서失火ᄒᆞ야余가友人을爲ᄒᆞ야管理ᄒᆞᆫ家屋이延燒ᄒᆞᆯ慮가有ᄒᆞᆫ境遇에隣家에接ᄒᆞᆫ部分을毁撤ᄒᆞ야其延燒ᄅᆞᆯ防홈은其家屋을保全ᄒᆞᄂᆞᆫ方法이라故로苟其惡意或은重大ᄒᆞᆫ

판다고 일반적으로 알려져 있고 甲의 가게가 乙의 가게보다 훨씬 먼데도 불구하고 甲의 가게에서 약을 구입한 경우 같으면 중대한 과실이 있다고 말할 수 있다.

명예에 급박한 위해가 있는 경우는 한층 더 드물다. 가령 악한 사람이 있어 어떤 사람이 부재중인 틈을 타 근거 없는 사실을 날조하고 신문사에 투서하여 만일 이를 방치하면 부재자의 명예가 심각하게 훼손당할 경우에, 부재자를 위하여 신문에 사실 무근으로 광고문을 게재하는 것과 같은 일은 설령 그 광고료가 크게 과도하더라도 악의 또는 중대한 과실이 없는 이상 관리자에게 책임이 없다. 이 경우에 중대한 과실이란 가령 서울에서 발행하는 한 신문에 그 기사를 게재한 경우에 전국에 발행되는 신문에 광고를 하거나, 또는 간단한 광고를 게재하면 충분한 경우에 쓸데없이 장황한 광고를 게재하는 등의 부류가 그것이다.

재산에 대한 급박한 위해는 끊임없이 발생한다. 가령 이웃집에서 실화(失火)를 하여 내가 친구를 위하여 관리하던 가옥으로 불이 옮겨붙을 우려가 있는 경우에, 이웃집에 닿은 부분을 철거함으로써 그 연소(延燒)를 막는 것은 그 가옥을 보전하는 방법이다. 그러므로 진실로 악의 또는 중대한

過失이無ᄒᆞᆫ以上은此ᄅᆞᆯ毀撤ᄒᆞ야도可ᄒᆞᆫ지라然而重大ᄒᆞᆫ過失이라ᄒᆞᆷ은假令延燒ᄒᆞᆯ慮가無ᄒᆞᆷ이明白ᄒᆞᆷ에不拘ᄒᆞ고家屋을毀撤ᄒᆞᆫ境遇가是라

以上은管理者의注意程度와•尙且善良ᄒᆞᆫ管理者의注意結果로見ᄒᆞᆯ者ㅣ有ᄒᆞ니即管理者ᄂᆞᆫ其管理ᄅᆞᆯ始ᄒᆞᆷ을速히本人에게通知ᄒᆞᆷ을要ᄒᆞᆷ이是라盖本人은其通知에因ᄒᆞ야自己의事務ᄅᆞᆯ管理ᄒᆞᄂᆞᆫ者ㅣ有ᄒᆞᆷ을知ᄒᆞᆯ지니만일其管理者ᄅᆞᆯ信用치아니ᄒᆞᄂᆞᆫ時ᄂᆞᆫ適當ᄒᆞᆫ管理者ᄅᆞᆯ選任ᄒᆞ거나或은必要ᄒᆞᆫ指導ᄅᆞᆯ行ᄒᆞᆷ이有ᄒᆞᆯ지로대此와反ᄒᆞ야其管理ᄅᆞᆯ始ᄒᆞᆷ을通知치아니ᄒᆞᆫ時ᄂᆞᆫ本人은意外의損害ᄅᆞᆯ被ᄒᆞᆯ지라此에關ᄒᆞ야日本新民法第六百九十九條에「管理者ᄂᆞᆫ其管理ᄅᆞᆯ始ᄒᆞᆷ을遲滯업시本人에게通知ᄒᆞᆷ을要ᄒᆞᆷ但本人이旣히此ᄅᆞᆯ知ᄒᆞᆫ時ᄂᆞᆫ此限에不在ᄒᆞᆷ」이라規定ᄒᆞᆫ바ㅣ라

第二ᄂᆞᆫ管理繼續의義務니日本新民法은其第七百條에「管理者ᄂᆞᆫ本人、其相續人又ᄂᆞᆫ法定代理人이管理ᄅᆞᆯ行ᄒᆞᆷ을得ᄒᆞᆷ에至ᄒᆞ기ᄭᆞ지其管理ᄅᆞᆯ繼續ᄒᆞᆷ을要ᄒᆞᆷ但其管理의繼續이本人의意思에反ᄒᆞ거나又ᄂᆞᆫ本人을爲ᄒᆞ야不利益됨이明白ᄒᆞᆫ時ᄂᆞᆫ此限에不在ᄒᆞᆷ」이라規定ᄒᆞᆫ지라是ᄂᆞᆫ先述ᄒᆞᆫ理由에因ᄒᆞ야其必

과실이 없는 이상 이를 철거하여도 되는 것이다. 그런데 중대한 과실이란 가령 옮겨붙을 우려가 없음이 명백함에도 불구하고 가옥을 철거한 경우가 그것이다.

이상은 관리자의 주의의무 정도인데, 또한 선량한 관리자의 주의의 결과로 볼 것이 있다. 즉, 관리자는 그 관리 개시를 신속히 본인에게 통지하여야 함이 그것이다. 대개 본인은 그 통지로 인하여 자기 사무를 관리하는 자가 있음을 알 것이다. 따라서 만일 그 관리자를 신용하지 않는 때에는 적당한 관리자를 선임하거나 필요한 지도를 할 수 있을 것이다. 그런데 이와 반대로 그 관리 개시를 통지하지 않은 때에는 본인은 뜻밖의 손해를 입을 것이다. 이에 관하여 일본 신 민법 제699조에서 "관리자는 그 관리를 개시하였음을 지체 없이 본인에게 통지하여야 함. 그러나 본인이 이미 이를 안 때에는 그러하지 않음"이라고 규정한 것이다.

둘째는 관리 계속의 의무이다. 일본 신 민법은 제700조에서 "관리자는 본인, 그 상속인 또는 법정대리인이 관리를 할 수 있게 되기까지 그 관리를 계속하여야 함. 그러나 그 관리의 계속이 본인의 의사에 반하거나 또는 본인에게 불리함이 명백한 때에는 그러하지 않음"이라고 규정한 것이다. 이는 앞서 서술한 이유로 인하여 필

要가有ᄒᆞᆫ者ㅣ오但書에規定ᄒᆞᆫ例外ᄂᆞᆫ第一에本人의意思에反ᄒᆞᄂᆞᆫ境遇에在ᄒᆞ야ᄂᆞᆫ管理ᄅᆞᆯ繼續ᄒᆞᆷ을不要ᄒᆞᆷ이是라假令本人이管理者가管理에着手ᄒᆞᆫ通知ᄅᆞᆯ受ᄒᆞ고其管理의繼續을不願ᄒᆞᆷ을告ᄒᆞᆫ境遇에ᄂᆞᆫ其管理ᄅᆞᆯ繼續ᄒᆞᆷ을不要ᄒᆞᆷ이오第二ᄂᆞᆫ管理의繼續이本人을爲ᄒᆞ야不利益됨이明白ᄒᆞᆫ境遇니假令友人의不在中債權者가其妻子의게向ᄒᆞ야嚴重ᄒᆞᆫ督促을行ᄒᆞᆯ際에余가友誼上此ᄅᆞᆯ坐視ᄒᆞ기不忍ᄒᆞᆫ故로스사로干涉ᄒᆞ야或條件으로써一年或은半年間其延期ᄅᆞᆯ求ᄒᆞᆫ時에債權者ᄂᆞᆫ余의干涉을不快히認ᄒᆞ고益益히嚴重ᄒᆞᆫ處置ᄅᆞᆯ行ᄒᆞᄂᆞᆫ境遇에在ᄒᆞ야ᄂᆞᆫ余가其談判을繼續ᄒᆞᆷ은反히本人을爲ᄒᆞ야不利益이되ᄂᆞᆫ故로余ᄂᆞᆫ速히其干涉을中止치아니ᄒᆞᆷ이不可ᄒᆞᆫ바ㅣ라

第三은所謂計算의義務니此에關ᄒᆞ야ᄂᆞᆫ日本新民法은委任에關ᄒᆞᆫ規定을準用케ᄒᆞᆫ지라即同法第七百一條에「第六百四十五條乃至第六百四十七條의規定은事務管理에準用ᄒᆞᆷ」이라規定ᄒᆞ얏시니卽其第六百四十五條에ᄂᆞᆫ受任者ᄂᆞᆫ委任者에請求가有ᄒᆞᆫ時ᄂᆞᆫ何時든지委任事務處理의狀況을報告ᄒᆞ고又委任이終了ᄒᆞᆫ後ᄂᆞᆫ遲滯업시其顚末을報告ᄒᆞᆷ을要ᄒᆞᆷ이라ᄒᆞ고第六百四十六

요한 것이다. 그리고 단서에 규정된 예외는, 첫째가 바로 본인의 의사에 반하는 경우에는 관리를 계속할 필요가 없다는 것이다. 가령 본인이 관리자가 관리에 착수하였다는 통지를 받고 그 관리 계속을 원하지 않음을 알린 경우에는 그 관리를 계속할 필요가 없다. 둘째는 관리의 계속이 본인에게 불리함이 명백한 경우로, 가령 친구가 부재중일 때 채권자가 그 아내에게 매섭게 독촉을 할 때에 내가 우의상 이를 좌시할 수 없으므로 스스로 간섭하여 어느 조건으로 1년 또는 반년 동안 연기를 요청한 때에, 채권자는 내 간섭을 불쾌하게 여기고 더욱 매섭게 처리하므로 나는 속히 내 간섭을 중지하지 않을 수 없는 것이다.

셋째는 이른바 계산의 의무로, 이에 관하여는 일본 신민법은 위임에 관한 규정을 준용하게 하였다. 즉, 일본 신민법 제701조에서 "제645조 내지 제647조는 사무관리에 준용함"이라고 규정하였다. 곧 그 법 제645조에서는 수임인은 위임인의 청구가 있는 때에는 언제든지 위임사무 처리 상황을 보고하고 또 위임이 종료한 뒤에는 지체 없이 그 전말을 보고하여야 한다고 하였다. 그리고 제646

條에는受任者는委任事務를處理ᄒᆞᆷ에當ᄒᆞ야收取ᄒᆞᆫ金錢其他物을委任者에게傳授ᄒᆞᆷ을要ᄒᆞ고其受取ᄒᆞᆫ果實도亦同ᄒᆞᆷ受任者가委任者를爲ᄒᆞ야自己의名으로써取得ᄒᆞᆫ權判는此를委任者에게移傳ᄒᆞᆷ을要ᄒᆞᆷ이라ᄒᆞ고第六百四十七條에는受任者가委任者에게傳授ᄒᆞᆯ金額又는其利益을爲ᄒᆞ야用ᄒᆞᆯ金額을自己를爲ᄒᆞ야消費ᄒᆞᆫ時는其消費ᄒᆞᆫ日以後의利息을支撥ᄒᆞᆷ을要ᄒᆞ고尙且損害가有ᄒᆞᆫ時는其賠償의責에任ᄒᆞᆷ이라規定ᄒᆞ얏시니此最終規定은不法行爲도包含ᄒᆞᆫ바ㅣ라卽他人의金錢을擅自히使用ᄒᆞᆷ은刑法上受寄財物消費에該當ᄒᆞ고民法上에在ᄒᆞ야도此利息을支撥ᄒᆞ고尙且損害가有ᄒᆞᆫ時는亦此를賠償치아니ᄒᆞᆷ이不可ᄒᆞ니此에關ᄒᆞᆫ詳細ᄒᆞᆫ說明은委任에關ᄒᆞᆫ說明으로讓ᄒᆞ노라

第二章　本人의義務

本人의義務는二種이有ᄒᆞ니第一은費用償還의義務오第二는債務負擔의義務라此를左에分說코져ᄒᆞ노라

第一、費用償還의義務　此點에在ᄒᆞ야普通의不當利得과大異ᄒᆞᆫ바ㅣ有ᄒᆞ니

조에서는 수임인은 위임사무를 처리할 때 수령한 금전 기타 물건을 위임인에게 인도하여야 하며 그가 수취한 과실 또한 같고, 수임인이 위임인을 위하여 자기 명의로 취득한 권리*는 위임인에게 이전하여야 한다고 하였다. 그리고 제647조에서는 수임인이 위임인에게 인도할 금액 또는 그의 이익을 위하여 쓸 금액을 자기를 위하여 소비한 때에는 그 소비한 날 이후의 이자를 지급하여야 하고, 여전히 손해가 있는 때에는 그 배상의 책임을 진다고 규정하였는데, 이 마지막 규정은 불법행위도 포함한 것이다. 즉, 타인의 금전을 임의로 사용하는 것은 형법상 횡령에 해당하고 민법상으로도 그 이자를 지급하고 여전히 손해가 있는 때에는 이 또한 배상하여야 한다. 이에 관한 상세한 설명은 위임에 관한 설명으로 넘긴다.

제2장 본인의 의무

본인의 의무는 두 가지가 있는데, 첫째는 비용상환의 의무이고 둘째는 채무 부담의 의무이다. 이를 아래에 분설하고자 한다.

(1) **비용상환의 의무**: 이 점에서 일반 부당이득과 크게 다른 것이 있는데

* 역자 주: 원문은 '權判'으로 되어 있는데 이는 '權利'의 오자임.

日本新民法第七百二條第一項에「管理者가本人을爲ᄒᆞ야有益ᄒᆞᆫ費用을出ᄒᆞᆫ時ᄂᆞᆫ本人에對ᄒᆞ야其償還을請求ᄒᆞᆷ을得ᄒᆞᆷ」이라規定ᄒᆞ얏시니此를依ᄒᆞᆯ진대管理者가費用을出ᄒᆞ고其費用이本人을爲ᄒᆞ야有益ᄒᆞᆫ時ᄂᆞᆫ縱令其利益이現存치아니ᄒᆞᆫ境遇에도本人은此를管理者의게償還치아니ᄒᆞᆷ이不可ᄒᆞᆫ지라是ᄂᆞᆫ純然ᄒᆞᆫ不當利得과相異ᄒᆞᆫ바ㅣ니普通의不當利得境遇에在ᄒᆞ야ᄂᆞᆫ同新民法第七百三條에利益이存ᄒᆞᆫ限度에서受益者의게責任이有ᄒᆞᆷ으로써原則이라ᄒᆞᆫ故로旣히其利益이存在치아니ᄒᆞᆫ時ᄂᆞᆫ此를返還ᄒᆞᆷ을不要ᄒᆞᄂᆞᆫ바ㅣ라假令管理者가自己의管理ᄒᆞᆫ家屋을修繕ᄒᆞ야修繕當時에ᄂᆞᆫ其費用이必要又ᄂᆞᆫ有益ᄒᆞ야도不幸이其家屋이燒燼ᄒᆞᆫ時ᄂᆞᆫ不當利得의原則으로브터論ᄒᆞᆯ진대修繕의利益이現存치아니ᄒᆞᆫ故로家屋의所有者ᄂᆞᆫ其利益을返還ᄒᆞᆷ을不要ᄒᆞ대事務管理境遇에在ᄒᆞ야ᄂᆞᆫ修繕費用을償還치아니ᄒᆞᆷ이不可ᄒᆞᄂᆞ니是ᄂᆞᆫ本人에就ᄒᆞ야ᄂᆞᆫ甚히迷惑을感ᄒᆞᆯ지로대若不然ᄒᆞ면善良히管理ᄒᆞᆯ者ᄂᆞᆫ一人도無ᄒᆞᆯ바ㅣ라何故오今日修繕을行ᄒᆞ야도明日天災에罹ᄒᆞᆫ時ᄂᆞᆫ全히管理者의損失에歸케ᄒᆞᆯ진대管理者의危險이甚大ᄒᆞᆯ바ㅣ오又況本人에就ᄒᆞ야도

일본 신 민법 제702조 제1항에서는 "관리자가 본인을 위하여 유익한 비용을 지출한 때에는 본인에 대하여 그 상환을 청구할 수 있음"이라고 규정하였다. 이에 따르면 관리자가 비용을 지출하고 그 비용이 본인을 위하여 유익한 때에는 설령 그 이익이 현존하지 않은 경우에도 본인은 이를 관리자에게 상환하여야 하는 것이다. 이는 순수한 부당이득과 다른 것으로, 일반 부당이득의 경우에는 일본 신 민법 제703조에서 이익이 현존한 한도에서 수익자에게 책임이 있음을 원칙으로 하였다. 그러므로 이미 그 이익이 존재하지 않은 때에는 이를 반환할 필요가 없는 것이다. 가령 관리자가 자기가 관리하는 가옥을 수선하여, 수선 당시에는 그 비용이 필요했거나 유익했더라도 불행히 그 가옥이 불타버린 때에는 부당이득의 원칙에서 논하면 수선의 이익이 현존하지 않으므로 가옥 소유자는 그 이익을 반환할 필요가 없다. 그런데 사무관리의 경우에는 수선 비용을 상환하여야 한다. 이는 본인에게는 매우 혼란을 느낄 만한 것이겠지만, 만약 그렇지 않다면 선량하게 관리할 자는 한 사람도 없을 것이다. 왜냐하면 오늘 수선을 하더라도 내일 천재지변을 당한다면 완전히 관리자의 손실이 될 것이어서 관리자의 위험이 매우 클 것이고, 하물며 본인에게도

此를公平이考察ᄒᆞᆯ진대元來當然히償還ᄒᆞᆯ者ㅣ니若스ᄉᆞ로此를管理ᄒᆞ거나又ᄂᆞᆫ代理人으로써此를管理케ᄒᆞᆫ境遇라도同一히其費用을要ᄒᆞᆷ은勿論이라故로管理者가此를償還ᄒᆞᆷ이穩當ᄒᆞ고尙且此點에就ᄒᆞ야同新民法上事務管理와 委任을 比較ᄒᆞᆯ진대 先述ᄒᆞᆫ注意程度에 關ᄒᆞᆫ問題와同히 一見ᄒᆞ면其權衡을不得ᄒᆞᆷ과如ᄒᆞᆫ지라今에同民法上委任의規定을觀ᄒᆞᆯ진대其第六百五十條第一項에「受任者가委任事務를處理ᄒᆞᆷ에必要ᄒᆞᆷ으로認ᄒᆞᆯ費用을出ᄒᆞᆫ時ᄂᆞᆫ委任者에對ᄒᆞ야其費用及支出ᄒᆞᆫ日以後에在ᄒᆞᆫ其利息의償還을請求ᄒᆞᆷ을得ᄒᆞᆷ」이라規定ᄒᆞ얏시니卽委任에就ᄒᆞ야ᄂᆞᆫ「委任事務를處理ᄒᆞᆷ에必要ᄒᆞᆷ으로認ᄒᆞᆯ費用」이라云ᄒᆞ고事務管理에就ᄒᆞ야ᄂᆞᆫ「本人을爲ᄒᆞ야有益ᄒᆞᆫ費用」이라云ᄒᆞᆫ지라然而必要費ᄂᆞᆫ其費用을出치아니ᄒᆞᆯ진대物이滅失或은毁損ᄒᆞᆷ에至ᄒᆞᆯ境遇에支出ᄒᆞᄂᆞᆫ費用이니苟其物을保存코ᄌᆞᄒᆞᆯ진대支出치아니ᄒᆞᆷ을不得ᄒᆞᆯ費用에屬ᄒᆞ야何人이其物을管理ᄒᆞᆷ을不問ᄒᆞ고반다시支出ᄒᆞᆷ이可ᄒᆞᆫ故로受任者가此를支出ᄒᆞᆫ時ᄂᆞᆫ委任者가此를償還ᄒᆞᆷ이可ᄒᆞᆷ은論을不俟ᄒᆞᆯ바ㅣ라然이나有益費ᄂᆞᆫ必要費와如히반다시支出ᄒᆞᆷ을要ᄒᆞᆯ費用은아니오縱令此

이를 공평하게 고찰한다면 원래 당연히 상환하여야 할 것이다. 만약 스스로 이를 관리하거나 대리인이 관리하게 한 경우라도 동일하게 그 비용이 필요함은 물론이다. 그러므로 관리자가 이를 상환하는 것이 온당하다. 그리고 오히려 이 점에 대하여 일본 신 민법상 사무관리와 위임을 비교하면, 앞서 서술한 주의의 정도에 관한 문제와 같이 일견 그 균형을 맞출 수 없을 것 같다. 이제 일본 민법상 위임의 규정을 보면, 제650조 제1항에서 "수임인이 위임사무를 처리하는 데 필요하다고 인정되는 비용을 지출한 때에는 위임인에 대하여 그 비용 및 지출한 날 이후의 이자의 상환을 청구할 수 있음"이라고 규정하였다. 곧 위임에서는 "위임사무를 처리하는 데 필요하다고 인정되는 비용"이라고 하고 사무관리에서는 "본인을 위하여 유익한 비용"이라고 한 것이다. 그러나 필요비는 그 비용을 내지 않으면 물건이 멸실 또는 훼손될 경우에 지출하는 비용으로, 진실로 그 물건을 보존하자면 지출하여야 하는 비용이어서 누가 그 물건을 관리하는지를 불문하고 반드시 지출함이 마땅하다. 그러므로 수임인이 이를 지출한 때에는 위임인이 이를 상환하는 것이 마땅함은 논의할 필요도 없다. 그러나 유익비는 필요비와 같이 반드시 지출하여야 하는 비용은 아니고, 설령 이를支出치아니ᄒᆞ야도物이毁損ᄒᆞ거나滅失ᄒᆞᄂᆞᆫ事ㅣ無ᄒᆞ고唯其費用을因ᄒᆞ야物의價格이增加ᄒᆞᆷ에不過ᄒᆞ며因ᄒᆞ야占有에關ᄒᆞᆫ各國立法例에도二者間에輕重의差別이有ᄒᆞ니即物의所有者ᄂᆞᆫ占有者에對ᄒᆞ야必要費의全部를償還치아니ᄒᆞᆷ이不可ᄒᆞᆫ바ㅣ라然이나有益費ᄂᆞᆫ반다시全部를償還ᄒᆞᆷ을不要ᄒᆞᄂᆞ니此를因ᄒᆞ야增加ᄒᆞᆫ價格의現存ᄒᆞᆫ部分을償還ᄒᆞ면足ᄒᆞ고且必要費에就ᄒᆞ야ᄂᆞᆫ留置權을與호대此와反ᄒᆞ야有益費ᄂᆞᆫ境遇를依ᄒᆞ야裁判所에셔期限을許與ᄒᆞᆷ을得ᄒᆞ고因ᄒᆞ야留置權이無ᄒᆞᆫ者ㅣ라然而契約에因ᄒᆞ야管理ᄒᆞᄂᆞᆫ受任者ᄂᆞᆫ必要費만請求ᄒᆞᆷ을得ᄒᆞᆯ뿐이오何等의法律關係가無호대擅自히他人의事務를管理ᄒᆞᆫ管理者ᄂᆞᆫ反히有益費를請求ᄒᆞᆷ을得ᄒᆞᄂᆞᆫ者ㅣ라ᄒᆞᆯ진대甚히權衡을得지못ᄒᆞᆷ과如ᄒᆞᆫ지라然이나日本新民法第六百五十條에ᄂᆞᆫ「委任事務를處理ᄒᆞᆷ에必要ᄒᆞᆷ으로認ᄒᆞᆯ費用」ㅣ이라規定ᄒᆞᆫ故로普通으로必要ᄒᆞᆫ費用은皆此中에包含ᄒᆞᆫ바ㅣ로대事務管理에就ᄒᆞ야ᄂᆞᆫ「本人을爲ᄒᆞ야有益ᄒᆞᆫ費用」ㅣ이라規定ᄒᆞᆫ故로有益ᄒᆞᆷ을證明치아니ᄒᆞᆷ이不可ᄒᆞᆯ지니是其兩者의相異ᄒᆞᆫ第一點이오第二에委任事務란者ᄂᆞᆫ契約에因ᄒᆞ야其範圍가確定ᄒᆞ고其

를 지출하지 않더라도 물건이 훼손되거나 멸실되는 일이 없으며 오직 그 비용으로 인하여 물건의 가치가 증가하는 데 불과하다. 따라서 점유에 관한 각국의 입법례에서도 양자 간 경중의 차이가 있다. 곧 물건의 소유자는 점유자에 대하여 필요비 전부를 상환하여야 하나 유익비는 반드시 전부를 상환할 필요가 없고 이로 인하여 증가된 가치가 현존한 부분을 상환하면 족하다. 또 필요비에는 유치권을 주지만 반대로 유익비는 경우에 따라 재판소에서 기한을 허여할 수 있고 따라서 유치권이 없는 것이다. 그런데 계약에 따라 관리하는 수임인은 필요비만 청구할 수 있을 뿐이고 어떠한 법률관계도 없이 임의로 타인의 사무를 관리한 관리자는 도리어 유익비를 청구할 수 있다고 하면 매우 균형을 잃은 것 같다. 그러나 일본 신 민법 제650조에서는 "위임사무를 처리하는 데 필요하다고 인정되는 비용"이라고 규정하였으므로 일반적으로 필요한 비용은 모두 이 안에 포함된 것이다. 그렇지만 사무관리에 대하여는 "본인을 위하여 유익한 비용"이라고 규정하였으므로 유익함을 증명하여야만 한다. 따라서 이것이 바로 양자가 다른 첫째 점이다. 둘째로 위임사무란 것은 계약에 따라 그 범위가 확정되고 그

範圍外의事項은委任契約의効力으로는此를行홈을不得ᄒᆞᄂᆞᆫ者ㅣ라故로其契約에定ᄒᆞᆫ範圍內의事項에必要ᄒᆞᆫ行爲를行ᄒᆞ면足ᄒᆞᄂᆞ니因ᄒᆞ야委任事項이所謂有益費에關ᄒᆞᆫ時ᄂᆞᆫ結局委任事務를處理홈에必要ᄒᆞᆫ費用될바ㅣ라假令余의所有家屋을改良ᄒᆞᆯ事를或人의게委任ᄒᆞ얏다ᄒᆞᆯ진대此境遇에在ᄒᆞᆫ費用은總히有益費에屬호대同民法第六百五十條를依ᄒᆞᆯ진대「委任事務를處理홈에必要홈으로認ᄒᆞᆯ費用」에不外ᄒᆞᆫ바ㅣ라然而事務管理境遇에在ᄒᆞ야ᄂᆞᆫ本人을爲ᄒᆞ야有益ᄒᆞᆫ費用中에ᄂᆞᆫ必要費를包含홈은勿論이니即其費用을出치아니ᄒᆞᆫ時ᄂᆞᆫ物이滅失ᄒᆞᆯ憂慮가有ᄒᆞᆫ故로此를出ᄒᆞᆫ者ㅣ라是以로本人에就ᄒᆞ야有益ᄒᆞᆫ費用됨이無疑ᄒᆞᄂᆞ니要ᄒᆞ건대日本新民法第六百五十條及同法第七百二條에在ᄒᆞᆫ「必要」又ᄂᆞᆫ「有益」이란文字ᄂᆞᆫ所謂「必要費」及「有益費」를意味ᄒᆞᆫ者ㅣ아니오尙且同法第六百五十條에ᄂᆞᆫ受任者에게利息을請求ᄒᆞᄂᆞᆫ權을認ᄒᆞ얏시나第七百二條에ᄂᆞᆫ利息의請求權을認치아니ᄒᆞ얏시니因ᄒᆞ야結局管理者의權利ᄂᆞᆫ受任者의權利에不及홈이明瞭ᄒᆞᆫ바ㅣ라

前述ᄒᆞᆫ原則에對ᄒᆞ야ᄂᆞᆫ一個例外가有ᄒᆞ니即管理者가本人의意思에反ᄒᆞ야

범위 외의 사항은 위임계약의 효력으로는 할 수 없는 것이다. 그러므로 그 계약에서 정한 범위 내의 사항에 필요한 행위를 하면 족하다. 따라서 위임사항이 이른바 유익비에 관한 때에는 결국 위임사무를 처리하는 데 필요한 비용이 될 것이다. 가령 내가 소유한 가옥을 개량할 것을 누군가에게 위임하였다면, 이 경우에 비용은 모두 유익비에 속하지만 일본 민법 제650조에 따르면 "위임사무를 처리하는 데 필요하다고 인정되는 비용"일 뿐이다. 그러나 사무관리의 경우에 본인을 위하여 유익한 비용 안에는 필요비가 포함됨은 물론인데, 즉 그 비용을 지출하지 않은 때에는 물건이 멸실될 우려가 있으므로 이를 지출한 것이다. 그리하여 본인에게 유익한 비용이 되는 데 의문이 없다. 요컨대 일본 신 민법 제650조 및 제702조에서 "필요" 또는 "유익"이란 문자는 이른바 "필요비" 및 "유익비"를 의미하는 것이 아니다. 오히려 같은 법 제650조에서는 수임인에게 이자를 청구할 권리를 인정하였으나 제702조에서는 이자청구권을 인정하지 않았는데, 따라서 결국 관리자의 권리는 수임인의 권리에 미치지 못함이 명료한 것이다.

전술한 원칙에는 하나의 예외가 있다. 곧 관리자가 본인의 의사에 반하여

管理ᄒᆞᆫ境遇라日本新民法은其第七百二條第三項에「管理者가本人의意思에反ᄒᆞ야管理ᄒᆞᆫ時ᄂᆞᆫ本人이現히利益을受ᄒᆞᄂᆞᆫ限度에在ᄒᆞ야만前二項의規定을適用홈」이라規定ᄒᆞ얏시나是ᄂᆞᆫ自初로本人이不同意홈에不拘ᄒᆞ고管理를行ᄒᆞᆫ境遇와半途에本人으로其管理의拒絕을受ᄒᆞ고尙且繼續ᄒᆞ야管理ᄒᆞᆫ境遇됨을不問ᄒᆞᄂᆞᆫ者ㅣ오此境遇에在ᄒᆞ야ᄂᆞᆫ事務管理가아니라論ᄒᆞᄂᆞᆫ學者가有ᄒᆞ나然이나是ᄂᆞᆫ穩當치아니ᄒᆞᆫ學說이오法律上義務가無ᄒᆞ고他人의事務를管理홈은同一ᄒᆞᆫ지라故로事務管理라謂치아니홈이不可ᄒᆞ고唯其法律은普通境遇와如히特別保護를加치아니ᄒᆞ고寧히如此ᄒᆞᆫ事務管理가有홈을望치아니ᄒᆞᄂᆞᆫ者ㅣ라故로普通境遇에比ᄒᆞ야其保護가薄弱ᄒᆞᆯᄲᅮᆫ이나然이나本人이此를因ᄒᆞ야不當히利得홈은不可ᄒᆞᆫ故로普通의不當利得境遇에在홈과同一ᄒᆞᆫ結果를認ᄒᆞ야本人이現히利益을受ᄒᆞᄂᆞᆫ限度에在ᄒᆞ야費用償還의義務를負케ᄒᆞᄂᆞ니假令前例에在ᄒᆞ야一朝에有益ᄒᆞᆫ費用을出ᄒᆞ고其費用은卽必要費라云홈을得ᄒᆞᆯ지로대偶然이天災에因ᄒᆞ야物이全部滅失ᄒᆞᆫ時ᄂᆞᆫ本人은毫末도費用을償還홈을不要ᄒᆞ고만일一部滅失ᄒᆞᆫ時ᄂᆞᆫ殘存ᄒᆞᆫ利益만

관리한 경우이다. 일본 신 민법은 제702조 제3항에서 "관리자가 본인의 의사에 반하여 관리한 때에는 본인이 현재 이익을 받은 한도에서만 전 2항(前二項)의 규정을 적용함"이라고 하였다. 이는 처음부터 본인이 동의하지 않았음에도 불구하고 관리를 한 경우와, 중도에 본인으로부터 관리를 거절당하고도 계속하여 관리한 경우임을 불문하는 것이다. 그리고 이 경우는 사무관리가 아니라고 논하는 학자가 있다. 그러나 이는 타당하지 않은 학설이고 법률상 의무 없이 타인의 사무를 관리하였음은 동일한 것이다. 그러므로 사무관리라고 말하지 않을 수 없고, 오직 법률이 일반적인 경우와 같이 특별한 보호를 하지 않고 오히려 이러한 사무관리가 있기를 바라지 않는 것이다. 그러므로 일반적인 경우에 비하여 그 보호를 취약하게 할 뿐이다. 그러나 본인이 이로 인하여 부당이득을 얻을 수는 없으므로 일반 부당이득의 경우와 동일한 결과를 인정하여, 본인이 현재 이익을 받은 한도에서 비용상환의 의무를 지게 한다. 가령 앞선 예에서 하루아침에 유익한 비용을 지출하고 그 비용은 곧 필요비라고 말할 수 있겠지만, 우연히 천재지변으로 인하여 물건이 전부 멸실된 때에는 본인은 털끝만큼도 비용을 상환할 필요가 없다. 만일 일부 멸실된 때에는 남아 있는 이익만

償還ᄒᆞ면足ᄒᆞᆫ바ㅣ라是ᄂᆞᆫ家屋等에就ᄒᆞ야도其適用이有ᄒᆞᆷ은勿論이로대今에他例에依ᄒᆞ야此ᄅᆞᆯ說明ᄒᆞᆯ진대管理者가本人의意思에反ᄒᆞ야動物二頭ᄅᆞᆯ管理ᄒᆞᆫ中其一頭가流行病에罹ᄒᆞ야死亡ᄒᆞᆫ時ᄂᆞᆫ管理者가其一頭ᄅᆞᆯ飼養ᄒᆞᆷ에要ᄒᆞᆫ費用의償還을受ᄒᆞᆷ을不得ᄒᆞᆷ은勿論이로대他生存ᄒᆞᆫ一頭에要ᄒᆞᆫ費用의償還을受ᄒᆞᆷ은可得ᄒᆞᄂᆞᆫ바ㅣ라

第二　債務負擔의義務　此點에關ᄒᆞ야ᄂᆞᆫ日本新民法은委任에關ᄒᆞᆫ規定을準用케ᄒᆞ얏시니其第七百二條第二項에「管理者가本人을爲ᄒᆞ야有益ᄒᆞᆫ債務ᄅᆞᆯ負擔ᄒᆞᆫ時ᄂᆞᆫ第六百五十條第二項의規定을準用ᄒᆞᆷ」이라規定ᄒᆞᆫ지라即同民法第六百五十條에ᄂᆞᆫ「受任者가委任事務ᄅᆞᆯ處理ᄒᆞᆷ에必要ᄒᆞᆷ으로認ᄒᆞᆫ債務ᄅᆞᆯ負擔ᄒᆞᆫ時ᄂᆞᆫ委任者로ᄒᆞ야곰自己를代ᄒᆞ야其辨償케ᄒᆞ거나又其債務가辨償期에在치아니ᄒᆞᆫ時ᄂᆞᆫ相當ᄒᆞᆫ擔保ᄅᆞᆯ供케ᄒᆞᆷ을得ᄒᆞᆷ」이라ᄒᆞ얏시니此點에就ᄒᆞ야도委任에關ᄒᆞ야ᄂᆞᆫ「委任事務ᄅᆞᆯ處理ᄒᆞᆷ에必要ᄒᆞᆷ으로認ᄒᆞᆫ債務」라ᄒᆞ고事務管理에就ᄒᆞ야ᄂᆞᆫ「本人을爲ᄒᆞ야有益ᄒᆞᆫ債務」라ᄒᆞ야費用의境遇와相異ᄒᆞᆫ事ㅣ無ᄒᆞ고尙且本人의意思에反ᄒᆞ야管理ᄒᆞᆫ境遇에在ᄒᆞ야ᄂᆞᆫ是亦費

상환하면 족한 것이다. 이는 가옥 등에 대하여도 적용됨은 물론으로 이제 다른 예에 따라 이를 설명하면, 관리자가 본인의 의사에 반하여 동물 두 마리를 관리하다가 그중 한 마리가 전염병에 걸려 사망한 때에는, 관리자가 그 한 마리를 사육하는 데 필요한 비용의 상환을 받을 수 없는 것은 물론이지만 다른 생존한 한 마리에 든 비용의 상환을 받을 수는 있는 것이다.

(2) **채무 부담의 의무**: 이 점에 관하여는 일본 신 민법은 위임에 관한 규정을 준용하게 하였는데, 제702조 제2항에서 "관리자가 본인을 위하여 유익한 채무를 부담한 때에는 제650조 제2항을 준용함"이라고 규정한 것이다. 즉, 일본 민법 제650조에서는 "수임인이 위임사무를 처리하는 데 필요하다고 인정되는 채무를 부담한 때에는 위임인으로 하여금 자기를 갈음하여 그 채무를* 변제하게 하거나, 또는 그 채무가 변제기에 있지 않은 때에는 상당한 담보를 제공하게 할 수 있음"이라고 하였다. 이 점에 대해서도, 위임에서는 "위임사무를 처리하는 데 필요하다고 인정되는 채무"라고 하고 사무관리에서는 "본인을 위하여 유익한 채무"라고 하여 비용의 경우와 다를 바 없다. 또한 본인의 의사에 반하여 관리한 경우 역시 비

* 역자 주: 원문에는 이 부분이 빠져 있음.

用과同一히利益을現受ᄒᆞᄂᆞᆫ限度에在ᄒᆞ야本人으로ᄒᆞ야곰償還의義務를負케ᄒᆞᆫ者ㅣ니其理由ᄂᆞᆫ費用에就ᄒᆞ야述ᄒᆞᆫ바와同一ᄒᆞᆫ故로此를省略ᄒᆞ노라

第二編　不當利得

不當利得이라홈은法律上의原因이無ᄒᆞ고自己가利益을受ᄒᆞ야써他人의게損害를加홈을謂홈이니不當利得을ᄒᆞᆫ者ᄂᆞᆫ其受ᄒᆞᆫ바利益을返還치아니홈이不可ᄒᆞᆫ지라是ᄂᆞᆫ羅馬法以來로是認ᄒᆞᆫ原則이오彼非債返還即償務가無ᄒᆞᆫ者가債務의辨償으로給付ᄒᆞ얏든者를推還ᄒᆞᄂᆞᆫ境遇와如ᄒᆞ니是亦同一히不當利得의原則에適合ᄒᆞᆫ바ㅣ라然이나今日歐洲諸國法律에在ᄒᆞ야ᄂᆞᆫ不當利得의原則을認치아니ᄒᆞ고所謂準契約의名義下에事務管理及非債返還의境遇를規定ᄒᆞᆫ例가不少ᄒᆞ니法國民法과如홈이其一例오다만各種特別ᄒᆞᆫ境遇에就ᄒᆞ야不當利得의原則을適用홈에不過ᄒᆞ니其最히顯著ᄒᆞᆫ者를示ᄒᆞᆯ진대彼必要費ᄂᆞᆫ全部를占有者의게償還홈을要호대有益費ᄂᆞᆫ評價額又ᄂᆞᆫ費用의全部中何者든지其一을償還ᄒᆞ면可ᄒᆞᆫ지라此와如ᄒᆞᆫ費用償還의義務ᄂᆞᆫ元來不當利得의原則으로브터

용과 동일하게 이익을 현재 받은 한도에서 본인으로 하여금 상환할 의무를 지게 한 것이다. 그 이유는 비용에 대하여 서술한 바와 동일하므로 생략한다.

제2편 부당이득

부당이득이란 법률상 원인 없이 자기가 이익을 받음으로써 타인에게 손해를 가함을 말하는데, 부당이득을 한 자는 그 받은 이익을 반환하여야 한다. 이는 로마법 이래로 인정되던 원칙이고, 저 비채반환(非債返還), 즉 채무 없는 자가 채무의 변제로 급부하였던 것을 반환받는 경우와 같은데 이 또한 동일하게 부당이득의 원칙에 적합한 것이다. 그러나 오늘날 유럽 여러 나라의 법률에서는 부당이득의 원칙을 인정하지 않고 이른바 준계약이라는 이름 아래 사무관리 및 비채반환의 경우를 규정한 예가 적지 않다. 프랑스 민법과 같은 것이 그 일례로 다만 갖가지 특별한 경우에 대하여 부당이득을 원칙을 적용하는 데 불과한데, 가장 두드러진 것을 보이면 저 필요비는 전부를 점유자에게 상환하여야 하지만 유익비는 평가액 또는 비용 전부 중 무엇이든 상환하면 되는 것이다. 이와 같은 비용상환의 의무는 원래 부당이득의 원칙으로부터

出ᄒᆞᆫ者ㅣ로대其規定은占有者에就ᄒᆞ야存在ᄒᆞ고此ᄅᆞᆯ各種境遇에適用ᄒᆞᆷ에不過ᄒᆞᆯ뿐이오不當利得의原則을一般히認ᄒᆞᆫ規定이無ᄒᆞ니是ᄂᆞᆫ立法上一大缺點이라可謂ᄒᆞᆯ바ㅣ오日本新民法은不當利得의原則을規定ᄒᆞ얏고舊民法도亦相異ᄒᆞᆫ바ㅣ無ᄒᆞ대 오즉事務管理ᄂᆞᆫ前編에論述ᄒᆞᆫ理由에基因ᄒᆞ야此ᄅᆞᆯ別로規定ᄒᆞᆫ바ㅣ라

不當利得의原則은大概上述ᄒᆞᆷ과如ᄒᆞᆫ지라日本新民法은其第七百三條에「法律上의原因이無ᄒᆞ고他人의財産又ᄂᆞᆫ勞務에因ᄒᆞ야利益을受ᄒᆞ고此ᄅᆞᆯ因ᄒᆞ야他人의게損害ᄅᆞᆯ及ᄒᆞᆫ者ᄂᆞᆫ其利益의存ᄒᆞᆫ限度에在ᄒᆞ야此ᄅᆞᆯ返還ᄒᆞᆯ義務ᄅᆞᆯ負ᄒᆞᆷㅣ」이라規定ᄒᆞ얏시니所謂「他人의財産에因ᄒᆞ야」라ᄒᆞᆷ은假令他人의所有에屬ᄒᆞᆫ木材ᄅᆞᆯ自己의建築에用ᄒᆞᄂᆞᆫ等類라만일此ᄅᆞᆯ材木商으로브터買入ᄒᆞᆫ時ᄂᆞᆫ相當ᄒᆞᆫ代價ᄅᆞᆯ支給치아니ᄒᆞᆷ이不可ᄒᆞᆫ者ㅣ라然而上述ᄒᆞᆫ者ᄂᆞᆫ他人의木材ᄅᆞᆯ自己의物과如히使用ᄒᆞᆫ者ㅣ라故로自己가利益을受ᄒᆞᄂᆞᆫ同時에其所有者된他人은自己가此ᄅᆞᆯ使用ᄒᆞ든지又ᄂᆞᆫ他人의게賣却ᄒᆞ든지皆相當ᄒᆞᆫ價格을有ᄒᆞᆯ바ㅣ어ᄂᆞᆯ此ᄅᆞᆯ因ᄒᆞ야損失을被ᄒᆞᆷ은勿論이니故로此境遇에在ᄒᆞ야ᄂᆞᆫ他人을害ᄒᆞ고自

나온 것인데, 그 규정은 점유자에 대하여 존재하고 이를 갖가지 경우에 적용하는 데 불과할 뿐 부당이득의 원칙을 일반적으로 인정한 규정은 없다. 이는 입법적으로 하나의 큰 결점이라고 말할 수 있다. 일본 신 민법은 부당이득의 원칙을 규정하였고 구 민법 또한 다르지 않은데, 오직 사무관리는 앞 편에서 서술한 이유에 기인하여 이를 따로 규정한 것이다.

부당이득의 원칙은 대개 전술한 것과 같다. 일본 신 민법은 제703조에서 "법률상 원인 없이 타인의 재산 또는 노무로 인하여 이익을 받고 이로 인하여 타인에게 손해를 미친 자는 그 이익이 있는 한도에서 이를 반환할 의무를 짐"이라고 규정하였다. 이른바 "타인의 재산으로 인하여"란 가령 타인이 소유한 목재를 자기의 건축에 사용하는 등의 부류이다. 만일 이를 목재상으로부터 매입하였다면 상당한 대가를 지급하여야만 하는 것이다. 그런데 이 사람은 타인의 목재를 자기 물건과 같이 사용한 것이다. 그러므로 자기가 이익을 받는 동시에 그 소유자인 타인은 자기가 이를 사용하든지 또는 타인에게 매각하든지 모두 상당한 가치를 가질 텐데 이로 인하여 손실을 입은 것은 물론이다. 그러므로 이 경우에는 타인을 해하고 자

己를利케ᄒᆞᆫ者ㅣ라因ᄒᆞ야不當利得返還의義務가生ᄒᆞ며次에「勞務에因ᄒᆞ야」라ᄒᆞᆷ은假令他人이自己의材料에工作을加ᄒᆞ야써器具를製造ᄒᆞᆫ境遇와如ᄒᆞ니此境遇에在ᄒᆞ야ᄂᆞᆫ材料의所有者ᄂᆞᆫ通常其物의所有權을不失ᄒᆞᆯᄲᅮᆫ아니라他人이工作을加ᄒᆞᆷ을因ᄒᆞ야物의價格이增加ᄒᆞᆫ時ᄂᆞᆫ其增加額을返還치아니ᄒᆞ면不當利得이될바ㅣ라元來不當利得境遇에在ᄒᆞ야ᄂᆞᆫ他에法律上債務의原因된者ㅣ無ᄒᆞ고單히不當利得을ᄒᆞᆷ에因ᄒᆞ야債務를生ᄒᆞᄂᆞᆫ者ㅣ니不當利得이란者ᄂᆞᆫ一方에在ᄒᆞ야ᄂᆞᆫ自己가利益을受ᄒᆞ고他一方에在ᄒᆞ야ᄂᆞᆫ他人의게損害를加ᄒᆞᆫ者ㅣ라故로縱令他人의게損害를加ᄒᆞ야도自己가利益을受치아니ᄒᆞᆫ時ᄂᆞᆫ此種의債務가生치아니ᄒᆞᄂᆞ니假令前例에在ᄒᆞ야余가他人의木材를自己의建築에用ᄒᆞ기爲ᄒᆞ야自家에運搬ᄒᆞ얏시나火災에因ᄒᆞ야燒失ᄒᆞ얏다ᄒᆞᆯ진대他人이損害를受ᄒᆞᆷ은勿論이로대余ᄂᆞᆫ利益을受치아니ᄒᆞᆫ故로所謂不當利得은아니오又此와反對로自己가利益을受ᄒᆞ야도他人의게損害를加치아니ᄒᆞᆫ時ᄂᆞᆫ亦此種의債務가生치아니ᄒᆞᄂᆞ니 假令隣地의 所有者가 水道를設ᄒᆞᆷ을 因ᄒᆞ야自己의所有地에排水가容易ᄒᆞ야利益이大有ᄒᆞ얏시나此境遇에在ᄒᆞ야ᄂᆞᆫ他人의게損害

기를 이롭게 한 것이다. 따라서 부당이득 반환의 의무가 발생한다. 다음으로 "노무로 인하여"란 가령 타인이 자기 재료에 일을 함으로써 도구를 제작한 경우와 같다. 이 경우에는 재료의 소유자는 통상 그 물건의 소유권을 잃지 않을 뿐 아니라 타인이 일을 함에 따라 물건의 가치가 증가된 때에는 그 증가액을 반환하지 않으면 부당이득이 될 것이다. 원래 부당이득의 경우에는 달리 법률상 채무의 원인이 되는 것이 없고 다만 부당이득을 함에 따라 채무가 발생하는 것으로, 부당이득이란 것은 한편으로는 자기가 이익을 받고 다른 한편으로는 타인에게 손해를 가한 것이다. 그러므로 설령 타인에게 손해를 가하였더라도 자기가 이익을 받지 않은 때에는 이러한 채무가 발생하지 않는다. 가령 앞선 예에서 내가 타인의 목재를 자기 건축에 쓰기 위하여 나의 집으로 운반하였으나 화재로 인하여 불타 버렸다면, 타인이 손해를 입었음은 물론이지만 나는 이익을 받지 않았으므로 이른바 부당이득은 아니다. 또 이와 반대로 자기가 이익을 받았어도 타인에게 손해를 가하지 않은 때 또한 이러한 채무가 발생하지 않는다. 가령 이웃 토지 소유자가 수도를 설치함에 따라 자기 소유 토지에 배수가 용이해져 큰 이익이 생겼으나, 이 경우에는 타인에게 손해를加ᄒᆞᆫ事ㅣ無ᄒᆞᆫ故로如何히自己의게利益이有ᄒᆞ야도所謂不當利得이되지아니ᄒᆞᄂᆞ니因ᄒᆞ야縱令一朝에自己의게利益이有ᄒᆞ야도其利益이現存치아니ᄒᆞᆯ진대不當利得이有ᄒᆞ다云ᄒᆞᆷ을不得ᄒᆞᆯ지라假令前例에在ᄒᆞ야其木材가現存ᄒᆞᆯ진대利益을可受ᄒᆞᆯ지로대既히其物이滅失ᄒᆞᆫ以上은返還ᄒᆞᆯ利益이無ᄒᆞᆫ故로一朝에受ᄒᆞᆫ利益과同一ᄒᆞᆫ者를返還ᄒᆞᄂᆞᆫ時ᄂᆞᆫ寧히損失을被ᄒᆞᆯ지니即燒失ᄒᆞᆫ木材의代價를支撥ᄒᆞᄂᆞᆫ者ㅣ라ᄒᆞᆯ진대其代價ᄂᆞᆫ結局損失에歸ᄒᆞᄂᆞᆫ故로不當利得의原則에適合지아니ᄒᆞᄂᆞ니是以로現存ᄒᆞᆫ利益을返還ᄒᆞ면足ᄒᆞᆫ者ㅣ라然이나此原則은其適用에就ᄒᆞ야頗히困難ᄒᆞᆫ境遇가生ᄒᆞᄂᆞᆫ故로日本에在ᄒᆞ야ᄂᆞᆫ此法文을起草ᄒᆞᆯ際에議論이大有ᄒᆞ야其結果로多少糢糊ᄒᆞᆫ文字를用ᄒᆞᆷ에至ᄒᆞ얏시나此ᄅᆞᆯ研究ᄒᆞᆷ에當ᄒᆞ야ᄂᆞᆫ其意義를了解ᄒᆞ기不難ᄒᆞᆫ바ㅣ라然而同法第七百三條에ᄂᆞᆫ「其利益의存ᄒᆞᆫ限度」라ᄒᆞ고第七百二條第三項에ᄂᆞᆫ「現히利益을受ᄒᆞᄂᆞᆫ限度라ᄒᆞ야使用ᄒᆞᆫ文字가相異ᄒᆞ나其意義ᄂᆞᆫ元來同一ᄒᆞᄂᆞ니不當利得에就ᄒᆞ야現」이라云ᄒᆞᄂᆞᆫ文字를加치아니ᄒᆞᆫ理由ᄂᆞᆫ所謂受ᄒᆞᆫ바利益自體ᄂᆞᆫ其形이存在치아니ᄒᆞ야도可ᄒᆞᆫ所以라假令余가他人으로브터受ᄒᆞᆷ이不可ᄒᆞᆫ金錢

를 가한 일이 없으므로 얼마큼 자기에게 이익이 있어도 이른바 부당이득이 되지 않는다. 따라서 설령 하루아침에 자기에게 이익이 있어도 그 이익이 현존하지 않는다면 부당이득이 있다고 말할 수 없을 것이다. 가령 앞선 예에서 목재가 현존한다면 이익을 받을 수 있겠지만 이미 그 물건이 멸실된 이상 반환할 이익이 없으므로, 하루아침에 받은 이익과 동일한 것을 반환한다면 오히려 손실을 입을 것이다. 즉, 불타버린 목재의 대가를 지급하는 것이라고 하면 그 대가는 결국 손실이 되므로 부당이득의 원칙에 적합하지 않다. 그리하여 현존한 이익을 반환하면 족한 것이다. 그러나 이 원칙을 적용하는 데에는 자못 어려운 경우가 발생하므로, 일본에서는 이 법문의 초안을 작성할 때에 크게 논의가 있었다. 그 결과 다소 모호한 문언을 사용하기에 이르렀으나 이를 연구하면서는 그 의의를 이해하기 어렵지 않은 것이다. 그런데 일본 민법 제703조에서는 "그 이익이 있는 한도"라고 하고 제702조 제3항에서는 "현재 이익을 받은 한도"*라고 하여 사용된 문언이 다르지만 그 의의는 원래 동일하다. 부당이득에서 "현(現)"**이라는 문자를 더하여 '현존'으로 하지 않은 이유는 이른바 받은 이익 자체는 그 형태가 존재하지 않아도 되기 때문이다. 가령 내가 타인으로부터 받을 수 없는 금전

* 역자 주: 원문에는 이 부분에 따옴표가 없음.
** 역자 주: 원문에는 이 부분에 따옴표가 없음.

을受取ᄒᆞᆫ境遇에在ᄒᆞ야는其受取ᄒᆞᆫ金錢을返還치아니ᄒᆞᆷ이不可ᄒᆞᆯ가是는境遇를依ᄒᆞ야반다시同一치아니ᄒᆞᆯ지니其受取ᄒᆞᆫ金錢을遺失ᄒᆞ거나或은被盜ᄒᆞᆫ證據가有ᄒᆞᆫ時는利益을受치아니ᄒᆞᆫ者ㅣ라故로返還ᄒᆞᆷ을不要호대만일其金錢을消費ᄒᆞᆫ境遇에在ᄒᆞ야는其金錢自體는既히存在치아니호대余는此를償還ᄒᆞᆷ이可ᄒᆞᆫ者로信ᄒᆞ는바ㅣ라盖此를有益히使用ᄒᆞᆫ境遇에在ᄒᆞ야는何人을不問ᄒᆞ고此를返還ᄒᆞᆷ이可ᄒᆞᆷ은無疑ᄒᆞᄂᆞ니假令其金錢으로써他財産을買ᄒᆞ거나或은此로써自己의債務를辨償ᄒᆞ얏다ᄒᆞᆯ진대第一境遇에在ᄒᆞ야는通常買入ᄒᆞᆫ物의價額을返還ᄒᆞᆷ이可ᄒᆞ고又債務의辨償으로充ᄒᆞᆫ境遇에在ᄒᆞ야는此에因ᄒᆞ야消滅ᄒᆞᆫ債務의額만은返還치아니ᄒᆞᆷ이不可ᄒᆞᆯ지니是는何人이든지容疑ᄒᆞᆯ바ㅣ아니라然而其金錢을浪費ᄒᆞᆫ境遇假令賭博을因ᄒᆞ야費損ᄒᆞ얏거나又는價格이十圜에不過ᄒᆞᆫ物을代價百圜으로買入ᄒᆞᆫ境遇와如ᄒᆞᆷ은如何ᄒᆞᆯ가或은曰其浪費ᄒᆞᆫ者를返還ᄒᆞᆷ을不要ᄒᆞᄂᆞ니何故오本人의利益이되지아니ᄒᆞᆫ所以라即利益이現存ᄒᆞ다云ᄒᆞᆷ을不得ᄒᆞᆯ지니故로返還ᄒᆞᆷ을不要ᄒᆞᆫ다云ᄒᆞᆫ지라然이나余의信ᄒᆞ는바를依ᄒᆞᆯ진대是는誤謬된者ㅣ라可謂ᄒᆞᆯ지니盖成年에達ᄒᆞ고且精神에異狀

을 받은 경우에는 그 금전을 반환하여야만 하는가? 이는 경우에 따라 반드시 같지 않을 것이다. 받은 금전을 잃어버리거나 도난당한 증거가 있는 때에는 이익을 받지 않은 것이므로 반환할 필요가 없다. 그런데 만일 그 금전을 소비한 경우에는 그 금전 자체는 이미 존재하지 않지만 나는 이를 상환함이 마땅하다고 생각하는 바이다. 대개 이를 유익하게 사용한 경우에는 누구인지를 불문하고 이를 상환하는 것이 마땅함은 의문이 없다. 가령 그 금전으로 다른 재산을 사거나 자기 채무를 변제하였다면, 첫째 경우에는 통상 매수한 물건 가액을 반환하는 것이 마땅하고 또 채무의 변제로 충당한 경우에는 이로 인하여 소멸된 채무액만은 반환하여야 할 것이다. 이는 누구든지 의심할 바 아니다. 그런데 그 금전을 낭비한 경우, 가령 도박으로 써 버렸거나 가치가 10원*에 불과한 물건을 100원으로 매수한 경우와 같으면 어떻게 하여야 하는가? 더러는 낭비한 것을 반환할 필요가 없다고 한다. 왜냐하면 본인의 이익이 되지 않기 때문이다. 곧 이익이 현존하다고 말할 수 없으므로 반환이 필요하지 않다고 말하는 것이다. 그러나 내 견해에 따르면 이는 잘못되었다고 말할 수 있다. 대개 성년이 되고 정신에 이상

* 역자 주: '圜' 글자는 대한제국 시기 '원'으로 읽었음.

이無ᄒᆞᆫ者가金錢을受取ᄒᆞᆫ境遇에在ᄒᆞ야ᄂᆞᆫ縱令此ᄅᆞᆯ浪費ᄒᆞ야도其金錢을受取ᄒᆞᆷ을因ᄒᆞ야 浪費ᄒᆞᆫ者ㅣ라 云ᄒᆞᆷ을不得ᄒᆞᆯ지니 何故오若其金錢이 無ᄒᆞᆫ時ᄂᆞᆫ外他金錢을浪費ᄒᆞ얏실지니故로此ᄅᆞᆯ浪費ᄒᆞᆫ者ᄂᆞᆫ他財産을節約ᄒᆞ야其利益을現受ᄒᆞᆫ者로看做치아니ᄒᆞᆷ이不可ᄒᆞᆫ지라故로受取ᄒᆞᆫ金錢自體ᄅᆞᆯ遺失ᄒᆞ거나或은被盜ᄒᆞᆫ境遇ᄅᆞᆯ除ᄒᆞᆫ外에ᄂᆞᆫ總히受取ᄒᆞᆫ金錢을返還치아니ᄒᆞᆷ이 不可ᄒᆞᄂᆞ니是固當然ᄒᆞᆫ事ㅣ오容疑ᄒᆞᆯ바ㅣ少無ᄒᆞᆫ지라是以로「現」이라云ᄒᆞᄂᆞᆫ文字ᄅᆞᆯ加ᄒᆞᆫ時ᄂᆞᆫ疑問이或生ᄒᆞᆯ가ᄒᆞ야法文起草時에畢竟此ᄅᆞᆯ削除ᄒᆞᆫ바ㅣ라然而其意義ᄂᆞᆫ同法第七百二條第三項의 境遇와毫末도相異ᄒᆞᆫ바ㅣ無호대 唯玆에一個注意ᄅᆞᆯ要ᄒᆞᆯ者ㅣ有ᄒᆞ니即無能力者가法律行爲ᄅᆞᆯ繳消ᄒᆞᆫ境遇와其他境遇의相異ᄒᆞᆫ與否라未成年者가或法律行爲ᄅᆞᆯ行ᄒᆞ고後日에此ᄅᆞᆯ繳消ᄒᆞᆫ時ᄂᆞᆫ其行爲ᄂᆞᆫ最初브터無效되ᄂᆞᆫ者로看做ᄒᆞᄂᆞᆫ故로自此로法律行가無ᄒᆞᆷ과同一ᄒᆞ야此法律行爲의履行으로授受ᄒᆞᆫ物이有ᄒᆞᆫ時ᄂᆞᆫ原因이無ᄒᆞ고授受ᄒᆞᆫ者로視치아니ᄒᆞᆷ이不可호대此返還의義務ᄂᆞᆫ即不當利得으로브터生義務라因ᄒᆞ야此境遇에在ᄒᆞ야도同法第七百三條ᄅᆞᆯ適用ᄒᆞᆷ이可ᄒᆞᆫ者ㅣ라然이나此에就ᄒᆞ야ᄂᆞᆫ同法第一百二十一

이 없는 자가 금전을 받은 경우에는 설령 낭비를 하여도 그 금전을 받음으로 인하여 낭비하였다고 말할 수 없을 것이다. 왜냐하면 만약 그 금전이 없다면 다른 금전을 낭비하였을 것이므로, 이를 낭비한 자는 다른 재산을 절약함으로써 그 이익을 현재 받은 것으로 간주하여야 하는 것이다. 그러므로 받은 금전 자체를 잃어버리거나 도난당한 경우를 제외하고는 모두 받은 금전을 반환하여야 하며, 이것이 참으로 당연한 일이고 의심할 바 없는 것이다. 그리하여 "현"이라는 문자를 더하면 의문이 더러 발생할 수 있다고 하여 법문(法文) 초안을 만들던 때에 마침내 이를 삭제한 것이다. 그러나 그 의의는 같은 법 제702조 제3항과 털끝만큼도 다를 바 없다. 그런데 여기서 한 가지 주의하여야 할 것이 있다. 곧 무능력자*가 법률행위를 취소한 경우와 다른 경우가 다른지 여부이다. 미성년자가 어떤 법률행위를 하고 뒷날에 이를 취소한 때에는 그 행위는 처음부터 무효인 것으로 간주된다. 그러므로 이때부터 법률행위가 없었던 것과 동일하게 이 법률행위 이행으로 주고받은 물건이 있는 때에는 원인 없이 주고받은 것으로 보아야 하는데, 이 반환의 의무는 곧 부당이득으로부터 발생하는 의무이다. 따라서 이 경우에도 일본 민법 제703조를 적용하는 것이 마땅하다. 그러나 이에 대하여는 같은 법 제121

* 역자 주: 오늘날 민법에서는 무능력자 대신 제한능력자로 표현하고 있음.

條에明文이有ᄒᆞ니即「繳消ᄒᆞᆫ行爲ᄂᆞᆫ最初브터無效되ᄂᆞᆫ者로看做ᄒᆞᆷ但無能力者ᄂᆞᆫ其行爲에因ᄒᆞ야現히利益을受ᄒᆞᄂᆞᆫ限度에셔償還의義務를負ᄒᆞᆷ」이라規定ᄒᆞᆫ바ㅣ라然이나相對者가受ᄒᆞᆫ物에就ᄒᆞ야ᄂᆞᆫ何等의規定이無ᄒᆞᆫ故로返還치아니ᄒᆞ야도可ᄒᆞᆷ과如호대決코不然ᄒᆞᆫ바ㅣ오普通의原則을依ᄒᆞ야返還치아니ᄒᆞᆷ이不可ᄒᆞ며오즉無能力者에就ᄒᆞ야만特히此規定이有ᄒᆞᆷ은特別ᄒᆞᆫ理由가不無ᄒᆞᄂᆞ니 無他라無能力者가 浪費ᄒᆞᆫ者ᄂᆞᆫ 大抵返還치아니ᄒᆞ야도可ᄒᆞ다云ᄒᆞᄂᆞᆫ意義를此中에包含ᄒᆞᆷ이니假令未成年者가貸金營業者로브터金錢을借受ᄒᆞ야此를浪費ᄒᆞ고 後日에其貸借契約을繳消ᄒᆞᆫ時ᄂᆞᆫ 其浪費ᄒᆞᆫ者ᄂᆞᆫ 返還치아니ᄒᆞ야도可ᄒᆞ다云ᄒᆞᄂᆞᆫ意오文字ᄂᆞᆫ多少分明치아니ᄒᆞ나解釋上으로ᄂᆞᆫ容疑ᄒᆞᆯ바ㅣ少無ᄒᆞᆫ바ㅣ라然而未成年、 準禁治産者等의行ᄒᆞᆫ貸借를繳消ᄒᆞᄂᆞᆫ理由ᄂᆞᆫ此等의無能力者ᄂᆞᆫ思慮가淺薄ᄒᆞ야動輒高率의利息을諸從ᄒᆞᆫ다云ᄒᆞᆷ에在치아니ᄒᆞ고如何히低利로借得ᄒᆞ거나又ᄂᆞᆫ無利息과如ᄒᆞᆫ境遇에在ᄒᆞ야도同一히繳消ᄒᆞᆷ을可得ᄒᆞᄂᆞᆫ者ㅣ니是ᄂᆞᆫ畢竟借用ᄒᆞᆫ金錢을浪費ᄒᆞᆯ虞가有ᄒᆞᆷ을因ᄒᆞᆷ이라若不然ᄒᆞᆯ진대普通의不當利得境遇와如히盜難을遭ᄒᆞ거나或은遺失ᄒᆞᆫ證據가有ᄒᆞᆫ

조에 명문규정이 있다. 곧 "취소한 행위는 처음부터 무효인 것으로 봄. 그러나 무능력자는 그 행위로 인하여 현재 이익을 받은 한도에서 상환의 의무를 짐"이라고 규정된 것이다. 그러나 상대방이 받은 물건에 대하여는 어떠한 규정도 없으므로 반환하지 않아도 될 것 같은데 결코 그렇지 않다. 보통의 원칙에 따라 반환하여야 하며 오직 무능력자에게만 특별히 이 규정이 있는 데는 특별한 이유가 있다. 다른 것이 아니라, 무능력자가 낭비한 것은 대체로 반환하지 않아도 된다는 의미를 이 안에 포함한 것이다. 가령 미성년자가 대부업자로부터 금전을 빌려 이를 낭비하고 뒷날 그 소비대차계약*을 취소한 때에는 그 낭비한 것은 반환하지 않아도 된다는 의미로, 문언은 다소 분명하지 않지만 해석상으로는 의문이 거의 없다. 그러나 미성년자, 한정치산자 등이 한 소비대차를 취소하는 이유는 이들 무능력자가 사려 깊지 않아 자칫 높은 이자를 승낙하고 따르리라는 데 있는 것이 아니다. 얼마만큼 낮은 금리로 빌리거나 또는 무이자와 같은 경우에도 마찬가지로 취소할 수 있는 것으로, 이는 마침내 차용한 금전을 낭비할 우려가 있기 때문이다. 만약 그렇지 않다면 일반 부당이득의 경우와 같이 도난을 당하거나 유실된 증거가 있는

* 역자 주: 원문은 '貸借契約'으로만 되어 있음.

者는格別ᄒᆞᆫ바ㅣ오不然ᄒᆞᆫ境遇에在ᄒᆞ야는恒常受取ᄒᆞᆫ金額을返還치아니ᄒᆞᆷ이不可ᄒᆞᆫ지라故로特히第一百二十一條의但書를置ᄒᆯ理由가無ᄒᆯ지니假令賣主가賣買를繳消ᄒᆞᆫ境遇에買主가代價를支撥ᄒᆞᆫ時는賣主는不當利得의規定에依ᄒᆞ야其代價를返還ᄒᆯ義務를負ᄒᆞᆷ이無能力者가其行爲를繳消ᄒᆞᆫ境遇와相異ᄒᆞᆫ바ㅣ無ᄒᆯ지라然이나未成年者、浪費者等의無能力者는他人으로브터受取ᄒᆞᆫ金錢을浪費ᄒᆯ處가有ᄒᆞᆷ으로自己가任意로締結ᄒᆞᆫ契約이라도繳消ᄒᆞᆷ을得ᄒᆯ者ㅣ라規定ᄒᆞᆫ지라故로此境遇에在ᄒᆞ야는浪費ᄒᆞᆫ者는返還치아니ᄒᆞ야도可ᄒᆞ다云ᄒᆯ지니是는解釋上毫末도容疑ᄒᆯ바ㅣ無ᄒᆞᆫ바ㅣ라

以上에不當利得에關ᄒᆞᆫ原則을說明ᄒᆞᆫ지라然而此原則은不當利得及債務의原因이無ᄒᆞᆫ境遇에만其適用이有ᄒᆞᆫ者ㅣ라換言ᄒᆞ면善意로利得ᄒᆞᆫ境遇에만適用ᄒᆞ는者ㅣ니假令他人의財産을自己의財産으로信ᄒᆞ고利用ᄒᆞ거나又所有者의知치못ᄒᆞᆫ間或은所有者의意思에反ᄒᆞ야他人이物에工作을施ᄒᆞ야是에因ᄒᆞ야所有者가利益을受ᄒᆞᆫ境遇又或은債權者가아닌者에對ᄒᆞ야債務[illegible]가無ᄒᆞᆫ者가辨償을行ᄒᆞ야此를受ᄒᆞᆫ者도債權이有ᄒᆞᆷ과如히思惟ᄒᆞ고此를受取ᄒᆞᆷ과如ᄒᆞᆫ境

경우는 별론으로 하고 그렇지 않은 경우에는 항상 받은 금액을 반환하여야 하는 것이므로 특별히 제121조 단서를 둘 이유가 없을 것이다. 가령 매도인이 매매를 취소한 경우에 매수인이 대가를 지급한 때에는 매도인은 부당이득 규정에 따라 그 대가를 반환할 의무를 진다. 이 점에서 무능력자가 그 행위를 취소한 경우와 다를 바 없다. 그러나 미성년자, 낭비자 등 무능력자는 타인으로부터 받은 금전을 낭비할 우려가 있으므로 자기가 임의로 체결한 계약이라도 취소할 수 있다고 규정한 것이다. 그러므로 이 경우에는 낭비한 것은 반환하지 않아도 된다고 할 수 있는데 이는 해석상 털끝만큼도 의심할 바 없는 것이다.

이상에서 부당이득에 관한 원칙을 설명하였다. 그러나 이 원칙은 부당이득 및 채무의 원인이 없는 경우에만 적용되는 것이다. 바꾸어 말하면 선의로 이득을 한 경우에만 적용되는 것이다. 가령 타인의 재산을 자기 재산으로 믿고 이용하거나, 소유자가 알지 못한 사이 또는 소유자의 의사에 반하여 타인이 물건에 작업을 가함으로써 소유자가 이익을 받은 경우, 또는 채권자 아닌 자에 대하여 채무 없는 자가 변제를 하여 이를 받은 자도 채권이 있는 것 같이 생각하고 이를 받은 것과 같은 경

遇ᄂᆞᆫ總히債務의原因이無ᄒᆞᆫ者ㅣ라然이나此와反ᄒᆞ야만일其利得者가惡意되ᄂᆞᆫ時ᄂᆞᆫ如何ᄒᆞᆯ가此境遇에在ᄒᆞ야ᄂᆞᆫ不當利得의問題뿐아니오此에不法行爲가加生ᄒᆞᆷ이라即此境遇에在ᄒᆞᆫ債務의原因은第一에不當利得第二에不法行爲兩個의原因으로브터債務가生ᄒᆞ고因ᄒᆞ야其債務의範圍ᄂᆞᆫ上述ᄒᆞᆫ바에止치아니ᄒᆞᄂᆞᆫ바ㅣ니만일何等의規定이無ᄒᆞᆯ진대不當利得으로現히受ᄒᆞᄂᆞᆫ利益ᄋᆞᆯ返還ᄒᆞᆯ바ㅣ라然而尙其行爲에因ᄒᆞ야相對者의게加ᄒᆞᆫ損害ᄅᆞᆯ賠償치아니ᄒᆞᆷ이不可ᄒᆞᄂᆞ니其賠償額은普通不法行爲境遇와如히爭이有ᄒᆞ면結局裁判所에서定ᄒᆞᆯ지로대裁判所ᄂᆞᆫ一定ᄒᆞᆫ標準이無ᄒᆞᆫ故로縱令如何히多額으로此ᄅᆞᆯ計算ᄒᆞ거나又ᄂᆞᆫ此ᄅᆞᆯ少額으로計算ᄒᆞᆷ을不問ᄒᆞ고法律問題가되지아니ᄒᆞᄂᆞ니即上告의理由가無ᄒᆞᆫ바ㅣ라是故로立法者ᄂᆞᆫ此境遇에在ᄒᆞ야ᄂᆞᆫ利得者가一定ᄒᆞᆫ利益을受ᄒᆞᆫ事實이有ᄒᆞᆷ으로써其事實을標準으로ᄒᆞ야賠償의額을定ᄒᆞᄂᆞᆫ時ᄂᆞᆫ實際損害ᄅᆞᆯ賠償ᄒᆞᆷ에不遠ᄒᆞ며又ᄂᆞᆫ裁判官의認定에一任ᄒᆞᆷ보다比較的誤謬됨이少ᄒᆞᆯ지라故로日本新民法은其第七百四條에「惡意의受益者ᄂᆞᆫ其受ᄒᆞᆫ利益에利息을附ᄒᆞ야此ᄅᆞᆯ返還ᄒᆞᆷ을要ᄒᆞᆷ尙其損害가有ᄒᆞᆫ時ᄂᆞᆫ其賠償의責에任ᄒᆞᆷ」이라

우는 모두 채무의 원인이 없는 것이다. 그러나 이와 반대로 만일 그 이득자가 악의인 때에는 어떠한가? 이 경우에는 부당이득 문제뿐 아니라 불법행위가 여기에 더하여진다. 곧 이 경우에 채무의 원인은 첫째 부당이득, 둘째 불법행위 두 개의 원인으로부터 채무가 발생함에 따라 그 채무범위는 위에 서술한 것에 그치지 않는다. 여기서 만일 어떠한 규정도 없다면 부당이득으로 현재 받은 이익을 반환하여야 할 것이다. 그러나 여전히 그 행위로 인하여 상대방에게 가한 손해를 배상하여야 하는데, 그 배상액은 일반불법행위의 경우와 같이 다툼이 있으면 결국 재판소에서 정하여야 한다. 그런데 재판소는 일정한 기준이 없으므로 얼마만큼 많은 액수로 손해를 계산하거나 적은 액수로 계산하거나를 묻지 않고 법률문제가 되지 않아서 곧 상고의 이유가 없는 것이다. 그러므로 입법자가 이 경우에는 이득자가 일정한 이익을 받은 사실을 기준으로 하여 배상액을 정한다면, 실제 손해를 배상하는 데 불과하여 또다시 재판관이 인정하는 데 일임하기보다 비교적 오류가 적을 것이다. 그러므로 일본 신 민법은 제704조에서 "악의의 수익자는 그 받은 이익에 이자를 붙여 이를 반환하여야 함. 여전히 그 손해가 있는 때에는 그 배상의 책임을 짐"이라고

規定ᄒᆞ얏시니此境遇에在ᄒᆞ야ᄂᆞᆫ現히利益을受ᄒᆞᄂᆞᆫ與否ᄅᆞᆯ不關ᄒᆞ고最初에受ᄒᆞᆫ利益을標準ᄒᆞ야其利益은今에全히滅失ᄒᆞ毫고末도殘存치아니ᄒᆞ얏시나是ᄂᆞᆫ問ᄒᆞᆯ바ㅣ아니라假令最初에千圓의利益을受ᄒᆞ얏다ᄒᆞᆯ진대爲先此ᄅᆞᆯ返還케ᄒᆞᄂᆞ니何故오惡意者가此ᄅᆞᆯ受ᄒᆞᆫ時ᄂᆞᆫ相對者ᄂᆞᆫ現히其利益을有치못ᄒᆞᆷ으로推測ᄒᆞᆷ이可ᄒᆞᆫ故로其受ᄒᆞᆫ利益은全部ᄅᆞᆯ返還ᄒᆞ고尙且利息을附ᄒᆞᆷ이可ᄒᆞᆯ지니是ᄂᆞᆫ無他라若其財産이有ᄒᆞᆫ時ᄂᆞᆫ此ᄅᆞᆯ利用ᄒᆞ고金錢의普通利息即法律에依ᄒᆞ야ᄂᆞᆫ其定ᄒᆞᆫ바利息에相當ᄒᆞᆫ利益을可受ᄒᆞᆯ바오又ᄂᆞᆫ其他財産이라도多數ᄂᆞᆫ此ᄅᆞᆯ金錢으로換筭ᄒᆞᆷ이容易ᄒᆞᆫ지라然즉當然히此에相當ᄒᆞᆫ利益을可受ᄒᆞᆯ바ㅣ오又縱令此ᄅᆞᆯ金錢으로換算치못ᄒᆞ야도大略法定利息에相當ᄒᆞᆫ利益이有ᄒᆞᆫ者로看做ᄒᆞᆷ이可ᄒᆞᆫ지라故로其受ᄒᆞᆫ利益에利息을附ᄒᆞ야返還ᄒᆞᆷ을要ᄒᆞᄂᆞᆫ者ㅣ니金錢은其計筭이容易호대他財産에就ᄒᆞ야ᄂᆞᆫ其價格을評價ᄒᆞ야其評價의利息을支撥케ᄒᆞᄂᆞᆫ바ㅣ라假令米百石을受取ᄒᆞ야其米가現存ᄒᆞᆫ時ᄂᆞᆫ其米百石을返還치아니ᄒᆞᆷ이不可ᄒᆞ며利息으로ᄂᆞᆫ其百石의代價ᄅᆞᆯ評定ᄒᆞ야假令一石에五圜되ᄂᆞᆫ時ᄂᆞᆫ五百圜됨으로써年五分의利로計筭ᄒᆞ면即二十五圜이오若又物品이

규정하였는데, 이 경우에는 현재 이익을 받았는지 여부와 관계없이 처음에 받은 이익을 기준으로 하며 그 이익이 이제 완전히 멸실되고 털끝만큼도 남아 있지 않았어도 이는 따질 바 아니다. 가령 처음에 1,000원의 이익을 받았다면 먼저 이를 반환하게 한다. 왜냐하면 악의자가 이를 받은 때에는 상대방은 현재 그 이익을 갖지 못하였다고 추정함이 마땅하므로 그가 받은 이익 전부를 반환하고 또 이자도 붙이는 것이 마땅하다. 이는 다른 것이 아니라, 만약 그 재산이 있다면 이를 이용하고 금전의 일반적인 이자, 곧 법률에 따라 정해진 이자에 상당하는 이익을 받았을 것이다. 또는 다른 재산이라도 많은 경우 이를 금전으로 쉽게 환산할 수 있는 것이다. 그렇다면 당연히 이에 상당하는 이익을 받을 수 있을 것이고, 또 설령 이를 금전으로 환산하지 못하여도 대략 법정이자에 상당하는 이익이 있는 것으로 간주함이 마땅하다. 그러므로 그 받은 이익에 이자를 붙여 반환하여야 하는 것이며, 금전은 계산이 용이하지만 다른 재산에 대하여는 그 가치를 평가하여 그 평가된 가치의 이자를 지급하게 하는 것이다. 가령 쌀 백 가마를 받고 그 쌀이 현존한 때에는 그 쌀 백 가마를 반환하여야 하며, 이자로는 그 백 가마의 대가를 평가하여 가령 한 가마에 5원이라면 500원이므로 연 5%의 이자로 계산하면 곧 25원이 된다. 또 만약 물품이

既히現存치아니ᄒᆞ면先其價額을金錢으로換算ᄒᆞ야此를返還ᄒᆞ고其利息을亦支撥홈이可ᄒᆞᆫ바ㅣ니即立法者ᄂᆞᆫ少ᄒᆞ야도右額에相當ᄒᆞᆫ損害가有ᄒᆞ다ᄒᆞ야此를賠償케ᄒᆞᆫ바라然이나時或一層損害가多ᄒᆞᆫ事ㅣ有ᄒᆞ니假令其金錢이無홈을因ᄒᆞ야高利로支給ᄒᆞ거나他處로브터金錢을借用ᄒᆞ며且商業上幾許의損害를被ᄒᆞ거나或은他에支撥ᄒᆞᆯ金額이有ᄒᆞ야도此를支撥ᄒᆞ기不能홈을因ᄒᆞ야違約金을支給홈에至ᄒᆞᆯ지며又ᄂᆞᆫ반다시損害賠償을給ᄒᆞᆯ境遇가有ᄒᆞᆯ지니如斯ᄒᆞᆫ境遇에在ᄒᆞ야ᄂᆞᆫ此亦賠償치아니홈이不可ᄒᆞᆫ바ㅣ라此等境遇에在ᄒᆞ야ᄂᆞᆫ爭이有ᄒᆞ면裁判所에서其額을評定ᄒᆞᄂᆞᆫ外에他道가無ᄒᆞ나然이나其標準範圍가狹隘ᄒᆞᆫ故로此에就ᄒᆞ야如何히評定ᄒᆞᆯ든지被害者ᄂᆞᆫ元本과利息을失치아니홈으로甚히損害를被ᄒᆞᄂᆞᆫ事ㅣ無ᄒᆞ고非常ᄒᆞᆫ不公平의結果를見치아니ᄒᆞᆯ지니是ᄂᆞᆫ即同民法第七百四條에規定이有ᄒᆞᆫ所以라某學者ᄂᆞᆫ曰此規定은純然ᄒᆞᆫ不法行爲의規定이로대便宜上此處에揭ᄒᆞᆫ者ㅣ라云ᄒᆞ나是ᄂᆞᆫ誤謬된學說이니何故오同條의境遇ᄂᆞᆫ實로不當利得과不法行爲가集合된者ㅣ오其結果로不法行爲에因ᄒᆞᆫ損害賠償의義務에就ᄒᆞ야ᄂᆞᆫ同民法第七百二十四條에特히此에關ᄒᆞᆫ時效의

이미 현존하지 않으면 먼저 그 가액을 금전으로 환산하여 이를 반환하고 그 이자 또한 지급함이 마땅한 것이다. 곧 입법자는 적어도 위 액수에 상당하는 손해가 있다고 하여 이를 배상하게 한 것이다. 그러나 때로는 한층 손해가 많을 수도 있는데, 가령 그 금전이 없음으로 인하여 높은 이자로 지급하거나 다른 곳으로부터 금전을 차용하는 경우가 있을 수 있다. 또 영업상 얼마의 손해를 입거나 다른 곳에 지급할 금액이 있어도 이를 지급할 수 없음에 따라 위약금을 지급하게 되거나 손해배상을 해 주어야 할 경우가 있을 것이다. 이러한 경우에는 역시 배상을 하여야 하는 것이다. 이들 경우에는 다툼이 있으면 재판소에서 그 액수를 평가할 수밖에 다른 방도가 없으나, 그 기준의 범위가 좁으므로 이에 대하여 어떻게 평가하든지 피해자는 원본과 이자를 잃지 않아, 매우 큰 피해를 입는 일이 없고 대단히 불공평한 결과를 보지 않게 될 것이다. 이는 곧 일본 민법 제704조가 규정되어 있기 때문이다. 어떤 학자는 "이 규정은 순수한 불법행위 규정인데 편의상 이곳에 적은 것이다"라고 말하나 이는 잘못된 학설이다. 왜냐하면 이 조의 경우는 실로 부당이득과 불법행위가 결합된 것이다. 그 결과, 불법행위로 인한 손해배상의 의무에 대하여는 일본 민법 제724조에 특별히 이에 관한 시효의

規定이有ᄒᆞ니此ᄅᆞᆯ依ᄒᆞᆯ진대債權者가請求權이有ᄒᆞᆷ을知ᄒᆞᆫ日로브터三年을經過ᄒᆞᆫ時ᄂᆞᆫ其權利가時效에罹ᄒᆞᄂᆞᆫ者ㅣ라ᄒᆞ얏스니此規定은第七百四條의境遇에ᄂᆞᆫ適用ᄒᆞ기不能ᄒᆞᆫ바ㅣ오同第七百四條의規定은不法行爲에因ᄒᆞᆫ損害賠償의請求權ᄲᅮᆫ아니라故로是ᄂᆞᆫ普通原則에依ᄒᆞ야十年時效에罹ᄒᆞᄂᆞᆫ바ㅣ라然而同第七百四條의適用에就ᄒᆞ야ᄂᆞᆫ權利者가相對者의惡意됨을證明치아니ᄒᆞᆷ이不可ᄒᆞᄂᆞ니故로苟其惡意의證明이無ᄒᆞᆫ限에ᄂᆞᆫ同第七百三條의規定에依ᄒᆞ야現存ᄒᆞᆫ利益만請求ᄒᆞᆷ을得ᄒᆞᆷ에不過ᄒᆞᆫ바ㅣ라

以上은不當利得境遇에共通ᄒᆞᄂᆞᆫ規定이오以下에ᄂᆞᆫ非債返還의境遇에就ᄒᆞ야說明코ᄌᆞᄒᆞ노라

非債返還의境遇도亦其原則에在ᄒᆞ야ᄂᆞᆫ一般의不當利得境遇와異ᄒᆞᆫ바ㅣ無ᄒᆞᄂᆞ니上述ᄒᆞᆷ과如히惡意의證據가有ᄒᆞᆫ時ᄂᆞᆫ所謂債權者ᄂᆞᆫ受取ᄒᆞᆫ物의全部ᄅᆞᆯ返還ᄒᆞᆷ이可ᄒᆞ고若其物이現存치아니ᄒᆞᆫ時ᄂᆞᆫ其價額全部에利息을添付ᄒᆞ야返還ᄒᆞ며尙且相對者가損害ᄅᆞᆯ受ᄒᆞᆫ證據가有ᄒᆞᆫ時ᄂᆞᆫ此亦賠償치아니ᄒᆞᆷ이不可ᄒᆞᆫ바ㅣ오其他境遇에在ᄒᆞ야ᄂᆞᆫ現히受ᄒᆞᄂᆞᆫ利益을返還ᄒᆞᆷ이可ᄒᆞᆫ者ㅣ라故로金錢이

규정이 있는데 이에 따르면 채권자가 청구권이 있음을 안 날부터 3년을 지난 때에는 그 권리가 시효에 걸린다고 하였다. 그런데 이 규정은 제704조의 경우에는 적용할 수 없는 것이고, 일본 민법 제704조의 규정은 불법행위로 인한 손해배상의 청구권만이 아니다. 그러므로 이는 일반 원칙에 따라 10년의 시효에 걸리는 것이다. 그러나 일본 민법 제704조의 적용에서는 권리자가 상대방의 악의를 증명하여야 한다. 그러므로 진실로 그 악의의 증명이 없는 한 같은 법 제703조에 따라 현존이익만 청구할 수 있는 데 불과한 것이다.

이상은 부당이득에 공통되는 규정이고, 이하에서는 비채반환(非債返還)의 경우에 대하여 설명하고자 한다.

비채반환의 경우도 또한 그 원칙으로는 일반 부당이득의 경우와 다를 바 없다. 위에 서술한 것처럼 악의의 증거가 있는 때에는 이른바 채권자는 받은 물건 전부를 반환함이 마땅하고 만약 그 물건이 현존하지 않은 때에는 그 가액 전부에 이자를 더하여 반환하며, 또 상대방이 손해를 받은 증거가 있는 때에는 이 또한 배상하여야 하는 것이다. 그 밖의 경우에는 현재 받은 이익을 반환함이 마땅한 것이다. 그러므로 금전이라도盜難을遭ᄒᆞ얏거나又는遺失ᄒᆞᆫ證據가有ᄒᆞᆫ時는此ᄅᆞᆯ返還ᄒᆞᆷ을不要ᄒᆞᄂᆞ니要ᄒᆞ건대現히受ᄒᆞ는利益만返還ᄒᆞ면足ᄒᆞᆫ바ㅣ라故로此點에就ᄒᆞ야는法律에特히明文을置ᄒᆞᆯ必要가無호대唯此에牽連ᄒᆞ야各種問題가生ᄒᆞ는故로此ᄅᆞᆯ以下에略述코ᄌᆞᄒᆞ노라

債務가無ᄒᆞᆫ境遇에辨償이란者ㅣ有ᄒᆞᆷ을不得ᄒᆞᆯ지니然즉其辨償은眞正ᄒᆞᆫ辨償이아니라故로是는錯誤로브터生ᄒᆞ는者ㅣ多數되ᄂᆞ니是故로歐洲法律에在ᄒᆞ야는羅馬法으로始ᄒᆞ야錯誤로써非債返還의一個要件이라云ᄒᆞᆫ바ㅣ라然이나日本民法은如此ᄒᆞᆫ主義ᄅᆞᆯ採用치아니ᄒᆞ얏시니即現히甲乙間에債務關係가無ᄒᆞᆷ에不拘ᄒᆞ고甲이辨償이라稱ᄒᆞ야乙의或給付ᄅᆞᆯ行ᄒᆞᆫ境遇에在ᄒᆞ야는毫末도錯誤의證據ᄅᆞᆯ不要ᄒᆞ고單히債務의存在치아니ᄒᆞᆫ事ᄅᆞᆯ證明ᄒᆞ는時는此ᄅᆞᆯ返還ᄒᆞᆷ을可得ᄒᆞ는바ㅣ라然이나辨償者가債務의無ᄒᆞᆫ事ᄅᆞᆯ知ᄒᆞᆫ時는如何ᄒᆞᆯ가苟其辨償者가精神이錯亂치아니ᄒᆞᆫ以上은債務가無ᄒᆞ고辨償으로給付ᄒᆞ고後에此ᄅᆞᆯ返還코ᄌᆞᄒᆞᆷ을不得ᄒᆞᆯ바ㅣ오寧히相對者의게無償의利益을與ᄒᆞᆫ意思가有ᄒᆞᆫ者로視치아니ᄒᆞᆷ이不可ᄒᆞᆯ바ㅣ라假令既히時效에罹ᄒᆞ야債務에就ᄒᆞ야는消滅

라도 도난을 당하거나 유실된 증거가 있는 때에는 반환할 필요가 없는데, 요컨대 현재 받은 이익만 반환하면 족한 것이다. 그러므로 이 점에 대하여는 법률에서 특별히 명문규정을 둘 필요가 없는데, 특별히 이와 관련하여 갖가지 문제가 발생하므로 이하에 이를 간략히 서술하고자 한다.

채무가 없는 경우에 변제란 것이 있을 수 없는데, 그렇다면 그 변제는 진정한 변제가 아니다. 그러므로 이는 착오로 발생한 경우가 많다. 그리하여 유럽의 법률에서는 로마법을 비롯하여 착오를 비채반환의 한 요건이라고 말하는 것이다. 일본 민법은 이와 같은 태도를 취하지 않았는데, 곧 현재 甲과 乙 사이에 채무관계가 없음에도 불구하고 甲이 변제라고 하여 乙에게 어떤 급부를 한 경우에는 털끝만큼도 착오의 증거가 필요하지 않고 단지 채무가 존재하지 않음을 증명하면 이를 반환받을 수 있는 것이다. 그러나 변제자가 채무 없음을 안 때에는 어떠한가? 진실로 그 변제자가 정신이 어수선하지 않은 이상 채무 없이 변제로 급부를 하고 뒤에 이를 반환받고자 할 수 없는 것이고, 오히려 상대방에게 무상의 이익을 준 의사가 있다고 보아야 할 것이다. 가령 이미 시효에 걸린 채무는 소멸

時効가完成ᄒᆞᆷ을知ᄒᆞᆷ에不拘ᄒᆞ고其債務의辨償으로或給付ᄅᆞᆯ行ᄒᆞ얏다ᄒᆞᆯ진대法律上으로브터觀ᄒᆞᆯ진대是ᄂᆞᆫ辨償이아니오一個贈與라故로此ᄅᆞᆯ返還ᄒᆞᆷ을不得ᄒᆞᆯ바ㅣ오時或法律을知ᄒᆞᄂᆞᆫ者ㅣ라도贈與의名義로써ᄒᆞᆯ진대相對者가此ᄅᆞᆯ受치아니ᄒᆞᆯ가ᄒᆞ야債務가既히消滅ᄒᆞᆷ을知ᄒᆞᆷ에不拘ᄒᆞ고其債務의辨償으로此ᄅᆞᆯ與ᄒᆞ거나或은法律上義務가無ᄒᆞᆫ境遇假令賭博으로브터生ᄒᆞᆫ債務ᄂᆞᆫ法律上成立치아니ᄒᆞᆷ을知ᄒᆞᆷ에不拘ᄒᆞ고만일贈與라ᄒᆞᆯ진대相對者가此ᄅᆞᆯ受치아니ᄒᆞᆯ가ᄒᆞ야賭博의債務ᄅᆞᆯ辨償ᄒᆞᆫ다稱ᄒᆞ고此ᄅᆞᆯ與ᄒᆞᄂᆞᆫ事ㅣ有ᄒᆞᄂᆞ니如此ᄒᆞᆫ境遇에ᄂᆞᆫ後日에至ᄒᆞ야此의返還을請求ᄒᆞᆷ을不得ᄒᆞᆷ이當然ᄒᆞᆫ바ㅣ니日本新民法은第七百五條에此ᄅᆞᆯ返還ᄒᆞᆷ을不得ᄒᆞᆫ다規定ᄒᆞᆫ지라即法國民法及日本舊民法과如히法律行爲에原因을必要로ᄒᆞᄂᆞᆫ法律下에在ᄒᆞ야ᄂᆞᆫ頗히錯雜ᄒᆞᆫ問題오以上에言ᄒᆞᆷ과如히贈與가成立ᄒᆞᆷ을不得ᄒᆞᄂᆞ니法國民法及日本舊民法에在ᄒᆞ야ᄂᆞᆫ贈與가成立ᄒᆞᆷ에ᄂᆞᆫ恩惠ᄅᆞᆯ施ᄒᆞᄂᆞᆫ意思가無ᄒᆞᆷ이不可ᄒᆞᆫ지라故로時効에因ᄒᆞ야消滅ᄒᆞᆫ債務되ᄂᆞᆫ事ᄅᆞᆯ知ᄒᆞ고辨償ᄒᆞᆷ은贈與가아니오賭博의因ᄒᆞ야負ᄒᆞᆫ債務되ᄂᆞᆫ事ᄅᆞᆯ知ᄒᆞ고辨償ᄒᆞᆷ도亦贈與가成立ᄒᆞᆷ을不得호대同舊民法等에在ᄒᆞ야ᄂᆞᆫ時効

시효가 완성함을 아는데도 불구하고 그 채무의 변제로 어떤 급부를 하였다면, 법률적으로 보면 이는 변제가 아니고 하나의 증여이다. 그러므로 이를 반환받을 수 없는 것이다. 때로는 법률을 아는 자라도 증여의 이름으로 한다면 상대방이 이를 받지 않을까 하여 채무가 이미 소멸하였음을 아는데도 불구하고 그 채무 변제로 이를 주는 경우가 있다. 또는 법률상 의무 없는 경우, 가령 도박으로부터 발생한 채무는 법률상 성립하지 않음을 아는데도 불구하고 만일 증여라고 하면 상대방이 이를 받지 않을까 하여 도박 채무를 변제한다고 하여 이를 주는 경우가 있다. 이와 같은 경우에는 뒷날에 이르러 반환을 청구하지 못함이 당연한 것이다. 일본 신 민법은 제705조에서 이것의 반환을 청구하지 못한다고 규정하였다. 즉, 프랑스 민법* 및 일본 구 민법과 같이 법률행위에 원인을 필요로 하는 법률 아래서는 자못 복잡한 문제이고 이상에서 말한 것과 같이 증여가 성립할 수 없는데, 프랑스 민법 및 일본 구 민법에서는 증여가 성립하려면 은혜를 배풀 의사**가 있어야 한다. 그러므로 시효로 인하여 소멸된 채무임을 알고 변제하는 것은 증여가 아니고, 도박으로 인하여 진 채무임을 알고 변제하는 것 또한 증여가 성립할 수 없다. 따라서 일본 구 민법 등에서는 시효

* 역자 주: 2016년 개정 전 프랑스 민법 제1108조 참조. 2016년 프랑스 민법 개정으로 'cause' 용어 자체는 남아 있지 않지만 여러 개별 조문에 cause 관념이 잔존하고 있음. 한편 일본 구 민법 규정은 제304조 참조.

** 역자 주: 프랑스 법에서 'intention libérale'을 의미함.

에因ᄒᆞ야債務가消滅ᄒᆞᆫ後에ᄂᆞᆫ自然義務가存在ᄒᆞ다云ᄒᆞᆫ지라（同法財產編第五百七十條）故로同舊民法으로브터言ᄒᆞᆯ진대此境遇에在ᄒᆞ야ᄂᆞᆫ贈與가無ᄒᆞ고自然義務의辨償이有ᄒᆞᆫ者로返還ᄒᆞᆷ을不得ᄒᆞᄂᆞᆫ結果가生ᄒᆞ며又賭博의負債를辨償ᄒᆞᆷ과如ᄒᆞᆫ境遇ᄂᆞᆫ同舊民法에在ᄒᆞ야ᄂᆞᆫ自然義務가存在치아니ᄒᆞᆫ故로此境遇에ᄂᆞᆫ假令他原因에依ᄒᆞ야返還ᄒᆞᆷ을不得ᄒᆞᄂᆞᆫ事ㅣ無ᄒᆞ다ᄒᆞᆯ진대此를返還ᄒᆞᆷ을可得ᄒᆞᆯ지니同法財產編第五百六十六條에ᄂᆞᆫ「不法의原因을因ᄒᆞ야無效된合意ᄂᆞᆫ自然義務가生ᄒᆞᆷ을不得」ᄒᆞᆫ다ᄒᆞ고尙且同財產取得編第一百六十一條第一項에「前條의境遇外에博戲及賭事ᄂᆞᆫ自然義務가生치아니ᄒᆞᆫ다」規定ᄒᆞᆫ지라然而同第二項에「然이나右博戲及賭事에因ᄒᆞᆫ有能力者의任意辨償은此를返還ᄒᆞᆷ을不許ᄒᆞᆷ」이라規定ᄒᆞᆫ故로右賭博境遇와如ᄒᆞᆷ은舊民法에在ᄒᆞ야ᄂᆞᆫ返還ᄒᆞᆷ을不得ᄒᆞ되다만別個原因에由ᄒᆞ야取戾ᄒᆞᆷ을不得ᄒᆞᆯ뿐이오右述ᄒᆞᆫ理論을依ᄒᆞᆯ진대返還ᄒᆞᆷ을可得ᄒᆞᄂᆞᆫ바ㅣ라然이나日本新民法에在ᄒᆞ야ᄂᆞᆫ上述ᄒᆞᆷ과如히第七百五條에「債務의辨償으로給付ᄒᆞᆫ者가其當時債務의存在치아니ᄒᆞᆷ을知ᄒᆞᆫ時ᄂᆞᆫ其給付ᄒᆞᆫ者의返還을請求ᄒᆞᆷ을不得ᄒᆞᆷ」이라規定ᄒᆞᆫ바ㅣ

로 인하여 채무가 소멸된 뒤에는 자연채무가 존재한다고 말하였다(일본 구 민법 재산편 제570조). 그러므로 일본 구 민법으로부터 말하면 이 경우에는 증여가 없고 자연채무 변제가 있는 것으로 반환받을 수 없는 결과를 낳는다. 또 도박채무를 변제하는 것과 같은 경우는 일본 구 민법에서는 자연채무가 존재하지 않으므로 이 경우에는 가령 다른 원인에 의하여 반환받지 못하는 경우가 아니면 이를 반환받을 수 있을 것이다. 일본 구 민법 재산편 제566조에서는 "불법한 원인으로 인하여 무효인 합의는 자연채무를 발생시키지 못"한다고 하고 또 같은 법 재산취득편 제161조 제1항에서 "전조(前條)의 경우 외에 노름 및 도박은 자연채무를 발생시키지 않는다"고 규정하였다. 그런데 같은 조 제2항에서 "그러나 위 노름 및 도박으로 인한 행위능력자의 임의변제를 반환받기는 허용되지 않음"이라고 규정하였다. 그러므로 위 도박의 경우와 같으면 구 민법에서는 반환받지 못하는데, 다만 별개의 원인으로 말미암아 돌려받을 수 없을 뿐이고 위에 서술한 이론에 따른다면 반환받을 수 있는 것이다. 그러나 일본 신 민법에서는 위에 서술한 것처럼 제705조에서 "채무의 변제로 급부한 자가 그 당시 채무가 존재하지 않음을 안 때에는 그 급부한 것의 반환을 청구하지 못함"이라고 규정한 것이

라

以上은債務가全然存在치아니ᄒᆞᆫ境遇오此에ᄂᆞᆫ甲과乙間에債務가存在호대他者間에債務가無ᄒᆞᆫ境遇가有ᄒᆞ니假令甲이乙에對ᄒᆞ야或債務를負ᄒᆞ얏시나誤히丙에對ᄒᆞ야辨償ᄒᆞ얏다ᄒᆞᆯ진대甲과丙間에ᄂᆞᆫ債務關係가無ᄒᆞᆫ故로非債返還을求홈을得ᄒᆞ며又此와反對의例로假令乙이債權者오甲이債務者된境遇에丁者가自己의게債務가有홈으로誤信ᄒᆞ고乙의게辨償ᄒᆞ얏다ᄒᆞᆯ진대此境遇에도亦同樣으로非債返還을求홈을得호대唯此境遇에辨償者가惡意되ᄂᆞᆫ時ᄂᆞᆫ代理辨償이라홈이可ᄒᆞᆫ바ㅣ라然而是ᄂᆞᆫ當事者意思에因ᄒᆞ야定ᄒᆞᆯ者ㅣ니即辨償을代行ᄒᆞᄂᆞᆫ意思가有ᄒᆞᆫ與否ᄂᆞᆫ事實問題라

自此로債務ᄂᆞᆫ同一人間에存在호대附期限又ᄂᆞᆫ附條件境遇에在ᄒᆞ야期限의到來前又ᄂᆞᆫ條件의成就前에辨償을行ᄒᆞᆫ時ᄂᆞᆫ此를返還홈을得ᄒᆞᆯ가否ᄒᆞᆯ가云ᄒᆞᄂᆞᆫ問題에就ᄒᆞ야說明코ᄌᆞᄒᆞ노라

日本新民法은條件의效力이既往에溯及케ᄒᆞᄂᆞᆫ主義를採用ᄒᆞᆫ故로條件이成就ᄒᆞ기ᄭᆞ지ᄂᆞᆫ아직債務가生치아니ᄒᆞᄂᆞ니即一種의附條件義務ᄂᆞᆫ存在ᄒᆞ야도金

다.

이상은 채무가 전혀 존재하지 않은 경우이고, 여기에는 甲과 乙 사이에 채무가 존재하지만 다른 자와의 사이에는 채무가 없는 경우가 있다. 가령 甲이 乙에 대하여 어떤 채무를 부담하였으나 잘못하여 丙에 대하여 변제하였다면 甲과 丙 사이에는 채무관계가 없으므로 비채반환을 청구할 수 있다. 또 이와 반대의 예로, 가령 乙이 채권자이고 甲이 채무자인 경우에 丁이라는 사람이 자기에게 채무가 있다고 오신하고 乙에게 변제하였다면 이 경우에도 또한 마찬가지로 비채반환을 청구할 수 있다. 다만 이 경우에 변제자가 악의인 때에는 대리변제라고 함이 마땅한 것이다. 그러나 이는 당사자의 의사에 따라 정하여야 할 것인데, 곧 변제를 대행할 의사가 있는지 여부는 사실의 문제이다.

여기부터는 채무는 동일인 사이에 존재하지만 기한부 또는 조건부인 경우에 기한의 도래 전 또는 조건의 성취 전에 변제하였다면 이를 반환받을 수 있는지 아닌지 하는 문제에 대하여 설명하고자 한다.

일본 신 민법은 조건의 효력이 기왕에 소급하도록 하는 태도를 채용하였다. 그러므로 조건이 성취되기까지는 아직 채무가 발생하지 않는데, 곧 일종의 조건부 의무는 존재하더라도 금

額을支撥홀債務가無ᄒ며其債務는條件이成就ᄒ는時에至ᄒ야始生ᄒ는者ㅣ라然而此의辨償을行ᄒ얏다홀진대是는全히宇宙間에債務가無ᄒᆫ境遇에辨償을行홈과相異ᄒᆫ事ㅣ毫無ᄒᆫ故로其返還을求홈을得홈은勿論이오만일條件이成就ᄒ는時는自此로辨償을行홈이可홀지니是는明文이有홈을不待ᄒ고可히正確無疑ᄒᆫ바ㅣ라

次에期限을附ᄒᆫ境遇는如何홀가此에就ᄒ야는從來一般히行ᄒ든主義를依홀진대附期限債務란者는最初브터債務가存在ᄒᆫ者ㅣ오唯其履行時期가아직到來치아니홀뿐이라故로此境遇에在ᄒ야는非債라云홈을不得홀바ㅣ라因ᄒ야此辨償은返還홈을不得ᄒᆫ다云홈이니是는羅馬法以來의原則이라然이나余로써觀홀진대大히誤謬된者ㅣ라可云홀지니盖漠然히債務가有ᄒ다言홀진대債務가存在ᄒᆫ事는勿論이로대十年後에至ᄒ야辨償홈이可홀債務는今日에直히辨償홈이可홀債務와同一치아니홈은勿論이오唯其期限이到來치아니홈을知ᄒ고辨償ᄒᆫ時는期限의利益을抛棄ᄒᆫ者로視홈이可ᄒᆫ故로問題되지아니호대時或期限이債權者의利益을爲ᄒ야存在ᄒᆫ事ㅣ有ᄒ니此境遇에在ᄒ야는債

액을 지급할 채무 및 기타 물건을 줄 채무가 없으며 그 채무는 조건이 성취되는 때에 비로소 발생하는 것이다. 그러나 이러한 변제를 하였다면 이는 완전히 이 세상에서 채무가 없는 경우에 변제한 것과 전혀 다를 것이 없으므로 그 반환을 청구할 수 있음은 물론이다. 그리고 만일 조건이 성취되었다면 이때부터는 변제를 함이 마땅할 텐데, 이는 명문규정 없이도 확실히 의문이 없는 것이다.

다음으로 기한을 붙인 경우에는 어떠한가? 이에 대하여 종래 일반적으로 지지받던 견해에 따르면 기한부채무란 것은 처음부터 채무가 존재한 것이고 다만 그 이행기가 아직 도래하지 않았을 뿐이다. 그러므로 이 경우에는 비채(非債)라고 말할 수 없는 것이고 따라서 이러한 변제는 반환받을 수 없다고 하는데, 이는 로마법 이래의 원칙이다. 그러나 내가 보기에는 크게 잘못된 것이라고 할 수 있다. 대개 막연히 채무가 있다고 말하면 채무가 존재하는 것은 물론이지만, 10년 뒤에 이르러 변제하여야 할 채무는 오늘 바로 변제하여야 할 채무와 같지 않음은 물론이다. 다만 그 기한이 도래하지 않았음을 알고 변제한 때에는 기한의 이익을 포기한 것으로 볼 수 있으므로 문제되지 않는다. 그렇지만 때로는 기한이 채권자의 이익을 위하여 존재할 수도 있다. 이 경우에는 채

務者ᄂᆞᆫ期限을抛棄ᄒᆞᆷ을不得ᄒᆞᆯ지로ᄃᆡ辨償을受ᄒᆞᄂᆞᆫ者가此ᄅᆞᆯ抛棄ᄒᆞᆫ者로視ᄒᆞᆷ을可得ᄒᆞᆯ지니故로此境遇에在ᄒᆞ야도返還을請求ᄒᆞᆷ을不得ᄒᆞᆷ은勿論이오又辨償者가善意되ᄂᆞᆫ境遇라도期限의利益이債權者ᄅᆞᆯ爲ᄒᆞ야存在ᄒᆞᆫ時ᄂᆞᆫ同一히問題되지아니ᄒᆞᄂᆞ니何者오債權者가期限의利益을抛棄ᄒᆞᆫ者로視ᄒᆞᄂᆞᆫ所以라故로問題되ᄂᆞᆫ境遇ᄂᆞᆫ오즉辨償者가善意오期限의利益이其者ᄅᆞᆯ爲ᄒᆞ야存在ᄒᆞᆫ境遇에旣히期限이到來ᄒᆞᆷ으로誤解ᄒᆞ거나或은附期限債務ᄅᆞᆯ無期限債務로誤解ᄒᆞ고辨償ᄒᆞᆫ後此ᄅᆞᆯ發見ᄒᆞᆫ時에在ᄒᆞᆫ바ㅣ라余ᄂᆞᆫ此境遇에在ᄒᆞ야ᄂᆞᆫ返還을求ᄒᆞᆷ을可得ᄒᆞᆷ으로信ᄒᆞ노니何者오十年後에辨償ᄒᆞᆷ이可ᄒᆞᆫ債務ᄅᆞᆯ誤히辨償ᄒᆞᆫ者ㅣ됨으로써返還을求ᄒᆞᆷ을不得ᄒᆞᆯ理由가無ᄒᆞᆫ所以라然而此ᄅᆞᆯ因ᄒᆞ야債權者가損害가生ᄒᆞᆫ時ᄂᆞᆫ其損害ᄅᆞᆯ賠償ᄒᆞ면足ᄒᆞ고此ᄅᆞᆯ因ᄒᆞ야其辨償ᄒᆞᆫ者ᄅᆞᆯ返還ᄒᆞᆷ을不得ᄒᆞᆫ다云ᄒᆞ기不能ᄒᆞᆯ지니換言ᄒᆞ면債權者ᄂᆞᆫ아직受取ᄒᆞᆯ權利ᄅᆞᆯ有치못ᄒᆞᆫ故로만일漠然히債務가有ᄒᆞ다云ᄒᆞᆷ을因ᄒᆞ야此ᄅᆞᆯ受取ᄒᆞᆫ時ᄂᆞᆫ不當利得이될지니人이或云만일返還ᄒᆞᆯ진대期限에至ᄒᆞ야更히辨償치아니ᄒᆞᆯᄂᆞᆫ지是ᄅᆞᆯ預知키難ᄒᆞ다云ᄒᆞ나然이나如此ᄒᆞᆫ疑慮가有ᄒᆞᆯ진대自初로期限을與치아니ᄒᆞᆷ

무자는 기한을 포기할 수 없을 텐데, 변제를 받는 자가 이를 포기한 것으로 볼 수 있을 것이므로 이 경우에도 반환을 청구하지 못함은 물론이다. 또 변제자가 선의인 경우라도 기한의 이익이 채권자를 위하여 존재하는 때에는 마찬가지로 문제되지 않는다. 왜냐하면 채권자가 기한의 이익을 포기한 것으로 보기 때문이다. 그러므로 문제되는 경우는 오직 변제자가 선의이고 기한의 이익이 그 변제자를 위하여 존재하는 경우에 이미 기한이 도래한 것으로 오해하거나, 기한부채무를 기한 없는 채무로 오해하고 변제한 뒤 이를 발견한 때에 있다. 나는 이 경우에는 반환을 청구할 수 있다고 생각한다. 왜냐하면 10년 뒤에 변제하여야 할 채무를 잘못 변제하였다고 해서 반환을 청구하지 못할 이유가 없기 때문이다. 그러고 나서 이로 인하여 채권자에게 손해가 발생한 때에는 그 손해를 배상하면 족하고, 이로 인하여 그 변제한 것을 반환하지 못한다고 할 수는 없을 것이다. 바꾸어 말하면 채권자는 아직 변제를 받을 권리를 갖지 못하였으므로 만일 막연히 채무가 있다고 함에 따라 이를 받은 때에는 부당이득이 될 것이다. 사람들은 더러, 만일 반환받을 수 있게 한다면 기한이 되어 다시 변제하지 않을는지 미리 알기 어렵다고 말한다. 그러나 이와 같은 의심이 있다면 처음부터 기한을 주지 않는 것만不如홀지니即債權者는自初로債務者가誤히期限前에辨償홈을豫期치아니혼故로果然十年後에 辨償을行ᄒ고否홈은元來推知ᄒ기不能홀지라 即何時에無資力者가될는지豫知키難ᄒᄂ니故로其危險을憂慮ᄒ는以上은自初로期限을與치아니홈만不如홀바ㅣ라元來附期限債務는頗히危險혼者ㅣ오其債權者는其危險을甘受치아니홈이不可홀바ㅣ로대 債務者가誤解홈을因ᄒ야債權者가利益을受홀진대是는不當利得이라故로余는此를返還치아니홈이不可홈으로信ᄒ노라

日本新民法에는上述혼바를取치아니ᄒ고普通의俗說을採用ᄒ야其第七百六條에「債務者가辨償期에在치아니혼債務의辨償으로給付를行혼時는其給付혼者의返還을請求홈을不得홈但債務者가錯誤에因ᄒ야 其給付를行혼時는債權者는此에因ᄒ야得혼利益을返還홈을要홈」이라規定ᄒ야如斯혼境遇에返還홈을不得케ᄒ얏고오즉但書에在ᄒ야一個制限이有홀뿐이니詳論홀진대其給付혼物이金錢되는時는債權者는반다시此에因ᄒ야利益을受홀바ㅣ라即銀行에任置ᄒ면利息을得홀바ㅣ오特히他人의게貸與홀진대一層多額의利

만 못할 것이다. 즉, 채권자는 처음부터 채무자가 잘못하여 기한 전에 변제할 것을 예상하지 않았으므로 과연 10년 뒤에 변제하고 말고는 원래 알아낼 수가 없는 것이다. 곧 언제 무자력자가 될는지 미리 알기 어려우므로 그 위험을 우려하는 이상 처음부터 기한을 주지 않는 것만 못한 것이다. 원래 기한부채무는 자못 위험한 것이고, 그 채권자는 그 위험을 감수하여야만 할 것인데 채무자가 오해함에 따라 채권자가 이익을 받는다면 이는 부당이득이다. 그러므로 나는 이를 반환하여야만 하리라고 생각한다.

일본 신 민법은 위에 서술한 바를 취하지 않고 보통의 학설을 채용하여, 제706조에서 "채무자가 변제기에 있지 않은 채무의 변제로 급부를 한 때에는 그 급부한 것의 반환을 청구하지 못함. 다만 채무자가 착오로 인하여 그 급부를 한 때에는 채권자는 이로 인하여 얻은 이익을 반환하여야 함"이라고 규정하였다. 따라서 이러한 경우에 반환을 청구하지 못하게 하였고 오직 단서에 하나의 제한이 있을 뿐이다. 자세히 논하면 채무자가 급부한 물건이 금전이라면 채권자는 반드시 이로 인하여 이익을 받을 것이다. 즉, 은행에 임치하면 이자를 얻을 것이고 특히 타인에게 대여하면 한층 많은 이

息이生ᄒᆞᆯ지니故로 金錢되ᄂᆞᆫ時ᄂᆞᆫ 利息을支撥ᄒᆞᆷ이 可ᄒᆞᆫ바ㅣ오만일利率에疑點이有ᄒᆞᆫ時ᄂᆞᆫ法定利息을支撥ᄒᆞᆷ이可ᄒᆞ고又他財産이라도債權者ᄂᆞᆫ同一히其給付에因ᄒᆞ야利益을受ᄒᆞᆷ이有ᄒᆞᆯ지니假令商品으로債權者가直時此ᄅᆞᆯ賣却ᄒᆞ야其代價ᄅᆞᆯ利用ᄒᆞᆫ境遇와如ᄒᆞᆷ은法定利息을支撥치아니ᄒᆞᆷ이不可ᄒᆞ며又商品이아니라도事實上此ᄅᆞᆯ賣却ᄒᆞ야代價ᄅᆞᆯ利用ᄒᆞᆫ證明이有ᄒᆞᆫ時ᄂᆞᆫ同一히此ᄅᆞᆯ返還치아니ᄒᆞᆷ이不可ᄒᆞ니故로同新民法에在ᄒᆞ야도甚히不公平ᄒᆞᆫ結果ᄂᆞᆫ生치아니ᄒᆞᆯ지로대 利益을受ᄒᆞᆫ事ᄂᆞᆫ債務者가 此ᄅᆞᆯ立證치아니ᄒᆞᆷ이 不可ᄒᆞᆯ지니是ᄂᆞᆫ實際에在ᄒᆞ야頗히困難ᄒᆞᆫ바ㅣ라

上述ᄒᆞᆫ바ᄂᆞᆫ辨償期前에在ᄒᆞᆫ辨償에關ᄒᆞᆫ者ᄅᆞᆯ說明ᄒᆞᆷ이라次에辨償을受ᄒᆞᆫ者ᄂᆞᆫ眞正ᄒᆞᆫ債權者로대 此ᄅᆞᆯ行ᄒᆞᆫ者ᄂᆞᆫ 債務者가아닌 境遇에就ᄒᆞ야 說明코ᄌᆞᄒᆞ노라

此境遇에在ᄒᆞ야 도非債返還이有ᄒᆞᆷ은勿論이니何故오所謂債務者ᄂᆞᆫ眞債務者가아니니故로辨償을行ᄒᆞ야도是ᄂᆞᆫ眞正ᄒᆞᆫ辨償이아닌所以라然而前에一言ᄒᆞᆷ과如히만일 其辨償이惡意에 出ᄒᆞᆫ時即自己의 債務가아님을知ᄒᆞ고 辨償을行

자가 발생할 것이다. 그러므로 금전인 때에는 이자를 지급하는 것이 마땅하고 만일 이자에 의문이 있으면 법정이자를 지급함이 마땅하다. 또 다른 재산이라도 채권자는 마찬가지로 그 급부로 인하여 이익을 얻을 수 있을 것이다. 가령 상품을 채권자가 곧바로 매각하여 그 대가를 이용한 경우 같으면 법정이자를 지급하지 않을 수 없으며, 또 상품이 아니라도 사실상 이를 매각하여 그 대가를 이용하였다는 증명이 있는 때에는 마찬가지로 이를 반환하지 않을 수 없다. 그러므로 일본 신 민법에서도 매우 불공평한 결과는 발생하지 않겠지만, 이익을 받았다는 사실은 채무자가 입증하여야 할 터인데 이는 실제로 자못 어려운 것이다.

위에 서술한 것은 변제기 전에 한 변제에 관한 설명이다. 다음으로는 변제를 받은 자는 진정한 채권자이지만 변제한 자는 채무자가 아닌 경우에 대하여 설명하고자 한다.

이 경우에도 비채반환이 있음은 물론이다. 왜냐하면 이른바 채무자는 진정한 채무자가 아니므로 변제를 하여도 이것이 진정한 변제가 아니기 때문이다. 그러나 앞서 말한 것처럼 만일 그 변제가 악의에서 나온 때, 곧 자기 채무가 아님을 알고 변제를

ᄒᆞᆫ者ㅣ된時ᄂᆞᆫ或은日本新民法第七百五條와如ᄒᆞᆫ法律規定을依ᄒᆞ야返還을請求ᄒᆞᆷ을不得ᄒᆞ거나又或은代理辨償으로返還을求ᄒᆞᆷ을不得ᄒᆞᆯ지로대錯誤에因ᄒᆞᆫ時卽善意되ᄂᆞᆫ時ᄂᆞᆫ本則으로ᄂᆞᆫ返還을請求ᄒᆞᆷ을可得ᄒᆞᆯ바ㅣ오오즉例外로此ᄅᆞᆯ因ᄒᆞ야債權者가眞債務者에對ᄒᆞᆫ請求權을失ᄒᆞ거나又ᄂᆞᆫ眞債務者에對ᄒᆞᆫ請求가困難ᄒᆞ게된境遇에在ᄒᆞ야ᄂᆞᆫ此ᄅᆞᆯ返還치아니ᄒᆞᆷ이可ᄒᆞ니日本新民法은其第七百七條第一項에「債務者가아닌者가錯誤에因ᄒᆞ야債務의辨償을行ᄒᆞᆫ境遇에債權者가善意로證書ᄅᆞᆯ毁滅ᄒᆞ거나擔保ᄅᆞᆯ抛棄ᄒᆞ거나又ᄂᆞᆫ時效에因ᄒᆞ야其債權을失ᄒᆞᆫ時ᄂᆞᆫ辨償者ᄂᆞᆫ返還을請求ᄒᆞᆷ을不得ᄒᆞᆷ」이라規定ᄒᆞ얏시니卽債權者가惡意되ᄂᆞᆫ境遇에在ᄒᆞ야ᄂᆞᆫ其人의債務가아님을知ᄒᆞ고此ᄅᆞᆯ受取ᄒᆞᆫ者라故로此ᄅᆞᆯ返還치아니ᄒᆞᆷ이不可호대善意되ᄂᆞᆫ境遇에ᄂᆞᆫ不然ᄒᆞᆫ바ㅣ라然而此境遇中에ᄂᆞᆫ或은其辨償者가眞債務者됨으로信ᄒᆞᆷ이有ᄒᆞ고又債務者ᄅᆞᆯ爲ᄒᆞ야代理辨償을行ᄒᆞᄂᆞᆫ者로信ᄒᆞᆷ도有ᄒᆞᆯ지니以上如何ᄒᆞᆫ境遇에在ᄒᆞ든지債權者가善意로證書ᄅᆞᆯ毁滅ᄒᆞᆫ後辨償者가返還을請求ᄒᆞ야도此에應ᄒᆞᆷ을不要ᄒᆞᆯ지니何故오此ᄅᆞᆯ返還ᄒᆞᄂᆞᆫ時ᄂᆞᆫ後日에眞債務者의게請求ᄒᆞᆷ에至ᄒᆞ야旣

한 때에는 더러는 일본 신 민법 제705조와 같은 법률 규정에 따라 반환을 청구할 수 없거나 또는 대리변제로 반환을 청구할 수 없을 것이다. 그런데 착오로 인한 때, 곧 선의인 때에는 원칙적으로는 반환을 청구할 수 있을 것이고 오직 예외적으로 변제에 따라 채권자가 진정한 채무자에 대한 청구권을 잃거나 진정한 채무자에 대한 청구가 어렵게 된 경우에는 변제한 것을 반환받을 수 없게 함이 마땅하다. 일본 신 민법은 제707조 제1항에서 "채무자 아닌 자가 착오로 인하여 채무를 변제한 경우에 채권자가 선의로 증서를 훼손, 멸실하거나 담보를 포기하거나 시효로 인하여 그 채권을 잃은 때에는 변제자는 반환을 청구하지 못함"이라고 규정하였다. 즉, 채권자가 악의인 경우에는 그 사람의 채무가 아님을 알고 이를 받은 것이므로 이를 반환하지 않을 수 없지만 선의인 때에는 그렇지 않다. 그런데 이 경우 중에는 더러는 변제자가 진정한 채무자라고 믿은 경우가 있고, 또는 채무자를 위하여 대리변제를 한 것으로 믿은 경우도 있을 것이다. 위의 어떠한 경우든지 채권자가 선의로 증서를 훼손, 멸실한 뒤 변제자가 반환을 청구하더라도 이에 응할 필요가 없을 것이다. 왜냐하면 이를 반환한다면 뒷날에 진정한 채무자에게 청구하게 될 때 이미

히此證據가 無ᄒᆞᆫ故로만일 此境遇에返還을許ᄒᆞᄂᆞᆫ時ᄂᆞᆫ自稱債務者의 過失에因ᄒᆞ야無罪ᄒᆞᆫ債權者ᄂᆞᆫ損害ᄅᆞᆯ受ᄒᆞᆷ에至ᄒᆞᆯ所以라盖此境遇에在ᄒᆞ야ᄂᆞᆫ雙方이善意로대 債務者로브터 辨償을誤行ᄒᆞᆫ者ㅣ오 人情의常態로브터 言ᄒᆞᆯ진대그릇物을受ᄒᆞᆷ보다그릇物을與ᄒᆞᆫ者의게過失이多ᄒᆞ다謂치아니ᄒᆞᆷ이不可ᄒᆞᆯ바ㅣ오且日本新民法에 在ᄒᆞ야ᄂᆞᆫ辨償은債務者로브터 債權者의住所에셔 其目的物을履行ᄒᆞᆷ이本則이라故로或人이스ᄉᆞ로債務者라稱ᄒᆞ고辨償ᄒᆞᄂᆞᆫ時ᄂᆞᆫ債權者가此ᄅᆞᆯ信ᄒᆞᆷ이當然ᄒᆞ고無故히 物을與ᄒᆞᄂᆞᆫ者로ᄂᆞᆫ信치아니ᄒᆞ리니即某債務의辨償으로或物을持來ᄒᆞ면其人을債務者又ᄂᆞᆫ其代理人으로信치아니ᄒᆞ면此ᄅᆞᆯ代理辨償으로信ᄒᆞᆷ은元來當然ᄒᆞᆫ지라 故로過失은寧히債務者에在ᄒᆞ다謂치아니ᄒᆞᆷ이不可ᄒᆞᆫ바ㅣ라是以로此境遇에在ᄒᆞ야ᄂᆞᆫ債權者의게損害ᄅᆞᆯ被케ᄒᆞᆷ을不得ᄒᆞᆯ지오擔保ᄅᆞᆯ抛棄ᄒᆞᆫ境遇도 亦然ᄒᆞ니即保證人이 有ᄒᆞ야도 旣히辨償을受ᄒᆞᆫ故로不必要ᄒᆞ야保證人을免除ᄒᆞ얏거나或은抵當에在ᄒᆞ야도旣히無用이라ᄒᆞ야 其登記ᄅᆞᆯ抹消ᄒᆞ거나 質物을占有ᄒᆞᆫ境遇에ᄂᆞᆫ此ᄅᆞᆯ返還ᄒᆞ고 又或은旣히辨償을受ᄒᆞᆫ故로時效의中斷을行ᄒᆞᆯ必要가無ᄒᆞ야其節次ᄅᆞᆯ行치아니ᄒᆞᆫ

이 증거가 없으므로, 만일 이 경우에 반환을 허용하는 때에는 자칭 채무자의 과실로 인하여 잘못 없는 채권자는 손해를 받게 되기 때문이다. 대개 이 경우에는 쌍방이 선의이지만 채무자가 변제를 잘못한 것이고, 사람의 일반적인 느낌으로 말한다면 물건을 그릇되이 받은 것보다 물건을 그릇되이 준 자에게 과실이 많다고 할 수밖에 없는 것이다. 또 일본 신 민법에서는 변제는 채무자가 채권자의 주소에서 그 목적물을 이행하는 것이 원칙이다. 그러므로 어떤 사람이 스스로 채무자라고 일컫고 변제하는 때에는 채권자가 이를 믿는 것이 당연하고 이유 없이 물건을 주는 것으로는 믿지 않을 것이다. 즉, 어느 채무의 변제로 어떤 물건을 가지고 오면, 그 사람을 채무자 또는 그 대리인으로 믿지 않으면 대리변제로 믿는 것이 원래 당연한 것이다. 그러므로 과실은 오히려 채무자에게 있다고 하지 않을 수 없다. 이로써 이 경우에는 채권자에게 손해를 입게 할 수 없다. 그리고 담보를 포기한 경우 또한 그러하다. 즉, 보증인이 있어도 이미 변제를 받았으므로 필요가 없어 보증인에게 면제를 하였거나, 또는 저당권에서도 이미 쓸모가 없어져 그 등기를 말소하거나, 질물을 점유한 경우에는 이를 반환한 경우이다. 또는 이미 변제를 받았으므로 시효중단을 할 필요가 없어 그 절차를 실행하지 않은

境遇에時效의期間이經過ᄒᆞᆫ後에至ᄒᆞ야其返還을遭ᄒᆞᄂᆞᆫ時ᄂᆞᆫ眞債務者에對ᄒᆞ야請求를行ᄒᆞ야도時效가完成ᄒᆞᆫ故로其請求에應치아니ᄒᆞᆯ지니此와如ᄒᆞᆯ진대債權者ᄂᆞᆫ無故히損害를受ᄒᆞᆯ지라故로其返還을許치아니ᄒᆞᆷ은當然ᄒᆞᆫ規定이로대但此境遇에在ᄒᆞ야證書를毁滅ᄒᆞᆷ을因ᄒᆞ야返還ᄒᆞᆷ을不要ᄒᆞᆫ다云ᄒᆞᆷ을前辨償을有效로ᄒᆞᆷ을因ᄒᆞᆷ이라故로眞債務者의義務도此를因ᄒᆞ야消滅ᄒᆞᆯ지니因ᄒᆞ야眞債務者ᄂᆞᆫ不當利得이될바ㅣ라是以로辨償者로브터不當利得返還의請求를行ᄒᆞᆷ을得ᄒᆞᆯ지니擔保를抛棄ᄒᆞᆷ을因ᄒᆞ야辨償이有効히된境遇도亦同一ᄒᆞᆫ바ㅣ라要ᄒᆞᆫ건대此等境遇에在ᄒᆞ야ᄂᆞᆫ其辨償者ᄂᆞᆫ代理辨償을行ᄒᆞᆷ과同一ᄒᆞᆫ結果가生ᄒᆞᄂᆞ니日本新民法은其第七百七條第二項에「前項의規定은辨償者로브터債務者에對ᄒᆞᆫ求償權의行使를妨礙치아니ᄒᆞᆷ」이라規定ᄒᆞᆫ바ㅣ라

以上은債務가無ᄒᆞᆫ者가債權者에對ᄒᆞ야辨償을行ᄒᆞᆫ境遇를說明ᄒᆞᆫ지라次에不法의原因에因ᄒᆞᆫ給付境遇에就ᄒᆞ야說明코ᄌᆞᄒᆞ노라

不法의原因에基因ᄒᆞᆫ給付라ᄒᆞᆷ은假令甲乙이賭博을行ᄒᆞᄂᆞᆫ境遇에甲이敗ᄒᆞᆷ을因ᄒᆞ야乙에對ᄒᆞ야金若干을支撥ᄒᆞᆫ境遇와如ᄒᆞᆷ이라賭博은元來國法의禁ᄒᆞᄂᆞᆫ

경우에 시효기간이 경과한 뒤에 이르러 그 반환청구를 받은 때에는 진정한 채무자에 대하여 청구를 하여도 시효가 완성하였으므로 그 청구에 응하지 않을 것이다. 이러면 채권자는 이유 없이 손해를 받을 것이므로 그 반환을 허용하지 않음은 당연한 규정이다. 다만 이 경우에 증서를 훼손, 멸실함에 따라 반환할 필요가 없다는 것은 앞의 변제를 유효하다고 하기 때문이다. 그러므로 진정한 채무자의 의무도 이에 따라 소멸할 것이고 따라서 진정한 채무자는 부당이득이 될 것이다. 이로써 변제자로부터 부당이득반환청구를 받을 수 있을 것이다. 담보를 포기함에 따라 변제가 유효하게 된 경우 또한 마찬가지이다. 요컨대 이들 경우에는 그 변제자가 대리변제를 한 것과 동일한 결과를 낳을 것인데, 일본 신 민법은 제707조 제2항에서 "전항(前項)의 규정은 변제자의 채무자에 대한 구상권 행사를 방해하지 않음"이라고 규정한 것이다.

이상에서는 채무 없는 자가 채권자에 대하여 변제를 한 경우를 설명하였다. 다음에는 불법한 원인으로 인한 급부의 경우에 대하여 설명하고자 한다.

불법한 원인으로 인한 급부란, 가령 甲과 乙이 도박을 한 경우에 甲이 져서 乙에 대하여 돈을 얼마만큼 지급한 경우와 같은 것이다. 도박은 원래 나랏법이 금지하는

바ㅣ니不法됨이 勿論이라故로 此에因ᄒᆞ야 權利義務가生ᄒᆞ기不能홈바ㅣ오甲은債務가업시辨償과同樣의行爲를行홈이니即法律上의原因이無ᄒᆞ고給付를行ᄒᆞᆫ者ㅣ라因ᄒᆞ야 此境遇ᄂᆞᆫ前述ᄒᆞᆫ 非債返還에屬ᄒᆞᆫ 故로返還을 請求홈을可得ᄒᆞᄂᆞᆫ바ㅣ오又假令甲이乙을殺ᄒᆞᆯ意思가有홈을知ᄒᆞ고此를抑止코져ᄒᆞ야曰汝가만일 殺意를飜回ᄒᆞ면 余가金百圓을 汝의게贈與ᄒᆞ리라 告홈이乙이此에應ᄒᆞᆫ지라故로余ᄂᆞᆫ金百圓을乙의게與ᄒᆞ얏다ᄒᆞᆯ진대是ᄂᆞᆫ學者間에多少論議가有ᄒᆞᆫ바ㅣ로대 日本新民法은第一百十三條 에「不法의條件을附ᄒᆞᆫ法律行爲ᄂᆞᆫ無効로홈不法行爲를行치아니홈으로써條件ᄒᆞᆫ者도亦同홈」이라規定ᄒᆞ얏시니是ᄂᆞᆫ 右와如ᄒᆞᆫ境遇에 不法의原因이 有ᄒᆞᆫ者로認ᄒᆞᆫ지라 即受益者의게不法의原因이有ᄒᆞᆫ者ㅣ라홈이니盖人을殺홈이不可홈은人의本分이오其本分을守ᄒᆞ야 殺人이라云ᄒᆞᄂᆞᆫ 不法ᄒᆞᆫ行爲를 行치아니홈을因ᄒᆞ야 報酬를受홈은公共ᄒᆞᆫ秩序에違反되ᄂᆞᆫ者ㅣ라云치아니홈이不可ᄒᆞᆫ바ㅣ라何者오惡事를行치아니홈을因ᄒᆞ야 報酬를受홈은 畢竟惡事를利用ᄒᆞ야 報酬를受ᄒᆞᄂᆞᆫ者ㅣ되ᄂᆞᆫ所以라故로此境遇에 在ᄒᆞᆫ百圓의給付ᄂᆞᆫ 不法의原因에 基因ᄒᆞᆫ者ㅣ니 全然히

것으로 불법임은 물론이다. 그러므로 이로 인하여 권리 의무가 발생할 수 없는 것이다. 甲은 채무 없이 변제와 마찬가지의 행위를 한 것으로, 곧 법률상 원인 없이 급부를 한 것이다. 따라서 이 경우에는 전술한 비채반환에 속하므로 반환을 청구할 수 있는 것이고, 또 가령 甲이 乙을 죽일 의사가 있음을 알고 이를 막고자 "네가 만일 살의를 거두면 내가 100원을 너에게 증여하겠다"고 알려와 乙이 이에 응한 것이다. 그러므로 나는 100원을 乙에게 주었다고 하면 이는 학자들 간에 다소 논의가 있다. 일본 신민법은 제113조에서 "불법한 조건을 붙인 법률행위는 무효로 함. 불법행위를 하지 않을 것을 조건으로 한 것 또한 같음"이라고 규정하였는데, 이는 위와 같은 경우에 불법한 원인이 있다고 인정한 것이다. 곧 수익자에게 불법한 원인이 있다는 것으로, 대개 사람을 죽여서는 안 됨은 사람의 본분이고 그 본분을 지켜 살인이라는 불법한 행위를 하지 않는 데 따라 보수를 받는 것은 공공의 질서에 위반된다고 말하지 않을 수 없다. 왜냐하면 나쁜 일을 하지 않는 데 따라 보수를 받는 것은 마침내 나쁜 일을 이용하여 보수를 받는 것이 되기 때문이다. 그러므로 이 경우에 100원의 급부는 불법한 원인으로 인한 것으로 전혀

債務가無ᄒᆞᆫ處에辨償ᄒᆞᆫ者ㅣ라 因ᄒᆞ야此의返還을請求ᄒᆞᆷ을得ᄒᆞᄂᆞ니是ᄂᆞᆫ理論上毫末도 無疑ᄒᆞᆷ으로 信ᄒᆞᄂᆞᆫ바ㅣ라 故로만일別般의 規定이無ᄒᆞᆯ진대不當利得의 一般規定에依ᄒᆞ야 受益者의게返還義務가 生ᄒᆞ고오ᄌᆞᆨ多數境遇에在ᄒᆞ야同民法第七百五條의 適用을受ᄒᆞᆯ뿐이니 卽多數境遇에在ᄒᆞ야ᄂᆞᆫ給付ᄒᆞᆫ者ᄂᆞᆫ法律上自己의게 債務가無ᄒᆞᆷ을 知ᄒᆞᆫ所以라 然이나總境遇에 在ᄒᆞ야皆此를適用ᄒᆞ다云ᄒᆞᆷ을不得ᄒᆞᆯ지니何故오第一、不法原因에由ᄒᆞᆫ給付ᄂᆞᆫ반다시辨償으로其給付를行ᄒᆞᆷ에限치아니ᄒᆞᄂᆞ니假令或人이 破産或은家貲分散을ᄒᆞᆯ際에財産을隱匿ᄒᆞ기爲ᄒᆞ야此를他人의名義로改ᄒᆞ고且此를傳授ᄒᆞᆷ이有ᄒᆞ니此境遇에在ᄒᆞ야ᄂᆞᆫ財産의隱匿을目的ᄒᆞ야其財産을交付ᄒᆞᄂᆞᆫ者ㅣ라故로不法의原因에基因ᄒᆞ야給付ᄒᆞᆫ者을返還ᄒᆞᆷ은勿論이로대是卽辨償으로交付ᄒᆞᆷ이아니니因ᄒᆞ야同民法第七百五條의適用을受치아니ᄒᆞ며第二、縱令辨償으로給付ᄒᆞᆫ境遇라도 辨償者가義務가 無ᄒᆞᆷ을知치못ᄒᆞᆷ이 有ᄒᆞ니假令無敎育ᄒᆞᆫ人이나又ᄂᆞᆫ敎育이有ᄒᆞ야도法律上智識이無ᄒᆞᆫ人은賭博에因ᄒᆞ야義務가生치아니ᄒᆞᆷ을知치못ᄒᆞᄂᆞ니 卽賭博은刑法에 依ᄒᆞ야處罰ᄒᆞᆷ을知호대約束ᄒᆞᆫ 義務ᄂᆞᆫ履

채무가 없는 곳에 변제한 것이다. 따라서 이 반환을 청구할 수 있는데, 이것은 이론상 털끝만큼도 의문이 없다고 생각한다. 그러므로 만일 다른 규정이 없다면 부당이득의 일반 규정에 따라 수익자에게 반환의무가 발생하고, 오직 많은 경우에 일본 민법 제705조의 적용을 받을 뿐이다. 즉, 많은 경우에는 급부한 자는 법률상 자기에게 채무가 없음을 알았기 때문이다. 그러나 모든 경우에 제705조가 적용된다고 말할 수는 없다. 왜냐하면 첫째, 불법원인으로 말미암은 급부는 반드시 변제로 그 급부를 이행하는데 한하지 않는데, 가령 어떤 사람이 파산 또는 가자분산(家資分散)*을 할 때에 재산을 은닉하기 위하여 이를 타인 명의로 바꾸고 또 이를 인도할 수 있다. 이 경우에는 재산의 은닉을 목적으로 하여 그 재산을 교부하는 것이다. 그러므로 불법한 원인으로 인하여 급부한 것을 반환받음은 물론이며, 이는 곧 변제로 교부한 것이 아니어서 일본 민법 제705조의 적용을 받지 않는다. 둘째, 설령 변제로 급부한 경우라도 변제자가 의무 없음을 알지 못할 수 있다. 가령 교육을 받지 못한 사람이나 교육을 받았어도 법률지식이 없는 사람은 도박으로 인하여 의무가 발생하지 않음을 알지 못할 것이다. 즉, 도박은 형법에 따라 처벌됨을 알지만 약속한 의무는 이

* 역자 주: 당시 일본에서는 상인파산주의를 취한 1890년 구 상법에 따라 상인에게만 파산이 인정되었고, 개인에게는 가자분산만이 인정되었음. 1890년 제정된 가자분산법 제1조 제1항은 "민사소송법의 강제집행처분으로 인하여 의무를 변제할 자력이 없는 채무자에 대하여는 관할 재판소

行치아니ᄒᆞᆷ이不可ᄒᆞᆷ으로思惟ᄒᆞᆷ이有ᄒᆞᆫ지라故로賭博償務의辨償으로金錢을支撥ᄒᆞᄂᆞᆫ事ㅣ不無ᄒᆞᆯ바ㅣ오況前例에在ᄒᆞ야他人으로ᄒᆞ야곰惡事를中止케ᄒᆞ기爲ᄒᆞ야金錢을支撥ᄒᆞᆷ을約束ᄒᆞᆷ과如ᄒᆞᆷ은違法이아니로信ᄒᆞᄂᆞᆫ者ㅣ法律家中에도絕無ᄒᆞ다云ᄒᆞ기不能ᄒᆞᆯ지니故로償務가有ᄒᆞ다ᄒᆞ야辨償ᄒᆞᆷ이有ᄒᆞᆯ지라因ᄒᆞ야同第七百五條의適用이有ᄒᆞ다云ᄒᆞᆷ을不得ᄒᆞᆯ지니此를要ᄒᆞ건대만일不法의原因에由ᄒᆞᆫ給付에關ᄒᆞ야何等의規定이無ᄒᆞ다假定ᄒᆞᆯ진대同第七百五條의適用을受ᄒᆞᄂᆞᆫ境遇外에ᄂᆞᆫ返還ᄒᆞᆷ을得ᄒᆞᆫ다謂치아니ᄒᆞᆷ이不可ᄒᆞᆯ바ㅣ라是ᄂᆞᆫ實로當然ᄒᆞᆫ事ㅣ니法律의禁ᄒᆞᆫ事項은權利義務가生치아니ᄒᆞᄂᆞᆫ故로其不法原因에基因ᄒᆞ야給付를行ᄒᆞᆷ은全혀原因이無ᄒᆞᆫ給付라返還을求ᄒᆞᆷ을可得ᄒᆞᄂᆞᆫ바ㅣ오又法律의目的으로브터言ᄒᆞᆯ지라도法律의禁ᄒᆞᄂᆞᆫ事項은實際에行케ᄒᆞᆷ을不得ᄒᆞᆯ지니縱令一朝에給付ᄒᆞᆫ後라도此의返還을求ᄒᆞᆷ을得ᄒᆞᆷ으로써法律의目的에適合ᄒᆞᆫ者ㅣ라云치아니ᄒᆞᆷ이不可ᄒᆞ고尙且間接結果로不法契約은直時履行을求치아니ᄒᆞ면後日履行을求ᄒᆞ야도任意로履行치아니ᄒᆞᄂᆞᆫ時ᄂᆞᆫ何等의効力이無ᄒᆞ며又即時履行을求ᄒᆞ야相對者가任意로履行ᄒᆞ야도亦返還

행하여야 한다고 생각할 수 있는 것이다. 그러므로 도박 채무의 변제로 금전을 지급하는 경우가 없지 않을 것이다. 더구나 앞선 예에서 타인으로 하여금 나쁜 일을 중지하게 하기 위하여 금전을 지급하기를 약속하는 것과 같으면, 위법하지 않다고 믿는 자가 법률가 중에서도 절대로 없다고 말할 수 없을 것이다. 그러므로 채무가 있다고 하여 변제하는 경우가 있을 것이다. 따라서 일본 민법 제705조가 적용된다고 말할 수 없을 것이다. 요컨대 만일 불법한 원인으로 말미암은 급부에 관하여 어떠한 규정도 없다고 가정하면 일본 민법 제705조의 적용을 받는 경우 외에는 반환받을 수 있다고 말해야만 할 것이다. 이는 실로 당연한 일인데, 법률이 금지한 사항은 권리의무가 발생하지 않으므로 그 불법원인으로 인하여 급부를 하는 것은 전혀 원인 없는 급부이다. 따라서 반환을 청구할 수 있는 것이고, 또 법률의 목적으로부터 말할지라도 법률이 금지하는 사항은 실제로 하게 할 수 없을 텐데 설령 하루 아침에 급부한 뒤라도 이 반환을 청구할 수 있게 하는 것이 법률에 목적에 적합하다고 하지 않을 수 없다. 그리고 오히려 간접적 결과로 불법계약은 곧바로 이행을 청구하지 않으면 뒷날 이행을 청구하여도 임의로 이행하지 않는 때에는 아무런 효력이 없으며, 또 즉시 이행을 청구하여 상대방이 임의로 이행하더라도 또한 반환

는 직권 또는 신청에 따른 결정으로 가자분산자라는 선고를 할 수 있음"이라고 규정함. 이후 1922년 일본에서 구 파산법이 제정되면서 개인에게도 파산을 인정하는 일반파산주의가 채택됨.

ᄒᆞᆯ處가有ᄒᆞᆫ故로스사로如此ᄒᆞᆫ契約을行치아니ᄒᆞᆷ에至ᄒᆞᆯ지니卽法律의目的은一層達ᄒᆞᄂᆞᆫ結果를可見ᄒᆞᆯ지라要ᄒᆞ건대理論上不法原因이存在ᄒᆞᆫ境遇ᄂᆞᆫ債務가有치아니ᄒᆞᆫ故로其辨償으로給付ᄒᆞᆫ者ᄂᆞᆫ返還치아니ᄒᆞᆷ이不可ᄒᆞ고他一方에在ᄒᆞ야ᄂᆞᆫ實際上此를返還ᄒᆞᆷ을許ᄒᆞᆯ진대不法ᄒᆞᆫ行爲를行ᄒᆞ기難ᄒᆞᆫ結果가生ᄒᆞᆯ지니故로余ᄂᆞᆫ此에關ᄒᆞᆫ特別規定이有ᄒᆞᆷ을不要ᄒᆞᆷ으로思惟ᄒᆞᄂᆞᆫ바ㅣ라然而世에反對論을持ᄒᆞᄂᆞᆫ者ㅣ多數되며且羅馬法과如ᄒᆞᆷ도多少不明ᄒᆞᆫ點이有ᄒᆞ나亦反對의主義를取ᄒᆞᆷ과如ᄒᆞᆫ지라因ᄒᆞ야今日에在ᄒᆞ야도分明히反對說을取ᄒᆞᄂᆞᆫ國이有ᄒᆞ고又明文이無ᄒᆞᆫ國에도多少疑問이되ᄂᆞ니法國에在ᄒᆞ야ᄂᆞᆫ明文의規定은無ᄒᆞ나學說及判決例에如此ᄒᆞᆫ給付ᄂᆞᆫ其返還을求ᄒᆞᆷ을不得ᄒᆞᆫ다云ᄒᆞᆫ바ㅣ라然이나普通境遇에在ᄒᆞ야ᄂᆞᆫ果然其返還을求ᄒᆞᆷ을不得ᄒᆞᆯ가蓋不法行爲와不法의原因에因ᄒᆞᆫ給付ᄂᆞᆫ同一치아니ᄒᆞᄂᆞ니因ᄒᆞ야不法行爲에基因ᄒᆞᆫ訴訟을提起ᄒᆞᆷ을不得ᄒᆞᆷ을理由로ᄒᆞ야不法의原因에因ᄒᆞᆫ給付의返還을拒絶ᄒᆞᆷ을不得ᄒᆞᆫ다云ᄒᆞᄂᆞᆫ學說이多ᄒᆞᆫ故로佛蘭西에ᄂᆞᆫ昔時反對說이勢力이頗有ᄒᆞ얏시나今日에至ᄒᆞ야ᄂᆞᆫ多數學說及判決例가余의說과同一ᄒᆞᆫ理論을主張ᄒᆞᄂᆞᆫ바라然

청구를 받을 우려가 있다. 그러므로 스스로 이와 같은 계약을 하지 않게 될 것이어서 곧 법률의 목적이 한층 달성되는 결과를 볼 수 있을 것이다. 요컨대 이론상 불법원인이 존재한 경우에는 채무가 없으므로 그 변제로 급부한 것은 반환하지 않을 수 없고, 다른 한편으로는 실제로 이를 반환하도록 허용한다면 불법한 행위를 하기 어려운 결과가 발생할 것이다. 그러므로 나는 이에 관한 특별규정이 있을 필요가 없다고 생각한다. 그러나 세상에는 반대견해를 지지하는 사람이 다수이며, 또 로마법과 같은 것도 다소 불분명한 점이 있지만 또한 반대의 태도를 취하고 있는 것 같다. 따라서 오늘날에도 분명히 반대설을 취하는 나라가 있고 또 명문규정이 없는 나라에서도 다소 의문이 된다. 프랑스에서는 명문규정은 없으나 학설 및 판례에서 이러한 급부는 그 반환을 청구할 수 없다고 말한 것이다. 그러나 보통의 경우에는 과연 그 반환을 청구할 수 없는가? 대개 불법행위와 불법한 원인으로 인한 급부는 동일하지 않다. 따라서 불법행위에 기한 소를 제기할 수 없음을 이유로 하여 불법한 원인으로 인한 급부의 반환을 거절할 수 없다는 학설이 많다. 그러므로 프랑스에서는 옛날 반대설이 자못 세력이 있었으나 오늘날에 이르러서는 다수 학설 및 판례가 나의 학설과 동일한 이론을 주장하는 것이다. 그

이나日本新民法에ᄂᆞᆫ反對說을取ᄒᆞ얏시니卽其第七百八條에「不法의原因을因ᄒᆞ야給付를行ᄒᆞᆫ者ᄂᆞᆫ其給付ᄒᆞᆫ者의返還을請求ᄒᆞᆷ을不得ᄒᆞᆷ但不法의原因이受益者에就ᄒᆞ야만存ᄒᆞᆫ時ᄂᆞᆫ此限에在치아니ᄒᆞᆷ」이라規定ᄒᆞᆫ지라卽前例賭博境遇及破産又ᄂᆞᆫ家資分散境遇ᄂᆞᆫ本條에依ᄒᆞ야處斷되고惡事를中止케ᄒᆞ기爲ᄒᆞ야或給付를行ᄒᆞᆷ을約束ᄒᆞᆫ境遇ᄂᆞᆫ但書中에包含ᄒᆞᆫ바ㅣ라

今에日本에서此規定을設ᄒᆞᆫ理由를簡單히說明ᄒᆞᆯ진대不法ᄒᆞᆫ行爲ᄂᆞᆫ法律의禁ᄒᆞᄂᆞᆫ바ㅣ라故로一切法律의保護를受ᄒᆞᆷ을不得ᄒᆞᄂᆞ니만일不法의原因에基因ᄒᆞ야給付ᄒᆞᆫ者가此를推還ᄒᆞᆷ을得ᄒᆞᆫ다ᄒᆞᆯ진대自巳ᄂᆞᆫ不法ᄒᆞᆫ事를行ᄒᆞ고此에基因ᄒᆞ야給付ᄒᆞ얏시나其行爲ᄂᆞᆫ元來不法으로無效되ᄂᆞᆫ故로被告ᄂᆞᆫ其返還ᄒᆞᆷ이可ᄒᆞ다ᄒᆞᄂᆞᆫ裁判을求ᄒᆞᆯ지니是卽鐵面皮의人이라云치아니ᄒᆞᆷ이不可ᄒᆞᆫ지라然즉스ᄉᆞ로不法行爲를行ᄒᆞ고此를理由로ᄒᆞ야起訴ᄒᆞᆷ과如ᄒᆞᆷ은決코許ᄒᆞᆷ이不可ᄒᆞ다云ᄒᆞᆷ에在ᄒᆞᆫ바ㅣ라是ᄂᆞᆫ普通俗耳에入ᄒᆞ기容易ᄒᆞᆫ說明이오日本에在ᄒᆞ야法典施行前에旣히有名ᄒᆞᆫ角石事件等에就ᄒᆞ야裁判所ᄂᆞᆫ此說을取ᄒᆞ얏시니卽日本에角石이라云ᄒᆞᄂᆞᆫ店舖가有ᄒᆞ야財産이頗有ᄒᆞ더니日本明治十年頃에突

러나 일본 신 민법에서는 반대설을 취하였다. 곧 일본 민법 제708조에서 “불법한 원인으로 인하여 급부를 한 자는 그 급부한 것의 반환을 청구하지 못함. 그러나 불법의 원인이 수익자에게만 있는 때에는 그러하지 않음”이라고 규정한 것이다. 곧 앞선 예에서 도박 및 파산 또는 가자분산의 경우에는 본문에 의하여 규율되고 나쁜 일을 중지하게 하기 위하여 어떤 급부를 행하기를 약속한 경우는 단서 안에 포함되는 것이다.

이제 일본에서 이 규정을 마련한 이유를 간단히 설명하면, 불법한 행위는 법률이 금지하는 것이므로 일절 법률의 보호를 받지 못한다. 그런데 만일 불법한 원인으로 인하여 급부한 자가 이를 되찾을 수 있다고 하면 자기는 불법한 일을 하고 이로 인하여 급부하였으나 그 행위는 원래 불법으로 무효인 것이므로 피고는 반환하는 것이 마땅하다는 재판을 청구할 것이다. 이는 곧 철면피라고 하지 않을 수 없다. 그리하여 스스로 불법행위를 하고 이를 이유로 소를 제기하는 것과 같은 것은 결코 허용하여서는 안 된다는 데 있다. 이는 보통 사람의 귀에 들이기 쉬운 설명이고, 일본에서 법전 시행 전에 이미 유명한 각석(角石) 사건 등에 대하여 재판소는 이 학설을 취하였다. 곧 일본에 각석이라는 점포가 있어 재산이 제법 있었다. 그런데 일본 메이지(明治) 10년(1877)경에 갑

然히身代限의處分을受ᄒᆞ야其際에約十萬圓의財産을番頭의名義로ᄒᆞ고此ᄅᆞᆯ傳授ᄒᆞᆫ지라 然而其身代限의 處分은頗히 複雜ᄒᆞ야殆히十年의 星霜을經ᄒᆞᆫ後漸次落着되야債權者ᄂᆞᆫ極히少額의配當을受ᄒᆞᆫ지라當時角石의主人은其後에至ᄒᆞ야曩에名義上財産을讓與ᄒᆞᆫ番頭에對ᄒᆞ야財産의返還을求ᄒᆞ얏더니事件이大審院에 至ᄒᆞ야 結局番頭의 勝訴에歸ᄒᆞᆫ지라 其理由ᄅᆞᆯ述ᄒᆞᆯ진대 角石의店舖에서財産을隱匿ᄒᆞᆷ은惡事라即其惡事에基因ᄒᆞ야番頭의게財産을與ᄒᆞᆫ者ㅣ오眞正ᄒᆞᆫ讓與의 意思ᄂᆞᆫ無ᄒᆞ고다만 隱匿ᄒᆞᄂᆞᆫ方法에 不過ᄒᆞᆫ바ㅣ로대 此ᄅᆞᆯ理由로ᄒᆞ야返還을請求ᄒᆞᆷ을不得ᄒᆞᆫ다云ᄒᆞᆷ에在ᄒᆞᆷ이라然이나是ᄂᆞᆫ大히謬見됨을難免ᄒᆞᆯ지니何故오前述ᄒᆞᆫ境遇에在ᄒᆞ야ᄂᆞᆫ原告ᄂᆞᆫ不法原因에由ᄒᆞ야起訴ᄒᆞᆫ者ㅣ아니라 만일隱匿에關ᄒᆞᆫ 契約의履行을求ᄒᆞᄂᆞᆫ者ㅣ라 ᄒᆞᆯ진대是固不法ᄒᆞᆫ者ㅣ로대今에不然ᄒᆞ야唯其不法ᄒᆞᆫ行爲에因ᄒᆞ야傳授ᄒᆞ얏든財産의返還을求ᄒᆞᆷ에不過ᄒᆞ며又裁判所에서不法ᄒᆞᆫ事實을陳述ᄒᆞ야請求ᄒᆞᆷ을不得ᄒᆞᆫ다ᄒᆞᆯ진대單히其財産이十年前角石의所有에屬ᄒᆞ얏든事ᄅᆞᆯ證明ᄒᆞ고其後에贈與나又ᄂᆞᆫ賣買契約을締結ᄒᆞᆫ事ㅣ無ᄒᆞᆫ故로角石의財産이라主張ᄒᆞᆷ에ᄂᆞᆫ毫末도不法ᄒᆞᆫ事項

자기 신대한(身代限)* 처분을 받자 그때에 약 10만 엔의 재산을 지배인** 명의로 하고 이를 인도하였다. 그런데 그 신대한이란 처분은 자못 복잡하여 거의 10년의 세월이 지난 뒤 점차 매듭지어져, 채권자는 극히 소액의 배당을 받았다. 당시 각석의 주인은 그 뒤에 이르러 앞서 명의상 재산을 양도하여 준 지배인에 대하여 재산의 반환을 청구하였으나 사건이 대심원(大審院)에 이르러 결국 지배인의 승소로 끝났다. 그 이유를 서술하면, 각석의 점포에서 재산을 은닉한 것은 나쁜 일이다. 곧 그 나쁜 일로 인하여 지배인에게 재산을 준 것이지 진정한 양도 의사는 없었고 다만 은닉하는 방법에 불과한 것이어서, 이를 이유로 하여 반환을 청구하지 못한다는 데 있다. 그러나 이는 대단히 잘못된 견해일 수밖에 없다. 왜냐하면 전술한 경우에는 원고는 불법원인으로 소를 제기한 것이 아니다. 만일 은닉에 관한 계약의 이행을 청구하는 것이라고 하면 이는 이미 불법한 것인데, 지금은 그렇지 않고 다만 그 불법한 행위로 인하여 인도하였던 재산의 반환을 청구하는 데 불과하다. 또 재판소에서 불법한 사실을 진술하여 청구하지 못한다고 하면, 다만 그 재산이 10년 전에 각석의 소유였던 것을 증명하고 그 뒤에 증여나 또는 매매계약을 체결한 적이 없으므로 각석의 재산이라고 주장하는 데에는 털끝만큼도 불법한 사항

* 역자 주: 에도(江戶) 시대 일본에서 평민에게 행해지던 강제집행 방법. 전답, 가옥 기타 재산의 매각대금으로 채무 변제에 충당하는데, 채무가

을主張홈을不要홀바ㅣ오此境遇에在ᄒᆞ야被告된番頭가此를拒絶코ᄌᆞ홀진대其隱匿ᄒᆞᄂᆞᆫ方法으로自己가受取ᄒᆞᆫ者ㅣ되ᄂᆞᆫ故로返還홀義務가無ᄒᆞ다홀지니即不法行爲에因ᄒᆞ야受取ᄒᆞᆫ給付라故로返還치아니ᄒᆞᆫ다主張홀바ㅣ라因ᄒᆞ야被告ᄂᆞᆫ寧히鐵面皮라謂치아니홈이不可홀지니換言ᄒᆞ면他人으로브터任置ᄒᆞᆫ財産을橫領ᄒᆞ기爲ᄒᆞ야隱匿이라云ᄒᆞᄂᆞᆫ惡事를自己와原告二人이行ᄒᆞᆫ故로返還치아니ᄒᆞᆫ다主張홀지니是ᄂᆞᆫ法律의許홈이不可ᄒᆞᆫ바ㅣ라然而此境遇에在ᄒᆞ야原告ᄂᆞᆫ敗訴ᄒᆞ고被告ᄂᆞᆫ不法ᄒᆞᆫ事項을主張홈을因ᄒᆞ야勝訴홈에至ᄒᆞ얏시니然즉給付를行ᄒᆞᆫ時에不法의原因이有홈을因ᄒᆞ야不當利得을ᄒᆞ야도可ᄒᆞ다云홈은甚히誤謬ᄒᆞᆫ者ㅣ라故로同第七百八條의規定은其當을不得홈으로信ᄒᆞᄂᆞᆫ바ㅣ라然而同條에但書를加ᄒᆞᆫ所以ᄂᆞᆫ不法의原因이受益者에就ᄒᆞ야만存在ᄒᆞᆫ境遇假令前例에在ᄒᆞ야人을殺코ᄌᆞ홈은即不法이오此를中止케ᄒᆞ기爲ᄒᆞ야金錢을與홈을約束ᄒᆞᆫ契約은契約全體ᄂᆞᆫ不法이로대此를與ᄒᆞᄂᆞᆫ者의不法은아니오此境遇에在ᄒᆞ야ᄂᆞᆫ不法의原因을因ᄒᆞ야權利義務가生치아니ᄒᆞᄂᆞᆫ故로만일給付를行ᄒᆞᆫ時ᄂᆞᆫ此의返還을請求홈을得홈이라

을 주장할 필요가 없는 것이다. 그리고 이 경우에 피고가 된 지배인이 이를 거절하고자 하면, 재산을 은닉하는 방법으로 자기가 받은 것이 되므로 반환할 의무가 없다고 할 것이다. 곧 불법행위로 인하여 받은 급부이므로 반환하지 않는다고 주장할 것이다. 따라서 피고는 오히려 철면피라고 하지 않을 수 없다. 바꾸어 말하면 타인으로부터 임치한 재산을 횡령하기 위하여 은닉이라고 하는 나쁜 일을 자기와 원고 두 사람이 하였으므로 반환하지 않는다고 주장할 것인데, 이는 법률이 허용해서는 안 되는 것이다. 그런데 이 경우에 원고는 패소하고 피고는 불법한 사항을 주장함에 따라 승소하게 되었다. 그렇다면 급부를 한 때에 불법한 원인이 있음으로 인하여 부당이득을 하여도 된다고 말하는 것은 매우 잘못된 것이다. 그러므로 일본 민법 제708조는 타당하지 않다고 생각하는 바이다. 그러나 같은 조에 단서를 추가한 까닭은 불법한 원인이 수익자에게만 존재한 경우, 가령 앞선 예에서 사람을 살해하고자 하는 것은 곧 불법이고 이를 중지시키기 위하여 금전을 줄 것을 약속한 계약은 계약 전체는 불법이지만 이를 준 자의 불법은 아니다. 그리고 이 경우에는 불법의 원인으로 인하여 권리의무가 발생하지 않으므로 만일 급부를 한 때에는 그 반환을 청구할 수 있다.

재산보다 많더라도 청산하고 남은 채무를 변제할 의무를 부담하였음.

** 역자 주: 番頭를 우리말로는 '번두'라고 그대로 음독하거나 일본어 그대로 '반가시라'라고도 함.

第三編　不法行爲

不法行爲라ᄒᆞᆷ은他人의權利를侵犯ᄒᆞᆷ을因ᄒᆞ야써損害를生케ᄒᆞᆷ을謂ᄒᆞᆷ이니即不法行爲의要素ᄂᆞᆫ權利侵犯及損害의二者가是라故로此二個의要素가具備치아니ᄒᆞ면民法上所謂不法行爲가成立치아니ᄒᆞᆯ지니換言ᄒᆞ면債權이發生ᄒᆞᆯ不法行爲ᄂᆞᆫ아니라盖英法系에在ᄒᆞ얏ᄂᆞᆫ權利侵犯의事實이有ᄒᆞᆫ以上은縱令損害가生ᄒᆞᄂᆞᆫ事ㅣ無ᄒᆞ야도尙且賠償의訴를起ᄒᆞᆷ을得ᄒᆞᄂᆞᆫ者ㅣ라ᄒᆞ얏시나歐洲大陸諸國에在ᄒᆞ야ᄂᆞᆫ如何ᄒᆞᆫ國을勿論ᄒᆞ고如此ᄒᆞᆫ主義를採用치아니ᄒᆞ얏시니即法、德等國에ᄂᆞᆫ分明히反對主義를取ᄒᆞ야반다신二個要素를必要ᄒᆞᄂᆞᆫ바라然而英法系의學者ᄂᆞᆫ英法의主義로써可ᄒᆞ다云ᄒᆞ나是ᄂᆞᆫ頗히了解ᄒᆞ기困難ᄒᆞᆫ지라盖單히權利侵犯만有ᄒᆞᆫ境遇에도全히法律의救濟가無ᄒᆞᆷ은아니니假令他人이余의家宅에侵入ᄒᆞ얏다ᄒᆞᆯ진ᄃᆡ是即損害가生ᄒᆞ얏다云ᄒᆞᆷ을不得ᄒᆞᆯ지로ᄃᆡ余ᄂᆞᆫ法律에訴ᄒᆞ야其人을逐斥ᄒᆞᆷ을可得ᄒᆞᆯ지니即家宅에侵入ᄒᆞ면何等의損害가無ᄒᆞᆫ境遇라도刑法의制裁를可受ᄒᆞᆯ바ㅣ라然이나是ᄂᆞᆫ損害賠償의原因이되지아니ᄒᆞᄂᆞ니無他라此等境遇에在ᄒᆞ야ᄂᆞᆫ賠償ᄒᆞᆷ이可ᄒᆞᆯ損害가無ᄒᆞᆫ所

제3편 불법행위

불법행위란 타인의 권리를 침해함으로 인하여 손해를 발생시키는 것을 말한다. 곧 불법행위의 요소는 바로 권리 침해 및 손해 두 가지이다. 그러므로 이 두 가지 요소가 갖추어지지 않으면 민법상 이른바 불법행위가 성립하지 않는데, 바꾸어 말하면 채권이 발생하는 불법행위는 아니다. 대개 영미법계에서는 권리 침해의 사실이 있는 이상 설령 손해가 발생한 것이 없더라도 여전히 배상의 소를 제기할 수 있는 것이라고 한다. 그러나 유럽 대륙 여러 나라에서는 어느 나라를 막론하고 이와 같은 태도를 채용하지 않는다. 곧 프랑스, 독일 등의 나라에서는 분명히 반대의 태도를 취하여, 반드시 두 가지 요소를 필요로 한다. 그런데 영미법계의 학자는 영국법의 태도를 옳다고 하나 이는 자못 이해하기 어렵다. 대개 권리 침해만 있는 경우에도 전혀 법률의 구제가 없는 것은 아닌데, 가령 타인이 나의 주거에 침입하였다면 이는 곧 손해가 발생하였다고 말할 수 없지만 나는 법률에 호소하여 그 사람을 내쫓을 수 있는 것이다. 곧 주거침입을 하면 어떠한 손해가 없는 경우라도 형법의 제재를 받을 것이다. 그러나 이는 손해배상의 원인이 되지 않는데, 다른 것이 아니라 이들 경우에는 배상할 수 있는 손해가 없기 때문

以라如此ᄒᆞᆫ境遇에就ᄒᆞ야ᄂᆞᆫ有名無實ᄒᆞᆫ金額을賠償케ᄒᆞᄂᆞᆫ事ㅣ有ᄒᆞᆫ지라故로日本에셔ᄂᆞᆫ法典調査會에셔英法學者와法律家間에非常ᄒᆞᆫ議論이有ᄒᆞ얏시나終乃損害로써賠償義務의要件으로定ᄒᆞᆫ바ㅣ라

玆에所謂權利侵犯에在ᄒᆞᆫ權利ᄂᆞᆫ如何ᄒᆞᆫ權利를指稱ᄒᆞᆷ인가此에就ᄒᆞ야도各種學說이有ᄒᆞ니日本民法에ᄂᆞᆫ單히權利라ᄒᆞᆫ故로各種權利를皆包含ᄒᆞᆷ과如ᄒᆞ나是則不然ᄒᆞ니假令財産權中에도債權을侵害ᄒᆞᆫ境遇ᄂᆞᆫ所謂不法行爲中에包含치아니ᄒᆞᆷ과如ᄒᆞ니卽余가債務를履行치아니ᄒᆞᄂᆞᆫ時ᄂᆞᆫ債權者가損害를受ᄒᆞᆷ은勿論이오債權者의權利를侵犯ᄒᆞᆫ事ㅣ無疑ᄒᆞ되是ᄂᆞᆫ所謂「不法行爲」의範圍에屬치아니ᄒᆞᄂᆞᆫ故로特別規定을因ᄒᆞ야賠償ᄒᆞᆯ義務가有ᄒᆞᆫ者ㅣ오（日本民法第四百十五條以下）次에公法上權利도此中에包含치아니ᄒᆞᄂᆞ니卽公權侵害가直接으로此訴權을生ᄒᆞᄂᆞᆫ事ㅣ無ᄒᆞᆫ지라盖公權이란者ᄂᆞᆫ權利者의私益에關ᄒᆞ야生ᄒᆞᄂᆞᆫ者ㅣ아니니卽權利者一人의利益을爲ᄒᆞ야存在ᄒᆞᆫ者ㅣ아니오其人으로브터觀ᄒᆞᆯ진대寧히義務에屬ᄒᆞᆫ者ㅣ라云ᄒᆞᆷ이妥當ᄒᆞᆫ지라其顯著ᄒᆞᆫ例를示ᄒᆞᆯ진ᄃᆡ選擧權은一種의權利되ᄂᆞᆫ事ㅣ無疑ᄒᆞ되各人의利益을爲ᄒᆞ야存在ᄒᆞᆷ이아

이다. 이와 같은 경우에 대하여 영국에서는 유명무실한 금액을 배상하게 하기도 한다. 그러므로 일본에서는 법전조사회(法典調査會)에서 영국 법학자와 법률가 사이에 매우 큰 논의가 있었으나, 마침내 손해를 배상의무의 요건으로 정한 것이다.

이제 이른바 권리 침해에서 권리는 어떠한 권리를 가리키는가? 이에 대하여도 갖가지 학설이 있다. 일본 민법은 단순히 권리라고 하였으므로 갖가지 권리가 모두 포함될 것 같지만 그렇지 않다. 가령 재산권 중에서도 채권을 침해한 경우에는 이른바 불법행위 안에 포함되지 않는 것과 같다. 즉, 내가 채무를 이행하지 않는 때에는 채권자가 손해를 받음은 물론이고 채권자의 권리를 침해한 데 의문이 없다. 그런데 이는 이른바 "불법행위"의 범위에 속하지 않으므로 특별규정에 따라 배상할 의무가 있는 것이다(일본 민법 제415조 이하). 다음으로 공법상 권리도 이 안에 포함되지 않는다. 즉, 공권의 침해가 직접적으로 불법행위의 소권을 발생시키는 일은 없는 것이다. 대개 공권이란 것은 권리자의 사익에 관하여 발생하는 것이 아닌데, 곧 권리자 한 사람의 이익을 위하여 존재하는 것이 아니라 그 사람으로부터 보면 오히려 의무에 속한 것이라고 함이 타당하다. 뚜렷한 예를 들면 선거권은 일종의 권리라는 데 의문이 없지만 각자의 이익을 위하여 존재하는 것이 아니니因ᄒᆞ야選擧權을賣ᄒᆞᆷ과如ᄒᆞᆷ은元來不法이라故로如斯ᄒᆞᆫ契約은無効되ᄂᆞ니(日本民法第九十條)果然ᄒᆞᆯ진대選擧人의行ᄒᆞᄂᆞᆫ바ᄂᆞᆫ私益이아니오寧히其義務에屬ᄒᆞᆫ다云ᄒᆞᆷ이可ᄒᆞᆫ지라即選擧場에至ᄒᆞ야選擧ᄅᆞᆯ行ᄒᆞᆷ은其義務라故로假令選擧場에至ᄒᆞᆷ을妨害ᄒᆞᆫ者ㅣ有ᄒᆞ다ᄒᆞᆯ진대是ᄂᆞᆫ權利의侵犯이로대此ᄅᆞᆯ因ᄒᆞ야損害賠償ᄅᆞᆯ請求ᄒᆞᆷ을不得ᄒᆞᆯ지니民法은如斯ᄒᆞᆫ境遇에其適用이無ᄒᆞᆷ으로信ᄒᆞ노라何故오民法은私權保護의法律되ᄂᆞᆫ所以라

不法行爲ᄂᆞᆫ從來로犯罪及準犯罪라稱ᄒᆞᆫ지라盖此名稱은歐洲에在ᄒᆞ야ᄂᆞᆫ沿革上理由가存在ᄒᆞᆫ者ㅣ니即羅馬法以來로此語ᄅᆞᆯ使用ᄒᆞ야因ᄒᆞ야民事犯罪와刑事犯罪라云ᄒᆞᄂᆞᆫ區別이生ᄒᆞᆫ지라盖犯罪라ᄒᆞᆷ은故意로損害ᄅᆞᆯ加ᄒᆞᆫ境遇ᄅᆞᆯ謂ᄒᆞᆷ이오準犯罪라ᄒᆞᆷ은過失、懈怠即損害ᄅᆞᆯ加ᄒᆞᆯ意思가無ᄒᆞ고損害ᄅᆞᆯ加ᄒᆞᆫ境遇ᄅᆞᆯ謂ᄒᆞᆷ이라故로民事犯罪와刑事犯罪ᄂᆞᆫ其範圍가同一치아니ᄒᆞ나然이나犯罪라云ᄒᆞᄂᆞᆫ文字ᄅᆞᆯ用ᄒᆞᄂᆞᆫ時ᄂᆞᆫ動輒民事犯罪와刑事犯罪ᄅᆞᆯ混同ᄒᆞᆯ虞慮가有ᄒᆞᆫ故로余ᄂᆞᆫ此語ᄅᆞᆯ採用치아니ᄒᆞᄂᆞᆫ바ㅣ라

上述ᄒᆞᆷ과如히不法行爲의要件은權利侵害及損害의二者가是라或은故意又過

니다. 따라서 선거권을 파는 것과 같은 것은 원래 불법이므로 이러한 계약은 무효이다(일본 민법 제90조). 그렇다면 선거인이 행사하는 것은 사익이 아니고 오히려 그의 의무라고 함이 마땅한 것이다. 곧 투표장에 와서 선거를 하는 것은 그의 의무이다. 그러므로 가령 투표장에 가는 것을 방해하는 자가 있다면 이는 권리의 침해이지만 이로 인하여 손해배상을 청구하지 못할 것이어서 민법은 이러한 경우에 적용되지 않는다고 생각한다. 왜냐하면 민법은 사권을 보호하는 법률이기 때문이다.

불법행위는 종래부터 범죄 및 준범죄(準犯罪)라고 일컬어졌다. 대개 이 명칭은 유럽에서는 연혁적 이유가 있다. 곧 로마법 이래 이 말을 사용함에 따라 민사범죄와 형사범죄라는 구별이 생겨났다. 대개 범죄란 고의로 손해를 가한 경우를 말하고 준범죄란 과실과 태만, 곧 손해를 가할 의사 없이 손해를 가한 경우를 말한다. 그러므로 민사범죄와 형사범죄는 그 범위가 동일하지 않다. 그러나 범죄라는 문자를 쓰는 때에는 자칫 민사범죄와 형사범죄를 혼동할 우려가 있으므로 나는 이 용어를 쓰지 않는 것이다.

위에 서술한 것처럼 불법행위의 요건은 바로 권리 침해 및 손해 두 가지이다. 더러는 고의 또는 과

失로써要件의 一이라云ᄒᆞᄂᆞᆫ者ㅣ有ᄒᆞ나余ᄂᆞᆫ權利侵害라云ᄒᆞᄂᆞᆫ中에皆含包됨으로信ᄒᆞᄂᆞ니 卽故意又ᄂᆞᆫ 過失이無ᄒᆞᆫ境遇ᄂᆞᆫ 權利ᄅᆞᆯ侵害ᄒᆞ얏다 云ᄒᆞᆷ을不得ᄒᆞᆯ지니假令余의所有樹木이大風을因ᄒᆞ야 折倒ᄒᆞ야隣家에損害ᄅᆞᆯ及ᄒᆞ얏다ᄒᆞ야도余ᄂᆞᆫ此에 適當ᄒᆞᆫ支柱ᄅᆞᆯ 施ᄒᆞᄂᆞᆫ等普通으로 行ᄒᆞᆯ注意ᄅᆞᆯ加ᄒᆞ얏실전대是ᄂᆞᆫ余와隣人이共히不幸을遭ᄒᆞ얏시나余의行爲로브터生ᄒᆞᆫ結果가아니니因ᄒᆞ야他人의權利ᄅᆞᆯ侵害 ᄒᆞ얏다云ᄒᆞᆷ을不得 ᄒᆞᆯ지라卽權利侵害가有ᄒᆞ다 ᄒᆞᆷ에ᄂᆞᆫ余의積極或은消極의行爲ᄅᆞᆯ因ᄒᆞ야他人의權利ᄅᆞᆯ侵害ᄒᆞᆫ事實이有ᄒᆞᆷ을要ᄒᆞᄂᆞ니故로縱令權利가侵害된事ㅣ有ᄒᆞ야도其原因이天災에在ᄒᆞᆫ時ᄂᆞᆫ何人을不問ᄒᆞ고其責任을負ᄒᆞᆯ者ㅣ無ᄒᆞᆯ지라 是以로法文上此ᄅᆞᆯ明記ᄒᆞᆫ境遇라도 學理上으로브터言ᄒᆞᆯ진대此로써獨立ᄒᆞᆫ要件으로視ᄒᆞᆷ은穩當치아니ᄒᆞ고寧히權利侵害中에包含됨으로視ᄒᆞᆷ이可ᄒᆞᆫ지라然而故意及過失의字義ᄂᆞᆫ甚히平易ᄒᆞᆷ과如ᄒᆞ대實際適用에在ᄒᆞ야ᄂᆞᆫ頗히困難ᄒᆞᆫ問題가生ᄒᆞᄂᆞ니故意에就ᄒᆞ야ᄂᆞᆫ權利ᄅᆞᆯ侵害ᄒᆞᄂᆞᆫ意思가有ᄒᆞᆷ을證明ᄒᆞ면毫末도疑問이生ᄒᆞᆯ境遇가無ᄒᆞᆯ지로대唯其擧證의困難ᄒᆞᆫ境遇가多ᄒᆞᆯ뿐이오此와反ᄒᆞ야過失에就ᄒᆞ야ᄂᆞᆫ契約上의過失問

실을 요건의 하나라고 말하는 사람이 있다. 그러나 나는 권리 침해라는 말 안에 모두 포함된다고 생각한다. 즉, 고의 또는 과실이 없는 경우는 권리를 침해하였다고 말할 수 없을 것이다. 가령 내가 소유한 나무가 큰 바람으로 꺾여 넘어져 이웃집에 손해를 미쳤다고 하여도, 내가 여기에 적당한 지지기둥을 시설하는 등 보통으로 해야 할 주의를 하였다면, 이는 나와 이웃 사람이 모두 불행을 만났지만 나의 행위로부터 발생한 결과가 아니다. 따라서 타인의 권리를 침해하였다고 말할 수 없을 것이다. 곧 권리 침해가 있다고 하려면 나의 적극적 또는 소극적 행위로 인하여 타인의 권리를 침해한 사실이 있어야 한다. 그러므로 설령 권리가 침해된 사실이 있더라도 그 원인이 천재지변에 있는 때에는 누구를 불문하고 그 책임을 질 사람이 없을 것이다. 그리하여 법문상 이를 명기한 경우라도 학술적으로 말하면 고의 또는 과실을 독립한 요건으로 보는 것은 타당하지 않고, 오히려 권리 침해 안에 포함된다고 보는 것이 마땅하다. 그런데 고의 및 과실의 말뜻은 아주 쉬운 것 같지만 실제 적용에서는 자못 어려운 문제가 생겨난다. 고의에 대하여는 권리를 침해할 의사가 있음을 증명하면 털끝만큼도 의문이 생기는 경우가 없을 것이다. 다만 그 증명이 어려운 경우가 많을 뿐이다. 이와 반대로 과실에 대하여는 계약상의 과실 문

題와如히頗히困難ᄒᆞᆫ問題가生ᄒᆞᄂᆞ니卽如何ᄒᆞᆫ注意를行ᄒᆞ면過失이無ᄒᆞ다云ᄒᆞᆯ가又ᄂᆞᆫ如何ᄒᆞᆫ注意를缺ᄒᆞ면過失이有ᄒᆞ다云ᄒᆞᆷ을得ᄒᆞᆯ가其程度에就ᄒᆞ야問題가生ᄒᆞᄂᆞᆫ바ㅣ라此를몬져學理的으로言ᄒᆞᆯ진대過失이라ᄒᆞᆷ은普通人의行ᄒᆞᆯ注意를缺ᄒᆞᆫ者를謂ᄒᆞᆷ이니上述ᄒᆞᆫ樹木의例에在ᄒᆞ야도普通人의行ᄒᆞᆯ注意를加ᄒᆞ면責任이毫無ᄒᆞᆯ지라故로縱令注意를深奧히ᄒᆞᄂᆞᆫ人이普通人의行치못ᄒᆞᄂᆞᆫ注意를行ᄒᆞ야써樹木이倒折치아니ᄒᆞ얏다ᄒᆞᆯ지라도此를倣傚ᄒᆞᆯ義務가無ᄒᆞᆷ은勿論이라然而如何ᄒᆞᆫ程度의注意를普通人의注意로視ᄒᆞᆷ이可ᄒᆞᆯ가ᄒᆞᆷ은頗히困難ᄒᆞᆫ事實問題라然이나慣習에因ᄒᆞ거나又ᄂᆞᆫ其事項의性質에因ᄒᆞ야此를定ᄒᆞ고必要ᄒᆞᆫ境遇에ᄂᆞᆫ鑑定을行ᄒᆞᄂᆞᆫ外에他道가無ᄒᆞᆯ지로다

又或故意와過失에就ᄒᆞ야規定을異히ᄒᆞᆫ立法例가有ᄒᆞ나(日本舊民法)日本新民法에ᄂᆞᆫ毫末도此를區別치아니ᄒᆞ고唯其刑法에在ᄒᆞ야其責任이大異ᄒᆞᆯ뿐이니盖過失犯은有意犯에比ᄒᆞ면其情狀이太輕ᄒᆞ나民法의制裁ᄂᆞᆫ毫末도懲罰의性質을有치아니ᄒᆞ고唯或人이他人으로브터或權利의侵害를受ᄒᆞ고此에因ᄒᆞ야損害가生ᄒᆞ얏실진대其受ᄒᆞᆫ바損害를償還케ᄒᆞᆷ이至當ᄒᆞᄂᆞ니因ᄒᆞ야故意

제와 같이 자못 어려운 문제가 발생한다. 즉, 어떠한 주의를 다하면 과실이 없다고 말할 수 있는가, 또는 어떠한 주의가 결여되면 과실이 있다고 말할 수 있는가? 그 정도에 대하여 문제가 발생하는 것이다. 이를 먼저 학술적으로 말하면 과실이란 일반인이 하여야 할 주의가 결여된 것을 말한다. 위에 서술한 나무의 예에서도 일반인이 하여야 할 주의를 가하면 책임이 전혀 없을 것이다. 그러므로 설령 주의력이 매우 깊은 사람이 일반인은 할 수 없는 주의를 기울임으로써 나무가 꺾여 넘어지지 않았다고 할지라도 이를 본받을 의무가 없음은 물론이다. 그런데 어떠한 정도의 주의를 일반인의 주의로 보아야 하는지는 자못 어려운 사실문제이다. 그러나 관습에 따르거나 그 사안의 성질에 따라 이를 정하고 필요한 경우에는 감정을 할 수밖에 다른 방도가 없을 것이다.

더러 고의와 과실에 대하여 규정을 달리 한 입법례가 있으나(일본 구 민법) 일본 신 민법에서는 털끝만큼도 이들을 구별하지 않았고, 다만 형법에서 그 책임이 크게 다를 뿐이다. 대개 과실범은 고의범에 비하면 그 정상(情狀)이 매우 가볍지만 민법의 제재는 털끝만큼도 징벌의 성격을 갖지 않고, 다만 어떤 사람이 타인으로부터 어떤 권리 침해를 받고 이로 인하여 손해가 발생하였다면 그가 받은 손해를 상환받게 하는 것이 지당하다. 따라서 고의

境遇에는 責任이重ᄒᆞ다ᄒᆞ야 多額을賠償ᄒᆞᆯ理가無ᄒᆞᆫ지라是以로民法上에在ᄒᆞ야는故意境遇와過失境遇는同一ᄒᆞᆫ不法行爲오此에因ᄒᆞ야生ᄒᆞᆫ損害는如何ᄒᆞᆫ境遇를不問ᄒᆞ고其全部를賠償치아니ᄒᆞᆷ이不可ᄒᆞ니故로縱令過失에因ᄒᆞᆫ境遇라도損害의一部를賠償ᄒᆞ면足ᄒᆞ다云ᄒᆞᆷ을不得ᄒᆞᆯ바ㅣ오又는故意됨을因ᄒᆞ야損害以上의額을賠償케ᄒᆞᆯ理가無ᄒᆞᆯ지라是以로日本新民法은故意와過失을區別치아니ᄒᆞ고因ᄒᆞ야從來學者의所謂「犯罪」、「準犯罪」의區別은日本民法의解釋 上毫末도其必要가 無ᄒᆞ니即其第七百九條에 「故意又는過失에因ᄒᆞ야 他人의權利를侵害ᄒᆞᆫ者는此에 因ᄒᆞ야生ᄒᆞᆫ損害를賠償ᄒᆞ는責에任ᄒᆞᆷ」이라規定ᄒᆞᆫ바ㅣ라

本編을五章에分ᄒᆞ얏시니第一章은不法行爲의境遇라如何ᄒᆞᆫ境遇에不法行爲가有ᄒᆞᆯ가ᄒᆞᆷ을說明ᄒᆞ고第二章은不法行爲의責任者ㅣ니何人이其責任을負ᄒᆞᆯ가ᄒᆞᆷ을說明ᄒᆞ고第三章은不法行爲의求償權者ㅣ니不法行爲에基因ᄒᆞ야損害賠償을求ᄒᆞ는權利를有ᄒᆞᆫ者에就ᄒᆞ야各種境遇를說明ᄒᆞ고第四章은不法行爲의賠償方法이니損害賠償은如何ᄒᆞᆫ方法으로써ᄒᆞ며又其範圍如何를說明ᄒᆞ고

의 경우에는 책임이 무겁다고 하여 다액을 배상하게 할 이유가 없다. 그리하여 민법에서는 고의와 과실은 동일한 불법행위이고 이에 따라 발생한 손해는 어떠한 경우인지를 불문하고 전부 배상하여야만 한다. 그러므로 설령 과실로 인한 경우라도 손해의 일부를 배상하면 족하다고 할 수 없고, 또는 고의라고 함에 따라 손해 이상의 액수를 배상하게 할 이유가 없을 것이다. 그리하여 일본 신 민법은 고의와 과실을 구별하지 않았고, 따라서 종래 학자들이 하던 이른바 "범죄", "준범죄"의 구별은 일본 민법의 해석상 털끝만큼도 필요가 없다. 곧 일본 민법 제709조에서 "고의 또는 과실로 인하여 타인의 권리를 침해한 자는 이로 인하여 발생한 손해를 배상할 책임을 짐"이라고 규정한 것이다.

이 편을 다섯 장으로 나누었다. 제1장은 불법행위의 경우로, 어떠한 경우에 불법행위가 있는지를 설명하였다. 제2장은 불법행위의 책임자로, 누가 그 책임을 지는지를 설명하였다. 그리고 제3장은 불법행위의 손해배상청구권자*로, 불법행위에 기하여 손해배상을 청구할 권리를 가진 자에 대하여 갖가지 경우를 설명하였다. 제4장은 불법행위의 배상 방법으로, 손해배상은 어떠한 방법으로 하는지, 또 그 범위가 어떠한지를 설명하였다. 그리고

* 역자 주: 원문은 '求償權者'로 되어 있으나 일반적인 구상권과는 그 의미가 다름에 주의할 것.

第五章에는不法行爲의時效를說明코쟈ᄒᆞ노라

第一章 不法行爲의境遇

私權을侵害ᄒᆞᆫ者는其損害가財産上의損害됨과否홈을不問ᄒᆞ고此를賠償ᄒᆞᆯ責任을負홈이原則이라然而日本新民法第七百九條에는廣汎히「他人의權利」라云ᄒᆞᆫ故로一般私權은皆此에包含됨이勿論이로대前述ᄒᆞᆫ과如히公法上의權利는包含치아니ᄒᆞᆫ바ㅣ오즉私權에關ᄒᆞᆫ境遇라도各境遇에就ᄒᆞ야此를觀ᄒᆞᆯ진대多少議論이有ᄒᆞᆫ지라故로同民法은第七百十條及第七百十一條에間接으로此를決定ᄒᆞ얏시니盖財産權을害ᄒᆞᆫ境遇는殆히容疑ᄒᆞᆯ바ㅣ無ᄒᆞ대身體、自由、名譽와如ᄒᆞᆫ者를害ᄒᆞᆫ境遇에就ᄒᆞ야는多少疑問이有ᄒᆞᆫ故로此規定에因ᄒᆞ야此等의權利를害ᄒᆞ야도不法行爲가되야其加害者의게損害賠償의責任이有홈을明白히ᄒᆞ얏시며尙且生命權에就ᄒᆞ야는學說이不一ᄒᆞ고所謂生命權이란者의存否에就ᄒᆞ야도疑問이頗有ᄒᆞᆫ故로同第七百十一條에積極的으로此를決定ᄒᆞᆫ바ㅣ라

上述ᄒᆞᆫ原則에는一個例外가有ᄒᆞ니即失火에關ᄒᆞᆫ責任有無가是라此에關ᄒᆞ야

제5장에서는 불법행위의 시효를 설명하고자 한다.

제1장 불법행위의 경우

사권을 침해한 자는 그 손해가 재산상 손해인지 아닌지를 불문하고 이를 배상할 책임을 지는 것이 원칙이다. 그런데 일본 신 민법 제709조에서는 광범위하게 “타인의 권리”라고 하였으므로 일반 사권은 모두 여기에 포함됨은 물론이지만 전술한 것처럼 공법상 권리는 포함되지 않는다. 다만 사권에 관한 경우라도 각 경우를 보면 다소 논의가 있으므로 일본 민법은 제710조 및 제711조에서 간접적으로 이를 결정하였다. 대개 재산권을 침해한 경우에는 거의 의심할 바 없지만 신체, 자유, 명예와 같은 것을 침해한 경우에는 다소 의문이 있다. 그러므로 이 규정에 따라 이들 권리를 침해하여도 불법행위가 되어 가해자에게 손해배상의 책임이 있음을 명백히 하였다. 또 생명권에 대하여는 학설이 하나같지 않고 이른바 생명권이라는 것의 존부에 대하여도 자못 의문이 있으므로, 일본 민법 제711조에 적극적으로 이를 결정한 것이다.

위에 서술한 원칙에는 하나의 예외가 있다. 곧 실화(失火)에 관한 책임 유무가 그것이다. 이에 관하여

日本에서는民法制定當時에立法者가必要로認치아니ᄒᆞ야民法中에는其規定을置치아니ᄒᆞ얏시나其後日本明治三十二年法律第四十號로써失火者에就ᄒᆞ야例外를設ᄒᆞ얏시니卽「民法第七百九條의規定은失火境遇에는此를適用치아니ᄒᆞᆷ但失火者가重大ᄒᆞᆫ過失이有ᄒᆞᆫ時는此限에在치아니ᄒᆞᆷ」이라規定ᄒᆞᆫ지라先此法律의意義를說明ᄒᆞᆯ진대過失에因ᄒᆞ야失火ᄒᆞ고其結果로他人의財產을燒燬ᄒᆞ며又는他人을負傷케ᄒᆞ거나甚ᄒᆞ면燒死케ᄒᆞᆫ境遇도有ᄒᆞᆯ지니是는所謂過失에因ᄒᆞ야他人의權利를侵害ᄒᆞᆫ者ㅣ라故로만일此特別法이無ᄒᆞᆯ진대其失火者는苟其過失의證據가有ᄒᆞᆫ以上은반다시自己의過失에因ᄒᆞ야燒燬된財產과傷ᄒᆞᆫ人又는失ᄒᆞᆫ生命에就ᄒᆞ야損害賠償의責任을負치아니ᄒᆞᆷ이不可ᄒᆞᄂᆞ니是는一朝에不法行爲의責任을認ᄒᆞᆫ以上은實로當然ᄒᆞᆫ事ㅣ라歐洲에在ᄒᆞ야는此에關ᄒᆞᆫ例外를設ᄒᆞᆫ國이無ᄒᆞᄂᆞ니蓋石造、煉瓦造의家屋이多ᄒᆞᆫ國에서는非常ᄒᆞᆫ大火가起ᄒᆞᆷ은極稀ᄒᆞᆫ故로問題가別로生치아니호대其損害는縱令一二戶가燒失ᄒᆞᆫ境遇라도頗히巨額에達ᄒᆞ며且西洋에도村落에는木造의家屋이亦不少호대總히不法行爲의規定을適用ᄒᆞ는바ㅣ라然而日本에在ᄒᆞ야는

민법 제정 당시에 입법자가 필요하다고 인정하지 않아 민법 안에는 그 규정을 두지 않았다. 그러나 그 뒤 일본 메이지 32년(1899) 법률 제40호로 실화자에 관하여 예외를 두었다. 곧 "민법 제709조는 실화의 경우에는 적용하지 않음. 그러나 실화자에게 중대한 과실이 있는 때에는 그러하지 않음"이라고 규정한 것이다. 먼저 이 법률의 의의를 설명하면, 과실로 인하여 실화를 하고 그 결과 타인의 재산을 불태우거나 타인에게 부상을 입히거나 심지어 타 죽게 하는 경우도 있을 텐데, 이는 이른바 과실로 인하여 타인의 권리를 침해한 것이다. 그러므로 만일 이 특별법이 없다면 실화자는 적어도 과실의 증거가 있는 이상 반드시 자기의 과실로 인하여 불탄 재산과 다친 사람, 또는 잃은 생명에 대하여 손해배상의 책임을 지지 않을 수 없다. 이는 하루아침에 불법행위 책임을 인정한 이상 실로 당연한 일이다. 유럽에서는 이에 관한 예외를 둔 나라가 없다. 대개 석조, 연와조(煉瓦造) 가옥이 많은 나라에서는 대단히 큰 화재가 일어나는 일이 극히 드무므로 문제가 별로 생겨나지 않는다. 그런데 그 손해는 설령 한두 집이 소실(燒失)된 경우라도 자못 거액이 되며, 또 서양에서도 촌락에는 목조 가옥 또한 적지 않지만 모두 불법행위 규정을 적용하는 것이다. 그러나 일본에서는

特別法을設ᄒᆞᆫ結果로重大ᄒᆞᆫ過失이有ᄒᆞᆫ境遇를除ᄒᆞᆫ外에過失에因ᄒᆞ야火가起ᄒᆞ고此에因ᄒᆞ야他人의權利를侵害ᄒᆞᆫ者ᄂᆞᆫ總히責任을負치아니ᄒᆞᆷ이라然而重大ᄒᆞᆫ過失의證據를擧ᄒᆞᆷ은事實上極히困難ᄒᆞᆫ問題에屬호대該法案이議會에提出될際에提出者及贊成者ᄂᆞᆫ假令鐵道會社가滊車의煤煙을人家의屋底에棄ᄒᆞ야을因ᄒᆞ야火災가起ᄒᆞᆷ과如ᄒᆞᆫ境遇又或銀行의祝宴會에서煙火를爆發ᄒᆞᆷ을因ᄒᆞ야火가起ᄒᆞᆷ과如ᄒᆞᆫ境遇ᄂᆞᆫ重大ᄒᆞᆫ過失이有ᄒᆞᆫ者ㅣ라云ᄒᆞ얏시며其他工場에서團束지아니ᄒᆞᆷ을因ᄒᆞ야煙突로브터火가起ᄒᆞ야他人의家屋을燒燬ᄒᆞᆫ境遇와如ᄒᆞᆷ도重大ᄒᆞᆫ過失이有ᄒᆞᆫ者ㅣ니例外의境遇로擧示ᄒᆞᆫ中에도此等境遇에果然重大ᄒᆞᆫ過失이有ᄒᆞᆫ者ㅣ라云ᄒᆞᆷ을得ᄒᆞᆯ가是ᄂᆞᆫ疑問에屬ᄒᆞᆫ바ㅣ니要ᄒᆞ건ᄃᆡ普通過失에就ᄒᆞ야ᄂᆞᆫ其責을負치아니ᄒᆞᆷ이라假令람푸가落ᄒᆞ야油罐이顚覆되ᄂᆞᆫ等類ᄂᆞᆫ重大ᄒᆞᆫ過失中에入치아니ᄒᆞᄂᆞ니今에各國의統計를觀ᄒᆞᆯ진대失火原因의半數ᄂᆞᆫ람푸오他過失은烟草의火라其中에尤甚ᄒᆞᆫ者ᄂᆞᆫ日本이니東京에서火災의主된原因은此二者ㅣ오其他原因으로火災가起ᄒᆞᆷ은甚少ᄒᆞᄂᆞ니此等은重大ᄒᆞᆫ過失中에入치아니ᄒᆞᄂᆞᆫ바ㅣ라然而元來日本에서此規定을設ᄒᆞᆷ에就ᄒᆞ야ᄂᆞᆫ多

특별법을 마련한 결과 중대한 과실이 있는 경우를 제외하고는 과실로 인하여 불이 나고 이로 인하여 타인의 권리를 침해한 자는 모두 책임을 지지 않는다. 그러나 중대한 과실의 증거를 드는 것은 사실상 극히 어려운 문제인데, 이 법안이 의회에 제출될 때 제출자 및 찬성자는 가령 철도회사가 기차 연기의 그을음을 사람이 사는 집 바닥에 버림으로 인하여 화재가 일어나는 것과 같은 경우, 또는 은행의 축하연에서 폭죽을 터뜨림으로 인하여 불이 나는 것과 같은 경우는 중대한 과실이 있는 것이라고 하였다. 그리고 다른 공장에서 감독을 하지 않음에 따라 굴뚝에서 불이 일어나 타인의 가옥을 불태운 경우와 같은 것도 중대한 과실이 있는 것이다. 예외적인 경우로 제시된 것 중에서도 이들 경우에 과연 중대한 과실이 있다고 할 수 있는가? 이는 의문이다. 요컨대 보통의 과실에 대하여는 그 책임을 지지 않는 것이다. 가령 램프가 떨어져 기름통이 뒤집히는 등의 부류는 중대한 과실 안에 들어가지 않는다. 이제 각국의 통계를 보면, 실화 원인의 절반은 램프이고 다른 과실은 담뱃불이다. 그 가운데 더욱 심한 것은 일본으로, 도쿄(東京)에서 화재의 주된 원인은 이 둘이고 다른 원인으로 화재가 일어나는 경우는 매우 드문데 이들은 중대한 과실 안에는 들어가지 않는 것이다. 그런데 원래 일본에서 이 규정을 마련하는 데 대하여는 다

數學者의反對論이起ᄒᆞ야當時兩院의委員會及議塲에서爭論이大起ᄒᆞ얏시나畢竟通過됨에至ᄒᆞ얏시니抑過失에因ᄒᆞ야火가起ᄒᆞ고此에因ᄒᆞ야他人의權利를害홈은不法行爲오他不法行爲보더損害賠償의責任을負홈이至當ᄒᆞ다ᄒᆞᆯ진대此境遇에도同一히責任을負치아니홈이不可ᄒᆞᆯ지니是ᄂᆞᆫ當時에右法案提出者도認ᄒᆞᆫ바ㅣ라然이나該法案提出의理由로ᄒᆞᄂᆞᆫ바ᄂᆞᆫ第一에從來로如此ᄒᆞᆫ慣習이無ᄒᆞ고因ᄒᆞ야日本刑法附則第五十九條(日本民法施行과同時에廢止된規定)中에ᄂᆞᆫ失火境遇에損害賠償의責任이無ᄒᆞ다ᄒᆞ얏시니即同條에「人의名譽或은殺傷에關ᄒᆞᆫ損害와其他犯罪를因ᄒᆞ야現히生ᄒᆞᆫ損害ᄂᆞᆫ其賠償을請求홈을得홈但失火ᄂᆞᆫ此限에不在홈」이라規定ᄒᆞᆫ故로今에卒然히此의責任을認ᄒᆞᆯ진대慣習에違反될바ㅣ오第二에日本家屋은其搆造와其他事情으로브터觀ᄒᆞᆯ진대 歐洲諸國에서 生ᄒᆞᄂᆞᆫ火災와 其趣가大異ᄒᆞᆫ故로 如此ᄒᆞᆫ責任을規定ᄒᆞ야도實際上行ᄒᆞ기難ᄒᆞᆯ지니만일此를强行ᄒᆞᆯ진대非常ᄒᆞᆫ結果를惹起ᄒᆞᆯ지라即日本에서ᄂᆞᆫ一時에數千戶를燒火홈이屢屢히有ᄒᆞ니如此ᄒᆞᆫ境遇에其損失ᄒᆞᆫ家屋及動産全部의 價額을賠償케 ᄒᆞ면如何ᄒᆞᆫ 富豪者ㅣ라도 此를因ᄒᆞ야倒産치

수 학자의 반대론이 일어나, 당시 양원 위원회 및 회의장에서 논쟁이 크게 일었으나 마침내 통과되기에 이른다. 그러나 과실로 인하여 불이 나서 이로 인하여 타인의 권리를 침해하면 불법행위이고 다른 불법행위보다 손해배상 책임을 지우는 것이 지당하다면, 이 경우에도 동일하게 책임을 지지 않을 수 없을 것이다. 이는 당시 위 법안의 제출자도 인정한 바이다. 그러나 그 법안 제출 이유는, 첫째 종래 이와 같은 관습이 없었고 따라서 일본 형법 부칙 제59조(일본 민법 시행과 동시에 폐지된 규정) 안에는 실화의 경우에 손해배상의 책임이 없다고 하였다. 곧 같은 조에서 "사람의 명예 또는 살상에 관한 손해와 기타 범죄로 인하여 현재 발생한 손해는 그 배상을 청구할 수 있음. 그러나 실화는 그러하지 않음"이라고 규정하였으므로 이제 갑자기 배상책임을 인정한다면 관습에 위반되는 것이라고 한다. 둘째로 일본 가옥은 그 구조와 기타 사정으로부터 보면 유럽 여러 나라에서 발생하는 화재와 그 규모가 크게 다르다. 그러므로 이와 같은 책임을 규정하더라도 실제로 시행하기 어려울 것이며 만일 이를 강행한다면 심각한 결과를 야기할 것이다. 곧 일본에서는 일시에 수천 가구가 불탄 경우가 누누이 있는데 이와 같은 경우에 손실을 입은 가옥 및 동산 전부의 가액을 배상하게 하면 어떠한 부호라도 이로 인하여 도산할

아니ᄒᆞᆷ을不得ᄒᆞᆯ悲境에陷ᄒᆞᆯ바ㅣ오又貧窮ᄒᆞᆫ人은縱令法律에其責任을規定ᄒᆞ야도實際에此를償還ᄒᆞᆯ資力이無ᄒᆞᆫ故로如此ᄒᆞᆫ規定은日本에셔ᄂᆞᆫ適當치아니ᄒᆞ다ᄒᆞᆷ에 在ᄒᆞᆫ바ㅣ라 然이나是ᄂᆞᆫ 穩當치아니ᄒᆞᆫ理由니 第一에慣習에就ᄒᆞ야ᄂᆞᆫ日本刑法附則의規定은刑法을制定ᄒᆞᆯ際에始設ᄒᆞᆫ規定이오此로써日本古來의慣習이라 云ᄒᆞᆷ을不得ᄒᆞᆯ지라 論者ᄂᆞᆫ刑法制定前으로브터 存在ᄒᆞᆫ慣習이라云ᄒᆞ나是ᄂᆞᆫ信ᄒᆞ기不能ᄒᆞᆫ바ㅣ니蓋日本舊時에在ᄒᆞ야ᄂᆞᆫ賠償의制度가無ᄒᆞ고惡事를行ᄒᆞᆫ 者ᄂᆞᆫ今日보더 一層嚴酷ᄒᆞᆫ刑罰의 制裁를受ᄒᆞᆫ지라 其刑罰의方法으로財産을沒收ᄒᆞᆫ事ㅣ多ᄒᆞ며其沒收ᄒᆞᆫ財産은境遇를依ᄒᆞ야被害者의게與ᄒᆞᆫ事ㅣ有ᄒᆞ야도 法律上으로브터 言ᄒᆞᆯ진대 一朝에加害者의 財産을沒收ᄒᆞ야國의所有나又ᄂᆞᆫ諸侯의所有로ᄒᆞ고更히此를被害者의게下賜ᄒᆞᆫ者ㅣ오法律上으로ᄂᆞᆫ贈與를行ᄒᆞᆫ者ㅣ라故로損害賠償의觀念은念頭에도存在치아니ᄒᆞ얏시며且其官沒財産의 下賜도恒常此를 行ᄒᆞᆷ이 아니오 或種境遇에 限ᄒᆞᆷ이니故로通常境遇에ᄂᆞᆫ單히 此를沒收ᄒᆞᆯ뿐이며特히暴政을行ᄒᆞᄂᆞᆫ者ᄂᆞᆫ實際過失이無ᄒᆞᆫ者에對ᄒᆞ야도尙且名을刑罰에假ᄒᆞ야財産을沒收ᄒᆞᆫ事ㅣ有ᄒᆞ얏시니要ᄒᆞ건대民

수밖에 없는 슬픈 지경에 빠질 것이다. 또 가난한 사람은 설령 법률에서 그 책임을 규정하더라도 실제로 이를 상환할 자력이 없으므로 이와 같은 규정은 일본에서는 적당하지 않다는 데 있는 것이다. 그러나 이는 타당하지 않은 이유이다. 첫째, 관습에 대하여는 일본 형법 부칙 규정은 형법을 제정할 때 비로소 마련한 규정이고, 이를 일본 고래의 관습이라고 말할 수 없을 것이다. 어떤 사람은 형법 제정 전부터 존재하던 관습이라고 하지만 이는 믿을 수 없다. 대개 일본에서는 옛날에 배상의 제도가 없었고 나쁜 일을 한 자는 오늘날보다 한층 혹독한 형벌의 제재를 받았다. 그 형벌의 방법으로 재산을 몰수하는 경우가 많았으며, 몰수된 재산은 경우에 따라 피해자에게 주기는 하였어도 법률상으로 말하면 하루아침에 가해자의 재산을 몰수하여 국가 소유나 제후 소유로 하고 다시 이를 피해자에게 하사한 것으로, 법률상으로는 증여를 한 것이다. 그러므로 손해배상 관념은 염두에 두지도 않았으며, 또 관몰재산(官沒財產)의 하사도 언제나 한 것이 아니고 어떤 경우에 한하였다. 그러므로 통상의 경우에는 단지 이를 몰수하였을 뿐이며 특히 폭정을 한 자는 실제 과실이 없는 자에 대하여도 오히려 형벌을 빌려 재산을 몰수하기도 하였다. 요컨대 민

法上의損害賠償이란者는從來로法律에認치아니ᄒᆞᆫ바ㅣ오漸次歐洲의法律思想이輸入됨을因ᄒᆞ야此를認ᄒᆞᆫ裁判例가生ᄒᆞᆷ에至ᄒᆞᆫ지라 然而此를歐洲及米國에比ᄒᆞ면實際上損害를受ᄒᆞᆫ者오容易히賠償請求의訴를起치못ᄒᆞ고裁判所에셔도容易히賠償을命ᄒᆞᆫ事ㅣ無ᄒᆞ며此를命ᄒᆞ는境遇에도其額이少ᄒᆞᆷ에失ᄒᆞ는境遇가 甚多ᄒᆞ니是는畢竟日本의慣習上損害賠償이란者ㅣ 存在치아니ᄒᆞᆫ故로普通으로此를請求ᄒᆞᆷ은甚히貪慾됨과如ᄒᆞᆫ觀念이有ᄒᆞᆫ지라因ᄒᆞ야裁判所에셔도貪慾者에게는賠償을與ᄒᆞᆷ을不要ᄒᆞ니縱令此를與ᄒᆞ야도多數境遇는賠償ᄒᆞᆷ을不要ᄒᆞᆷ으로思惟ᄒᆞ는바ㅣ라故로如此ᄒᆞᆫ慣習으로브터言ᄒᆞᆯ진대다만失火境遇에만 止치아니ᄒᆞ고 他境遇에在ᄒᆞ야도 動輒賠償을與ᄒᆞᆷ을不要ᄒᆞ는傾向이有ᄒᆞ얏시며第二의理由는論者의言ᄒᆞᆷ과如히時或富豪者ㅣ라도倒産ᄒᆞ는事ㅣ無ᄒᆞᆷ은아니로대此를被害者의方面으로觀察ᄒᆞᆯ진대他人의過失에因ᄒᆞ야其火災를被ᄒᆞᆫ者ㅣ오自己는注意를加ᄒᆞᆷ에不拘ᄒᆞ고隣家에麁忽ᄒᆞᆫ者ㅣ有ᄒᆞᆷ을因ᄒᆞ야家屋과財産을燒失ᄒᆞ얏시나其人은何等의制裁를不受ᄒᆞᆫ다ᄒᆞᆯ진대甚히權衡을失ᄒᆞᆯ바ㅣ오特히日本刑法에는第四百九條에「火를失ᄒᆞ야他人의

법상 손해배상이란 것은 종래 법률에서 인정되지 않았던 것이고 점차 유럽의 법률사상이 수입됨에 따라 이를 인정한 판례가 나오게 된 것이다. 그런데 이를 유럽 및 미국에 비하면 실제로 손해를 받은 자도 용이하게 배상청구의 소를 제기하지 못하고 재판소에서도 용이하게 배상을 명한 사례가 없으며, 배상을 명하는 경우에도 그 액수가 적은 경우가 매우 많다. 이는 결국 일본의 관습상 손해배상이란 것이 존재하지 않으므로 일반적으로 이를 청구하는 것이 매우 탐욕적이라는 것과 같은 관념이 있었기 때문이다. 따라서 재판소에서도 탐욕적인 자에게는 배상을 줄 필요가 없으며, 설령 이를 주더라도 많은 경우는 배상이 필요 없다고 생각한 것이다. 그러므로 이와 같은 관습으로부터 말하면 다만 실화의 경우에만 그치지 않고 다른 경우에도 걸핏하면 배상을 줄 필요가 없다고 하는 경향이 있었다. 둘째 이유는 다음과 같다. 사람들의 논의와 같이 때로는 부호라도 도산할 수 있기는 하다. 그렇지만 피해자 측면에서 관찰하면 타인의 과실로 인하여 화재를 입은 것이고 자기는 주의를 다한 것이다. 그럼에도 불구하고 이웃집에 주의가 허술한 사람이 있음으로 인하여 가옥과 재산이 소실되었으나 그 사람은 어떠한 제재도 받지 않는다고 하면 매우 균형을 잃은 것이다. 특히 일본 형법은 제409조에서 "과실로 불을 놓아 타인의

家屋財産을燒燬ᄒᆞᆫ者ᄂᆞᆫ二圓以上二十圓以下의罰金에處홈」이라規定ᄒᆞ얏시나是ᄂᆞᆫ實로輕微ᄒᆞᆫ制裁ㅣ오又此ᄅᆞᆯ因ᄒᆞ야人을殺ᄒᆞ거나人을傷ᄒᆞ야도元來過失殺傷됨으로써罰金刑에不過ᄒᆞᆫ지라(日本刑法第二百十七條乃至第三百十九條)然而大火境遇에ᄂᆞᆫ死傷者數十名에生ᄒᆞᄂᆞᆫ事ㅣ甚多호대人을燒死케ᄒᆞ야도罰金二百圓에不越ᄒᆞ고負傷케ᄒᆞᆫ境遇ᄂᆞᆫ重ᄒᆞ면百圓輕ᄒᆞ면五十圓에不過ᄒᆞᆫ바ㅣ오況家屋、財産을燒燬ᄒᆞᆫ境遇ᄂᆞᆫ二十圓에超過ᄒᆞᄂᆞᆫ罰金을科ᄒᆞᄂᆞᆫ事ㅣ無ᄒᆞᆫ지라抑富豪者가損害賠償을因ᄒᆞ야倒産홈에至ᄒᆞᄂᆞᆫ事ㅣ有ᄒᆞ야도是ᄂᆞᆫ自取ᄒᆞᆫ者ㅣ오他人의與知ᄒᆞᆯ바ㅣ아니라然而自己의過失에因ᄒᆞ야他人의財産을燒燬ᄒᆞ고甚ᄒᆞ면人을殺傷홈에不拘ᄒᆞ고數千万의財産을有ᄒᆞᆫ者로袖手傍觀ᄒᆞ야도可ᄒᆞ다云홈은實로不公平에極ᄒᆞᆫ者ㅣ라謂치아니홈이不可ᄒᆞᆯ지니過失의結果로財産을失홈은是不得已ᄒᆞᆫ바ㅣ오此ᄅᆞᆯ因ᄒᆞ야害ᄅᆞᆯ被ᄒᆞᆫ者ᄂᆞᆫ賠償을受홈이當然ᄒᆞ며貧者에就ᄒᆞ야ᄂᆞᆫ此ᄅᆞᆯ賠償홈을不得홈은是亦勿論이니縱令裁判所에起訴ᄒᆞ야도結局費用을失홈에不過ᄒᆞᆫ故로訴ᄅᆞᆯ起ᄒᆞᆯ者ㅣ無ᄒᆞᆯ지라然而만일如此ᄒᆞᆫ境遇ᄅᆞᆯ憂慮ᄒᆞᆯ진대他不法行爲境遇에도亦然ᄒᆞᆯ지라假令强竊盜

가옥, 재산을 소훼(燒燬)한 자는 2엔(圓) 이상 20엔 이하의 벌금에 처함"이라고 규정하였으나 이는 실로 경미한 제재이다. 또 이로 인하여 사람을 사망하게 하거나 상해를 입게 하여도 원래 과실치사상이므로 벌금형에 불과한 것이다(일본 형법 제317조 내지 제319조). 그러나 큰 화재의 경우에는 사상자가 수십 명에 이르는 경우가 매우 많은데, 사람을 타 죽게 하여도 벌금 200엔을 넘지 않고, 부상을 입힌 경우에는 무거우면 100엔, 가벼우면 50엔에 불과한 것이다. 더구나 가옥, 재산을 불태운 경우에는 20엔을 초과하는 벌금을 부과할 수 없는 것이다. 그리고 부호가 손해배상으로 인하여 도산하게 되는 수가 있어도 이는 자초한 것이고 타인이 관여할 바 아니다. 그러나 자기의 과실로 인하여 타인의 재산을 불태우고 심지어 사람을 살상하였는데도 불구하고 수천만의 재산을 가진 자가 수수방관해도 된다고 말하면 실로 극히 불공평하다고 하지 않을 수 없다. 과실의 결과로 재산을 잃는 것은 부득이한 바이고 이로 인하여 손해를 입은 자는 배상을 받는 것이 당연하다. 또 가난한 자에 대하여는 배상을 받을 수 없는 것 또한 물론인데, 설령 재판소에 소를 제기하더라도 결국 비용을 잃는 데 불과하므로 소를 제기할 자가 없을 것이다. 그러나 만일 이러한 경우를 우려한다면 다른 불법행위의 경우 또한 그러할 것이다. 가령 강도나 절도와如ᄒᆞᆷ은非常ᄒᆞᆫ損害ᄅᆞᆯ加ᄒᆞ야도單히處刑을受ᄒᆞᆯᄲᅮᆫ이오此等人에對ᄒᆞ야損害賠償의訴ᄅᆞᆯ起ᄒᆞᆷ은幾稀ᄒᆞᄂᆞ니是即費用을失ᄒᆞᆷ에不過ᄒᆞᆫ所以라然즉貧窮者가失火ᄒᆞ야賠償의義務ᄅᆞᆯ履行ᄒᆞ기不能ᄒᆞ야도是ᄂᆞᆫ强窃盜와同一히資力이無ᄒᆞᆫ故로賠償ᄒᆞᆷ을不得ᄒᆞᆯᄲᅮᆫ이라然而現今과如히責任이輕ᄒᆞᆫ時ᄂᆞᆫ自然히注意ᄅᆞᆯ疎漏히ᄒᆞᆷ이常態오尙且實際上으로브터ᄒᆞᆯ진ᄃᆡ此問題ᄂᆞᆫ該法案提出者가想像ᄒᆞᆷ과如히頻繁히生ᄒᆞᄂᆞᆫ者ㅣ아니니何故오過失의證明은極히困難ᄒᆞ야容易히此ᄅᆞᆯ擧證ᄒᆞᆷ을不得ᄒᆞᆯ지라假令現今失火에就ᄒᆞ야刑에處ᄒᆞᆫ者ㅣ有ᄒᆞᆯ진ᄃᆡ畢竟其責任이輕ᄒᆞ야最低度에在ᄒᆞ야ᄂᆞᆫ僅히一圓罰金에不過ᄒᆞᆫ故로其失火의事實을隱蔽ᄒᆞ고其罪ᄅᆞᆯ免코ᄌᆞᄒᆞᄂᆞᆫ者ㅣ無多ᄒᆞᆯ바ㅣ오又裁判所에셔僅히二圓乃至二十圓의罰金에不過ᄒᆞᆫ故로多少過失의ᄂᆞᆫ跡을認ᄒᆞᄂᆞᆫ時ᄂᆞᆫ此ᄅᆞᆯ罰ᄒᆞᆷ에躊躇ᄎᆡ아니ᄒᆞᆯ바ㅣ라然이나若損害賠償의問題가되야特히論者의言과如히數十萬或數百萬의巨額에至ᄒᆞᄂᆞᆫ境遇에在ᄒᆞ야ᄂᆞᆫ何人이든지自己의게過失이有ᄒᆞᆷ을自白ᄒᆞᆯ者ㅣ無ᄒᆞᆯ지니만일本人의自白이無ᄒᆞᆫ時ᄂᆞᆫ殆히證據될者ㅣ無ᄒᆞᆫ故로法律에失火者의責任을認ᄒᆞ야도實際訴訟이되야損害ᄅᆞᆯ賠償ᄒᆞᆯ境遇가極少

와 같은 것은 대단히 큰 손해를 가하더라도 다만 형벌만 받을 뿐이고 이들 사람에 대하여 손해배상의 소를 제기하는 경우는 아주 드물다. 이는 곧 비용을 잃는 데 불과하기 때문이다. 그렇다면 가난한 자가 실화를 하여 배상의무를 이행할 수 없더라도 이는 강도나 절도와 마찬가지로 자력이 없으므로 배상할 수 없을 뿐이다. 그런데 지금과 같이 책임이 가벼운 때에는 자연스레 주의를 소홀히 하는 것이 일반적이고, 또 실제로 보면 이 문제는 그 법안의 제출자가 상상한 것처럼 빈번히 발생하는 것이 아니다. 왜냐하면 과실의 증명은 극히 어려워 용이하게 증명할 수 없을 것이다. 가령 이제 실화에 대하여 형벌을 부과할 자가 있다면, 결국 그 책임이 가벼워 최저한도로는 겨우 2엔의 벌금에 불과하므로 실화 사실을 은폐하고 그 죄를 면하고자 하는 자는 많지 않을 것이고, 또 겨우 2엔 내지 20엔의 벌금에 불과하므로 재판소에서 다소 과실의 자취를 인정하는 때에는 이를 벌하는 데 주저하지 않을 것이다. 그러나 만약 손해배상이 문제가 되어 특히 사람들의 말처럼 수십만 또는 수백만의 거액에 이르는 경우에는 누구든지 자기에게 과실이 있다고 자백할 자가 없을 것이다. 만일 본인의 자백이 없다면 거의 증거가 될 것이 없으므로 법률에서 실화자의 책임을 인정하여도 실제 소송이 되어 손해를 배상할 경우가 극히 적

ᄒᆞᆯ바ㅣ라人이或云雇人等의過失에因ᄒᆞ야主人이多額의賠償을行치아니홈이不可ᄒᆞᆫ境遇가有홈으로頗히迷惑을感ᄒᆞ리라云ᄒᆞ나然이나是ᄂᆞᆫ假令粗忽ᄒᆞᆫ雇人됨을知ᄒᆞ고 此ᄅᆞᆯ使用ᄒᆞ거나又ᄂᆞᆫ其監督을 怠慢히홈과如ᄒᆞᆫ 等自己의過失이有치아니ᄒᆞ면오쟉雇人의게過失이有ᄒᆞ다云홈만因ᄒᆞ야本人이責任을負ᄒᆞᄂᆞᆫ事ㅣ無ᄒᆞᆫ故로雇人을雇入홈에當ᄒᆞ야相當ᄒᆞᆫ注意ᄅᆞᆯ行ᄒᆞ거나又ᄂᆞᆫ此ᄅᆞᆯ使用홈에相當ᄒᆞᆫ 監督을行홈에 不拘ᄒᆞ고雇人의 過失에因ᄒᆞ야 失火홈과如ᄒᆞᆫ境遇에在ᄒᆞ야ᄂᆞᆫ主人은其責을任치아니ᄒᆞᆯ지니此ᄅᆞᆯ要ᄒᆞ건ᄃᆡ右와如ᄒᆞᆫ特別法을設ᄒᆞᆯ必要가決無홈으로信ᄒᆞᄂᆞᆫ바ㅣ라然이나日本에在ᄒᆞ야ᄂᆞᆫ上述홈과如히旣히法律로써 例外ᄅᆞᆯ設ᄒᆞᆫ故로 過失에因ᄒᆞ야 他人의家屋을燒燬 ᄒᆞ거나人을殺ᄒᆞ야도民法上責任이無홈이라

尙且此規定이他境遇와權衡을不得ᄒᆞᆫ點이有ᄒᆞ니即不法行爲에就ᄒᆞ야만此ᄅᆞᆯ規定홈이是라詳論ᄒᆞᆯ진ᄃᆡ契約上의責任은元來此中에包含치아니ᄒᆞᆫ故로借家人이自己의借居ᄒᆞᆫ家屋을過失에因ᄒᆞ야燒失ᄒᆞᆫ時ᄂᆞᆫ반다시其責에任치아니홈이不可ᄒᆞᆯ지니即借用ᄒᆞᆫ家屋을燒失ᄒᆞᆫ境遇ᄂᆞᆫ責任이有ᄒᆞ고借用치아니ᄒᆞᆫ家屋

을 것이다. 사람들은 더러, 고용자 등의 과실로 인하여 고용주가 다액의 배상을 하여야 하는 경우가 있으므로 자못 의문을 느낀다고 말한다. 그러나 이는 가령 주의 깊지 못한 고용자임을 알고 이를 사용하거나 그 감독을 게을리함과 같은 것 등 자기의 과실이 없다면, 오직 고용인에게 과실이 있다는 것만으로 인하여 본인이 책임을 지는 일은 없다. 그러므로 고용인을 고용하면서 상당한 주의를 하거나, 또는 고용인을 부리는 데 상당한 감독을 하였음에도 불구하고 고용인의 과실로 인하여 실화를 한 것과 같은 경우에는 고용주는 책임을 지지 않을 것이다. 이를 요약하면 위와 같은 특별법을 결코 마련할 필요가 없다고 생각하는 바이다. 그러나 일본에서는 위에 서술한 것처럼 이미 법률로 예외를 마련하였으므로 과실로 인하여 타인의 가옥을 불태우거나 사람을 사망하게 하여도 민법상 책임이 없다.

또 이 규정이 다른 경우와 균형을 이루지 못하는 점이 더 있다. 바로 불법행위에 대하여만 이를 규정하였다는 것이다. 자세히 논하면, 계약상 책임은 원래 이 안에 포함되지 않으므로, 주택임차인이 자기가 빌려 거주하는 가옥을 과실로 인하여 소실시킨 때에는 반드시 그 책임을 져야만 한다. 곧 임차하던 가옥을 소실시킨 경우에는 책임이 있고 임차하지 않은 가옥을燒失ᄒᆞᆫ境遇는責任이無ᄒᆞ다云ᄒᆞᆷ은頗히奇怪ᄒᆞᆫ者ㅣ라謂치아니ᄒᆞᆷ이不可ᄒᆞᆫ지라是는다만借用ᄒᆞᆫ境遇에만止치아니ᄒᆞ고他人의家屋을保管ᄒᆞᆫ者가過失에因ᄒᆞ야此를燒燬ᄒᆞᆫ時도亦同一히責任이有ᄒᆞᆯ지로대保管치아니ᄒᆞᆫ家屋은燒燬ᄒᆞ야도責任이無ᄒᆞ다ᄒᆞᆷ은實로權衡을得지못ᄒᆞᆫ者ㅣ라云ᄒᆞᆯ지로다

以上은不法行爲境遇에就ᄒᆞ야其大要를說明ᄒᆞᆫ지라自此로各境遇에就ᄒᆞ야法律上規定의如何ᄒᆞᆷ을簡單히說明코ᄌᆞᄒᆞ노라

爲先財産權을害ᄒᆞᆫ境遇에就ᄒᆞ야說明ᄒᆞᆯ진ᄃᆡ以上失火者의境遇를除ᄒᆞᆫ外에는別로困難ᄒᆞᆫ問題가無ᄒᆞᄂᆞ니即理論上으로브터言ᄒᆞᆯ진ᄃᆡ損失ᄒᆞᆫ財産을賠償ᄒᆞ면足ᄒᆞᆫ바ㅣ라然而其賠償方法에就ᄒᆞ야는後章에說明ᄒᆞᆯ바로ᄃᆡ要ᄒᆞ건ᄃᆡ困難ᄒᆞᆫ問題는甚少ᄒᆞ고오즉身體（生命을失ᄒᆞᆫ境遇와傷害ᄒᆞᆫ境遇를含ᄒᆞᆷ）自由及名譽等을害ᄒᆞᆫ境遇에在ᄒᆞ야는權利侵害의結果가반다시財産上의影響을及ᄒᆞᆷ은아니니盖人을殺ᄒᆞᆫ境遇에在ᄒᆞ야는葬式의費用을要ᄒᆞ고又人을傷害ᄒᆞᆫ境遇에는治療費를要ᄒᆞ며又或은名譽를毁損ᄒᆞᆫ結果가商人과如ᄒᆞᆫ者는信用을失ᄒᆞ야營業이衰微ᄒᆞᆷ에至ᄒᆞᆯ지니此等은皆財産上의損害에不外ᄒᆞᆫ지라然이나

을 소실시킨 경우에는 책임이 없다고 하는 것은 자못 이상하다고 하지 않을 수 없다. 이는 다만 임차한 경우에만 그치지 않는다. 타인의 가옥을 보관한 자가 과실로 인하여 이를 불태운 때 또한 마찬가지로 책임이 있는데, 보관하지 않은 가옥은 불태워도 책임이 없다는 것은 실로 균형을 이루지 못하였다고 할 수 있다.

이상은 불법행위의 경우에 대한 대강의 설명이다. 이제부터 각 경우에 대하여 법률상 규정이 어떠한지를 간단히 설명하고자 한다.

먼저 재산권을 침해한 경우에 대하여 설명하면, 이상의 실화자를 제외하면 별로 어려운 문제가 없다. 즉 이론상으로 말하면 손실된 재산을 배상하면 족한 것이다. 그런데 그 배상 방법에 대하여는 뒷장에서 설명하겠지만 요컨대 어려운 문제는 매우 적다. 다만 신체(생명을 잃은 경우와 상해를 입은 경우를 포함함), 자유 및 명예 등을 침해한 경우에는 권리 침해의 결과가 반드시 재산상에 영향을 미치는 것은 아니다. 대개 사람을 살해한 경우에는 장례 비용이 필요하고, 사람에게 상해를 입힌 경우에는 치료비가 필요하며, 또는 명예를 훼손한 결과가 상인과 같은 자는 신용을 잃어 영업이 쇠퇴하게 될 것인데 이들은 모두 재산상 손해일 뿐이다. 그러나

此를概言ᄒᆞᆯ진대財產上의損害보다寧히無形의損害가多ᄒᆞᆫ故로日本新民法은特히第七百十條及第七百十一條에此를規定ᄒᆞ얏시니同第七百十條에「他人의身體、自由又ᄂᆞᆫ名譽를害ᄒᆞᆫ境遇와財產을害ᄒᆞᆫ境遇됨을不問ᄒᆞ고前條의規定에依ᄒᆞ야 損害賠償의責에任ᄒᆞᄂᆞᆫ者ᄂᆞᆫ財產以外의損害에對ᄒᆞ야도其賠償을行ᄒᆞᆷ을要ᄒᆞᆷ」이라規定ᄒᆞᆫ지라此規定은理論上財產權을害ᄒᆞᆫ境遇에도其適用이有ᄒᆞᆯ지니假令或人이 余의所有書籍을奪ᄒᆞ얏다 ᄒᆞᆯ진대是ᄂᆞᆫ不法行爲라然而此를因ᄒᆞ야余ᄂᆞᆫ其書籍을使用ᄒᆞᆷ을不得ᄒᆞᆫ故로他處로브터同一ᄒᆞᆫ書籍을買入ᄒᆞᆫ境遇와 如ᄒᆞᆷ은其代價ᄂᆞᆫ 余의受ᄒᆞᆫ바損失이로대 其間에其書籍을讀ᄒᆞ기不能ᄒᆞᆷ을因ᄒᆞ야試驗에落第ᄒᆞ얏다ᄒᆞᆯ진대財產上의損害外에多大ᄒᆞᆫ無形의損害를受ᄒᆞᆯ지니加害者ᄂᆞᆫ其無形의損害라도同一히金錢으로計算ᄒᆞ야此를賠償치아니ᄒᆞᆷ이不可ᄒᆞ며오즉身體를傷ᄒᆞ야疾病에罹케ᄒᆞᆫ境遇에ᄂᆞᆫ治療費ᄂᆞᆫ比較的僅少호대此를因ᄒᆞ야自己의業務를廢ᄒᆞᄂᆞᆫ事ㅣ有ᄒᆞ니即職工과如ᄒᆞᆷ은此를因ᄒᆞ야財產上의影響을被ᄒᆞᄂᆞᆫ事ㅣ多大ᄒᆞᆯ지라.然이나縱令財產上의影響을受치아니ᄒᆞ야도 苦痛及其他不愉快의感이有ᄒᆞ며 時或名譽와面目을損ᄒᆞᄂᆞᆫ

이를 간추려 말하면 재산상 손해보다 오히려 무형의 손해가 많으므로 일본 신 민법은 특별히 제710조 및 제711조에 이를 규정하였다. 일본 민법 제710조는 "타인의 신체, 자유 또는 명예를 침해한 경우와 재산을 침해한 경우를 불문하고 전조(前條)에 따라 손해배상의 책임이 있는 자는 재산 이외의 손해에 대하여도 배상하여야 함"이라고 규정한 것이다. 이 규정은 이론상 재산권을 침해한 경우에도 적용된다. 가령 어떤 사람이 내가 소유한 책을 빼앗았다면 이는 불법행위이다. 그러나 이로 인하여 나는 그 책을 사용할 수 없으므로 다른 곳에서 같은 책을 산 경우 같으면 그 대가는 내가 받은 손실이지만, 그동안에 그 책을 읽지 못함으로 인하여 시험에서 낙방하였다면 재산상 손해 외에 아주 큰 무형의 손해를 받을 것이다. 따라서 가해자는 그 무형의 손해라도 마찬가지로 금전으로 계산하여 배상하여야 한다. 다만 신체에 상해를 입혀 질병에 걸리게 한 경우에는 치료비는 비교적 적지만 이로 인하여 자기 업무를 하지 못할 수 있는데, 곧 근로자와 같은 경우는 이로 인하여 재산상 영향을 아주 크게 입을 것이다. 그러나 설령 재산상의 영향을 받지 않더라도 고통 및 다른 유쾌하지 않은 감정이 있을 것이며 때로는 명예와 체면에 손상을 입을

事ㅣ有ᄒᆞ니此等은總히金錢으로計算ᄒᆞ야賠償치아니홈이不可ᄒᆞ며又自由를奪ᄒᆞᆫ境遇即人을不法히監禁ᄒᆞᆫ境遇에在ᄒᆞ야ᄂᆞᆫ被害者ᄂᆞᆫ此를因ᄒᆞ야苦痛을受ᄒᆞ고或은 此를因ᄒᆞ야身體가衰弱홈에, 至ᄒᆞᆯ지니因ᄒᆞ야自由와身體의雙方을害ᄒᆞᆫ結果가될지라即無形의의損害가多ᄒᆞᆯ바ㅣ오名譽와如홈은各人이最히尊重ᄒᆞᄂᆞᆫ者ㅣ라故로此를傷케ᄒᆞᆫ時ᄂᆞᆫ非常ᄒᆞᆫ不愉快를感ᄒᆞᆯ바오又社交上의障碍가됨으로써 無形의損害를受ᄒᆞᄂᆞᆫ事ㅣ不尠ᄒᆞᆯ지라 即財産上에在ᄒᆞ야ᄂᆞᆫ直接으로損害가生치아니ᄒᆞ되無形上非常ᄒᆞᆫ損害를受ᄒᆞᆫ者ㅣ니此亦賠償치아니홈이不可ᄒᆞᆫ바ㅣ라然而賠償方法에就ᄒᆞ야ᄂᆞᆫ後章에說明ᄒᆞᆯ바와如히반다시金錢으로써行홈에 限치아니ᄒᆞᄂᆞᆫ바로대 實際의便宜上金錢으로써 賠償케ᄒᆞᄂᆞ니是ᄂᆞᆫ實로不得已ᄒᆞᆫ所以라 野蠻國의法律에ᄂᆞᆫ甲이乙을傷홈을因ᄒᆞ야乙은甲을殺ᄒᆞᆯ權利가有ᄒᆞ다云ᄒᆞ나是ᄂᆞᆫ一毫도與論ᄒᆞᆯ價値가無ᄒᆞᆫ바ㅣ니因ᄒᆞ야私法上의制裁로ᄂᆞᆫ金錢을支撥ᄒᆞᄂᆞᆫ外에適當方法이無ᄒᆞ고且此ᄂᆞᆫ實際에在ᄒᆞ야亦眞正ᄒᆞᆫ賠償될지니何故오不愉快의感이有ᄒᆞᆫ境遇에ᄂᆞᆫ人人의所欲을從ᄒᆞ야快樂을求ᄒᆞ고其不快홈을消滅케홈이適當ᄒᆞᆯ지니此를行홈에ᄂᆞᆫ金錢을要ᄒᆞᆯ지

수 있는데 이들은 모두 금전으로 계산하여 배상하여야 한다. 또 자유를 빼앗긴 경우, 곧 사람을 불법하게 감금한 경우에는 피해자는 이로 인하여 고통을 받거나 이로 인하여 신체가 쇠약해질 것이다. 따라서 자유와 신체 둘을 침해한 결과가 될 것이다. 곧 무형의 손해가 많을 것이다. 명예와 같은 것은 각자가 가장 존중하는 것이므로 이를 손상시킨 때에는 대단히 유쾌하지 못하게 느낄 것이고 또 사교적으로 장애가 되어 무형의 손해를 적지 않게 받을 것이다. 곧 재산상으로는 직접 손해가 발생하지 않지만 무형적으로 대단히 큰 손해를 받는 것이어서 이 또한 배상하여야 하는 것이다. 그러나 배상 방법에 대하여는 뒷장에서 설명하는 것처럼 반드시 금전으로 하는 데 한정되지 않지만 실제의 편의상 금전으로 배상하게 한다. 이는 실로 부득이하기 때문이다. 야만국 법률에서는 甲이 乙을 상해함에 따라 乙은 甲을 살해할 권리가 있다고 하지만 이는 추호도 논할 가치가 없는 것이다. 따라서 사법(私法)상의 제재로는 금전을 지급하는 것 말고는 적당한 방법이 없고, 또 이는 실제로도 진정한 배상이 될 것이다. 왜냐하면 불유쾌한 감정이 있는 경우에는 사람들의 욕구에 따라 즐거움을 찾고 그 불쾌함을 사라지게 하는 것이 적당할 것인데, 이렇게 하려면 금전이 필요할 것이

라故로其費用을加害者로브터出케ᄒᆞᆷ은賠償의方法으로敢히不可ᄒᆞ다云ᄒᆞ기不能ᄒᆞᆯ바ㅣ라

生命을害ᄒᆞᆫ境遇에在ᄒᆞ야ᄂᆞᆫ日本新民法第七百十一條에「他人의生命을害ᄒᆞᆫ者ᄂᆞᆫ父母配偶者及子에對ᄒᆞ야ᄂᆞᆫ其財産權을害치아니ᄒᆞᆫ境遇에在ᄒᆞ야도損害의賠償을行ᄒᆞᆷ을要ᄒᆞᆷ」이라規定ᄒᆞᆫ지라元來生命權에就ᄒᆞ야ᄂᆞᆫ其存在與否에對ᄒᆞ야學者間에論議가有ᄒᆞ나然이나身體權이有ᄒᆞᆫ以上은生命權이有ᄒᆞᆷ도亦容疑ᄒᆞᆯ바ㅣ無ᄒᆞᆯ지니假令自己의手定을自由로動作ᄒᆞ고自己의身體를毁損치아니ᄒᆞ며衣服을着ᄒᆞ고飮食을進ᄒᆞᆷ은人의常態라故로身體權이無ᄒᆞ다云ᄒᆞᆷ을不得ᄒᆞᆯ지라然즉生命權과如ᄒᆞᆷ도輓近의生理學으로브터言ᄒᆞᆯ진대生命은身體의一部라故로生命을保存ᄒᆞᄂᆞᆫ權利가有ᄒᆞᆷ은勿論이니因ᄒᆞ야此를害ᄒᆞᆫ者ᄂᆞᆫ當然히損害賠償의義務를負치아니ᄒᆞᆷ이不可ᄒᆞᆫ바ㅣ라然즉其賠償은何人의게對ᄒᆞ야此를行ᄒᆞᆷ이可ᄒᆞᆯ가此點에就ᄒᆞ야ᄂᆞᆫ後章에詳說ᄒᆞᆯ바ㅣ로대此를簡單히說明ᄒᆞᆯ진대 此境遇에在ᄒᆞ야ᄂᆞᆫ 被害者된本人은旣히死亡ᄒᆞᆫ故로 스ᄉᆞ로其請求를行ᄒᆞᆷ을不得ᄒᆞᆯ지니因ᄒᆞ야他者가損害賠償을請求ᄒᆞᆯ權利를有치아니ᄒᆞᆷ이

다. 그러므로 그 비용을 가해자로부터 내게 함은 배상 방법으로 감히 안 된다고 말할 수 없을 것이다.

생명을 침해한 경우에는 일본 신 민법 제711조에서 "타인의 생명을 침해한 자는 부모, 배우자 및 자녀에 대하여는 그의 재산권을 침해하지 않은 경우에도 손해의 배상을 하여야 함"이라고 규정하였다. 원래 생명권은 그 존재 여부에 대하여 학자 간에 논의가 있다. 그러나 신체권이 있는 이상 생명권이 있음도 또한 의심할 바가 없다. 가령 자기가 손발을 자유로이 움직이고 신체를 훼손당하지 않으며 의복을 입고 먹고 마시는 데 힘쓰는 것은 사람의 일상적인 모습이다. 그러므로 신체권이 없다고 할 수 없다. 그렇다면 생명권과 같은 것도 근래의 생리학으로부터 말하면, 생명은 신체의 일부이므로 생명을 보존할 권리가 있음은 물론이다. 따라서 이를 침해한 자는 당연히 손해배상의 의무를 져야 하는 것이다. 그렇다면 그 배상은 누구에 대하여 하여야 하는가? 이 점에 대하여는 뒷장에서 상세히 설명하겠지만 이를 간단히 설명하면, 이 경우에는 피해자인 본인은 이미 사망하였으므로 스스로 청구할 수 없을 것이다. 따라서 다른 사람이 손해배상을 청구할 권리를 가질 수밖에

不可ᄒᆞᆯ지라即境遇를依ᄒᆞ야相續人이此를行ᄒᆞᆷ을可得ᄒᆞᆯ바ㅣ로대是亦恒常相續人의게만請求權이有ᄒᆞ다云ᄒᆞᆷ을不得ᄒᆞᆯ지니假令被害者의父母、配偶者及子ᄂᆞᆫ其子、配偶者及父母에對ᄒᆞ야天然의愛情이有ᄒᆞᆫ者ㅣ라然而其愛情의目的된人이被害ᄒᆞ얏시니此境遇에ᄂᆞᆫ此等者가財產上의損害를受ᄒᆞ얏실지라何故오死者가此에對ᄒᆞ야扶養의義務를負ᄒᆞᆷ과如ᄒᆞᆫ境遇가有ᄒᆞᆫ所以라其以外에尙且愛情을害ᄒᆞᆷ을因ᄒᆞ야悲哀에沈ᄒᆞᆫ結果가生ᄒᆞᆯ지니此ᄂᆞᆫ無形ᄒᆞᆫ損害라故로是亦加害者로브터此를賠償케ᄒᆞᄂᆞᆫ權利가有ᄒᆞᆯ지니日本에셔ᄂᆞᆫ此를慰藉金이라云ᄒᆞ야加害者로브터悲哀를慰ᄒᆞ기爲ᄒᆞ야或金額을支撥케ᄒᆞᄂᆞ니是其金額으로써保養ᄒᆞ고且悲哀를慰케ᄒᆞᆷ을認ᄒᆞᆫ所以라

第二章 不法行爲의責任者

不法行爲의責任者ᄂᆞᆫ加害者即不法行爲者됨이勿論이니因ᄒᆞ야別로問題될者ㅣ無ᄒᆞᆷ과如ᄒᆞ나決코不然ᄒᆞᄂᆞ니此를略述ᄒᆞᆯ진대第一에不法行爲者ᄂᆞᆫ意思가無ᄒᆞᆷ이不可ᄒᆞᄂᆞ니만일其意思가無ᄒᆞᆯ진대責任이生치아니ᄒᆞᄂᆞᆫ바ㅣ라然而아직辨別心이無ᄒᆞᆫ兒童은不法行爲에就ᄒᆞ야意思가無ᄒᆞᆫ者와同視ᄒᆞ야縱令人의

없다. 즉, 경우에 따라 상속인이 이를 할 수 있겠지만 이 또한 언제나 상속인에게만 청구권이 있다고 말할 수 없을 것이다. 가령 피해자의 부모, 배우자 및 자녀는 그 자녀, 배우자 및 부모에 대하여 자연스러운 애정이 있는 것이다. 그러나 그 애정의 목적인 사람이 피해를 보았으므로 이 경우에는 이들 사람이 재산상의 손해를 보았을 것이다. 왜냐하면 사망자가 이들에 대하여 부양의무를 지는 것과 같은 경우가 있기 때문이다. 그 이외에 또한 애정을 침해당함에 따라 슬픔에 빠진 결과를 낳을 것인데 이는 무형의 손해이다. 그러므로 이 또한 가해자로부터 배상받게 할 권리가 있을 것이다. 일본에서는 이를 위자료* 라고 하여 가해자로부터 슬픔을 위로하기 위하여 얼마큼 금액을 지급하게 한다. 이는 그 금액으로 몸을 돌보고 슬픔을 위로받게 한다고 인정되기 때문이다.

제2장 불법행위의 책임자

불법행위의 책임자는 가해자, 곧 불법행위자임은 물론이다. 따라서 별로 문제될 것이 없을 것 같지만 결코 그렇지 않다. 이를 간략히 서술하면, 첫째 불법행위자는 의사가 없을 수 없는데, 만일 그 의사가 없다면 책임이 발생하지 않는 것이다. 그런데 아직 변별력이 없는 어린이는 불법행위에 대하여 의사가 없는 것과 동일시되어, 설령 다른 사람

* 역자 주: 원문은 '慰藉金'으로 되어 있으나 오늘날 일본에서는 위사료(慰

의財産을毁壞ᄒᆞ거나人을傷害ᄒᆞ야도責任이生치아니ᄒᆞ며第二에精神이錯亂ᄒᆞᆫ者ᄂᆞᆫ動輒人을殺害ᄒᆞ거나財産을破壞ᄒᆞᄂᆞᆫ事ㅣ有ᄒᆞ야도其責任이亦無ᄒᆞᄂᆞ니假令人이癲狂症이有ᄒᆞ야 自己의借居ᄒᆞᄂᆞᆫ家屋을燒燬ᄒᆞ야其主人의게損害ᄅᆞᆯ加ᄒᆞ얏다ᄒᆞᆯ진대此等은民法上으로브터言ᄒᆞ면責任이無ᄒᆞᆫ者ㅣ니如斯ᄒᆞᆫ遇遇에情義上金錢을與ᄒᆞᆷ은格別ᄒᆞᆫ바ㅣ오法律上責任은生치아니ᄒᆞᆯ지라만일金錢을與ᄒᆞ얏다ᄒᆞᆯ진대 法律上에ᄂᆞᆫ贈與에不外ᄒᆞ며 且睡眠中에人을殺傷ᄒᆞ거나財産을破毁ᄒᆞᆫ境遇와醫師가醫術을施ᄒᆞᆷ에就ᄒᆞ야魔醉劑ᄅᆞᆯ施ᄒᆞ얏더니其結果로一時精神이錯亂ᄒᆞ야其間에人을毆打ᄒᆞ고物을破壞ᄒᆞᆫ等은總히責任이無ᄒᆞᄂᆞ니何故오不法石爲도亦一種의行爲니行爲에ᄂᆞᆫ意思가有ᄒᆞᆷ을必要ᄒᆞᄂᆞᆫ바ㅣ라即行爲ᄂᆞᆫ意思의發作이니故로意思가無ᄒᆞᆫ者ᄂᆞᆫ行爲가無ᄒᆞ고因ᄒᆞ야責任이亦無ᄒᆞᆫ所以라日本新民法은第七百十二條及第七百十三條에此ᄅᆞᆯ規定ᄒᆞ얏시니即其第七百十二條에「未成年者가他人의게損害ᄅᆞᆯ加ᄒᆞᆫ境遇에其行爲의責任을辨識ᄒᆞᆷ에足ᄒᆞᆫ智能을具有치못ᄒᆞᆫ時ᄂᆞᆫ其行爲에就ᄒᆞ야賠償의責에任치아니ᄒᆞᆷ」이라規定ᄒᆞᆫ지라未成年者ᄂᆞᆫ法律行爲에就ᄒᆞ야無能力者即限定無

의 재산을 훼손하거나 다른 사람에게 상해를 입혀도 책임이 발생하지 않는다. 둘째, 정신착란 증세가 있는 사람은 자칫 사람을 살해하거나 재산을 파손하는 일이 있어도 또한 그 책임이 없다. 가령 어떤 사람이 조현병이 있어 자기가 임차해 사는 가옥을 불태워 그 주인에게 손해를 가하였다고 하면 이들은 민법상으로 말하면 책임이 없는 것이다. 이러한 경우에 도의상 금전을 주는 것은 특별한 것이고 법률상 책임은 발생하지 않는다. 만일 금전을 주었다고 하면 법률상으로는 증여일 뿐이다. 또 수면 중에 사람을 살상하거나 재산을 파손한 경우와, 의사가 의료행위를 하면서 마취제를 놓았는데 그 결과 일시적으로 정신착란이 와서 그동안에 사람을 폭행하거나 물건을 파손한 경우 등은 모두 책임이 없다. 왜냐하면 불법행위 또한 일종의 행위로, 행위에는 의사가 반드시 있어야 하는 것이다. 곧 행위는 의사의 발로이다. 그러므로 의사가 없는 사람은 행위가 없고 따라서 책임 또한 없기 때문이다. 일본 신민법은 제712조 및 제713조에서 이를 규정하였다. 곧 제712조에서 "미성년자가 타인에게 손해를 가한 경우에 그 행위의 책임을 변식(辨識)하는 데 충분한 지능을 갖추지 못한 때에는 그 행위에 대하여 배상할 책임을 지지 않음"이라고 규정한 것이다. 미성년자는 법률행위에 대하여 무능력자, 곧 한정

料)라고 하는데, 제2차 세계대전 이후 일본의 상용한자에 '자(藉)'가 없어서 일본어 발음이 같은 '사(謝)'로 대체한 것임.

能者ㅣ니未成年者의行ᄒᆞᆫ法律行爲ᄂᆞᆫ繳消ᄒᆞᆷ을得ᄒᆞᆷ이本則이라然이나不法行爲에就ᄒᆞ야ᄂᆞᆫ未成年者ㅣ라도原則으로責任이有ᄒᆞ고다만年齡이極히幼少ᄒᆞᆫ者ᄂᆞᆫ自己行爲의責任을辨識ᄒᆞ기不能ᄒᆞᄂᆞ니即人을毆打ᄒᆞ면他人의게損害ᄅᆞᆯ加ᄒᆞ야自己가責任을負치아니ᄒᆞᆷ이不可ᄒᆞᆷ으로思考ᄒᆞ기不能ᄒᆞᆫ바ㅣ라蓋辨識力은年齡에依ᄒᆞ야其區域을明確히限定ᄒᆞᆷ을不得ᄒᆞᆯ지로대六七歲以下의小兒ᄂᆞᆫ當然히此中에包含ᄒᆞᆯ바ㅣ오又人에因ᄒᆞ야發育의遲速이有ᄒᆞᆫ故로精神의發育이早速ᄒᆞᆫ者ᄂᆞᆫ年齡이少ᄒᆞ야도責任이有ᄒᆞᆯ바ㅣ오發育이遲緩ᄒᆞᆫ者ᄂᆞᆫ年齡이多ᄒᆞ야도責任이無ᄒᆞᆯ지니是ᄂᆞᆫ結局事實問題에屬ᄒᆞᆷ이라

同民法第七百十三條에「心神이喪失ᄒᆞᆫ間에他人의게損害ᄅᆞᆯ加ᄒᆞᆫ者ᄂᆞᆫ賠償의責에任치아니ᄒᆞᆷ但故意又ᄂᆞᆫ過失에因ᄒᆞ야一時의心神喪失을招ᄒᆞᆫ時ᄂᆞᆫ此限에在치아니ᄒᆞᆷ」이라規定ᄒᆞ얏시니所謂心神喪失이라ᄒᆞᆷ은既述ᄒᆞᆷ과如히各種境遇ᄅᆞᆯ包含ᄒᆞᆫ者ㅣ라然而理論上으로言ᄒᆞᆯ진대大醉ᄒᆞ야醉中에人을斬殺ᄒᆞ거나又ᄂᆞᆫ傷害ᄒᆞᆫ境遇에全然히精神을喪失ᄒᆞᆫ證據가有ᄒᆞᆫ時ᄂᆞᆫ亦責任을免ᄒᆞᆯ지로대但書의 規定이有ᄒᆞᆷ을因ᄒᆞ야 反對의結果가生ᄒᆞᄂᆞ니 所謂「故意에因ᄒᆞ야一

무능력자로 미성년자가 한 법률행위는 취소할 수 있는 것이 원칙이다. 그러나 불법행위에 대하여는 미성년자라도 원칙적으로 책임이 있다. 다만 나이가 아주 어린 사람은 자기 행위의 책임을 변식할 수 없는데, 곧 사람을 폭행하면 타인에게 손해를 가하여 자기가 책임을 져야 한다고 생각할 수 없는 것이다. 대개 변식능력은 나이에 따라 그 경계를 명확히 한정지을 수 없지만 6, 7세 이하의 어린이는 당연히 이 안에 포함될 것이다. 또 사람에 따라서 발육 속도에 차이가 있으므로 정신의 발육이 빠른 사람은 나이가 어려도 책임이 있을 것이고, 발육이 더딘 사람은 나이가 많아도 책임이 없을 것이다. 이는 결국 사실문제에 속한다.

일본 민법 제713조는 "심신(心神)이 상실된 동안에 타인에게 손해를 가한 자는 배상책임을 지지 않음. 그러나 고의 또는 과실로 인하여 일시적인 심신상실을 초래한 때에는 그러하지 않음"이라고 규정하였다. 이른바 심신상실이란 이미 서술한 것처럼 갖가지 경우를 포함한 것이다. 그러나 이론상으로 말하면 크게 취하여 취중에 사람을 베어 죽이거나 다치게 한 경우에, 완전히 정신을 상실한 증거가 있다면 역시 책임을 면할 것이다. 그렇지만 단서의 규정이 있음에 따라 반대의 결과를 낳게 된다. 이른바 "고의로 인하여 일

時에心神喪失을招ᄒᆞᆷ」이라云ᄒᆞᆷ은怯懦ᄒᆞᆫ者가平常에惡事ᄅᆞᆯ行ᄒᆞᆯ勇氣가無ᄒᆞᆫ故로特別히 酒力을藉ᄒᆞ야 心神을錯亂케ᄒᆞᆫ後에惡事ᄅᆞᆯ行ᄒᆞᆷ과 如ᄒᆞᆷ이是ᄂᆞᆫ又「過失에因ᄒᆞ야 一時의心神喪失을招」ᄒᆞᆷ이라ᄒᆞᆷ은如此ᄒᆞᆫ意思가無ᄒᆞ야도過度히飮酒ᄒᆞ야因ᄒᆞ야醉狂ᄒᆞᆫ境遇와如ᄒᆞᆷ을云ᄒᆞᆷ이라此境遇에在ᄒᆞ야ᄂᆞᆫ理論上으로브터言ᄒᆞᆯ진대責任이有치아니ᄒᆞᆷ과如ᄒᆞ니即其人을傷害ᄒᆞ고物을毁損ᄒᆞᆷ은意思가無ᄒᆞ고行ᄒᆞᆫ者ㅣ니故로責任을負치아니ᄒᆞᆯ지로대其最初에飮酒ᄒᆞᆷ은故意或은過失이有ᄒᆞᆷ이니 即故意境遇에在ᄒᆞ야ᄂᆞᆫ惡事ᄅᆞᆯ行ᄒᆞᆯ意思로ᄡᅥ飮酒ᄒᆞ야其結果가惡事ᄅᆞᆯ行ᄒᆞᆫ者라故로其責任을負ᄒᆞ며過失의境遇ᄂᆞᆫ假令過量의酒ᄅᆞᆯ飮ᄒᆞᆫ時ᄂᆞᆫ醉狂이되야心神을喪失ᄒᆞ고惡事ᄅᆞᆯ行ᄒᆞᆷ을知ᄒᆞᆷ에不拘ᄒᆞ고過量의酒ᄅᆞᆯ飮ᄒᆞ얏다ᄒᆞᆯ진대 其飮酒ᄒᆞᆫ所爲ᄂᆞᆫ過失이라故로其結果로 行ᄒᆞᆫ行爲의責任을辭ᄒᆞᆷ을不得ᄒᆞᆯ지니即右의但書ᄂᆞᆫ以上과如ᄒᆞᆫ理由에因ᄒᆞ야設ᄒᆞᆫ者ㅣ라然而一時라云ᄒᆞᄂᆞᆫ文字ᄅᆞᆯ用ᄒᆞᆷ은元來當然ᄒᆞᆫ事ㅣ라何故오若不然ᄒᆞᆯ진대原因結果의關係가 無ᄒᆞᆫ事ㅣ有ᄒᆞᆯ지니 假令酒ᄅᆞᆯ多量으로飮ᄒᆞᄂᆞᆫ時ᄂᆞᆫ其結果가醉狂ᄒᆞᆷ에至ᄒᆞᆯ바ㅣ오其醉狂ᄒᆞᆫ後에至ᄒᆞ야人을殺傷ᄒᆞ거나物을破毁ᄒᆞᆷ이有ᄒᆞᆯ지

시적으로 심신상실을 초래함"이라는 말은 바로 겁이 많고 나약한 사람이 평소에 나쁜 일을 할 용기가 없으므로 특별히 술의 힘을 빌려 정신착란이 오게 한 뒤에 나쁜 일을 하는 것 같은 것이다. 또 "과실로 인하여 일시적으로 심신상실을 초래"한다는 것은 이와 같은 의사가 없더라도 술을 과도하게 마심으로 인하여 만취하는 경우와 같은 것을 말한다. 이 경우에는 이론상으로 말하면 책임이 없을 것 같은데, 곧 그가 사람을 상해하고 물건을 훼손한 것은 의사 없이 한 것이므로 책임을 지지 않겠지만 처음에 술을 마신 데에는 고의 또는 과실이 있는 것이다. 즉, 고의의 경우에는 나쁜 일을 행할 의사로 술을 마셔 그 결과 나쁜 일을 행한 것이므로 책임을 지는 것이다. 그리고 과실의 경우에는 가령 과량의 술을 마신 때에는 만취하여 심신을 상실하고 나쁜 일을 할 것을 아는데도 불구하고 과량의 술을 마셨다면, 그 음주행위는 과실이므로 그 결과 한 행위의 책임을 면할 수 없는 것이다. 곧 위의 단서는 이상과 같은 이유에서 마련한 것이다. 그런데 일시적이라는 문자를 쓴 것은 원래 당연한 것이다. 왜냐하면 만약 그렇지 않다면 원인과 결과의 관계가 없을 수 있다. 가령 술을 다량으로 마시면 그 결과 만취하게 될 것이고, 만취한 뒤에 이르러 사람을 살상하거나 물건을 파손할 수도 있라是其原因을溯考ᄒᆞ면多量의酒를飮ᄒᆞᆷ을責치아니ᄒᆞᆷ이不可ᄒᆞᄂᆞ니換言ᄒᆞ면過失이有ᄒᆞᆫ事ㅣ勿論이로대旣히醉狂即心神喪失의狀態에在ᄒᆞᆫ人은其狀態가繼續ᄒᆞᄂᆞᆫ間에行ᄒᆞᆫ行爲에就ᄒᆞ야ᄂᆞᆫ責任이無ᄒᆞ다云치아니ᄒᆞᆷ이不可ᄒᆞᆯ지라何故오此境遇에在ᄒᆞ야ᄂᆞᆫ其行爲ᄂᆞᆫ過失의直接結果가아닌所以라

尙且禁治産者와同第七百十三條의關係를述ᄒᆞᆯ진대禁治産者라도往往本心에回復ᄒᆞᄂᆞᆫ事ㅣ有ᄒᆞᄂᆞ니其精神이回復된間에行ᄒᆞᆫ不法行爲에就ᄒᆞ야ᄂᆞᆫ責任이有ᄒᆞᆯ지라即法律行爲에就ᄒᆞ야ᄂᆞᆫ無能力者ㅣ로대不法行爲에就ᄒᆞ야ᄂᆞᆫ能力者와同一ᄒᆞᆫ責任이有ᄒᆞᆫ바ㅣ오此와反ᄒᆞ야縱令禁治産者의宣告를受치아니ᄒᆞ야도事實上心神喪失의狀態에在ᄒᆞ면其者의不法行爲ᄂᆞᆫ法律의問ᄒᆞᆯ바ㅣ아니라學者ㅣ往往禁治産과心神喪失을同一히視ᄒᆞᄂᆞᆫ者ㅣ多ᄒᆞᆫ故로注意ᄒᆞ기爲ᄒᆞ야玆에一言을附加ᄒᆞ노라

以上二個境遇에在ᄒᆞ야ᄂᆞᆫ事實上行爲를行ᄒᆞᆫ者ㅣ有ᄒᆞ야도其行爲ᄂᆞᆫ法律上行爲가아닌故로其行爲者ᄂᆞᆫ無責任이니即加害者ᄂᆞᆫ責任을負치아니ᄒᆞᆷ이라然이나此境遇에他責任者가無ᄒᆞᆯ가是ᄂᆞᆫ以下에說明코ᄌᆞᄒᆞᄂᆞᆫ바ㅣ라

다. 여기서 그 원인을 거슬러 생각하면 다량의 술을 마신 것을 탓하지 않을 수 없다. 바꾸어 말하면 과실이 있는 것은 물론이지만 이미 만취, 곧 심신상실 상태에 있는 사람은 그 상태가 계속되는 동안에 한 행위에 대하여는 책임이 없다고 말할 수밖에 없을 것이다. 왜냐하면 이 경우에는 그 행위는 과실의 직접적 결과가 아니기 때문이다.

또한 금치산자와 일본 민법 제713조의 관계를 서술하면, 금치산자라도 의사능력을 회복하는 경우가 자주 있다. 이때 그가 정신이 회복된 동안에 한 불법행위에는 책임이 있다. 즉, 법률행위에서는 무능력자이지만 불법행위에서는 능력자와 동일한 책임이 있는 것이다. 이와 반대로 설령 금치산선고를 받지 않았어도 사실상 심신상실의 상태에 있으면 그 사람의 불법행위는 법률에 물을 것이 아니다. 금치산과 심신상실을 동일하게 보는 학자들이 많으므로 주의하게 하기 위하여 여기에 한마디 덧붙인다.

이상 두 가지 경우에는 사실상 행위를 한 사람이 있어도 그 행위는 법률행위가 아니므로 그 행위자는 책임이 없다. 곧 가해자는 책임을 지지 않는 것이다. 그러나 이 경우에 다른 책임자가 없는가? 이는 아래에 설명하고자 한다.

無能力者가他人의게損害를加ᄒᆞᆫ境遇에其無能力者를監督ᄒᆞᄂᆞᆫ義務가有ᄒᆞᆫ者가其監督義務를懈怠히ᄒᆞᆷ을因ᄒᆞ야損害를加ᄒᆞᆷ에至ᄒᆞᆫ時ᄂᆞᆫ監督者가責任을負치아니ᄒᆞᆷ이不可ᄒᆞᄂᆞ니即未成年者에就ᄒᆞ야ᄂᆞᆫ通常親權者又ᄂᆞᆫ後見人이其監督者ㅣ오精神病者에就ᄒᆞ야ᄂᆞᆫ其人이禁治産者되ᄂᆞᆫ時ᄂᆞᆫ後見人이此監督者가되고其外에尙且日本精神病者看護法第一條를依ᄒᆞᆯ진대精神病者의配偶者、親權을行ᄒᆞᄂᆞᆫ父又ᄂᆞᆫ母及戶主ᄂᆞᆫ順次로監督의義務를負ᄒᆞ고此等의監督者가無ᄒᆞᆫ境遇에ᄂᆞᆫ四親等內의親族中으로브터親族會에셔選任ᄒᆞᆫ者로셔其監督者ㅣ라ᄒᆞ얏시니禁治産의宣告를受치아니ᄒᆞᆫ精神病者에就ᄒᆞ야ᄂᆞᆫ後見人이無ᄒᆞᆫ故로如斯ᄒᆞᆫ規定을置ᄒᆞᆷ이必要ᄒᆞ고次에感化院에收容ᄒᆞᆫ小兒에就ᄒᆞ야ᄂᆞᆫ日本에셔ᄂᆞᆫ感化法第八條의規定을依ᄒᆞ야特히其感化院의管理者가其責任을負ᄒᆞᄂᆞᆫ者ㅣ라ᄒᆞ고又救育所에在ᄒᆞᆫ孤兒에就ᄒᆞ야ᄂᆞᆫ日本明治三十三年法律第五十一號第一條에其監督義務者를定ᄒᆞ얏고同年內務省令第十一號에棄兒、迷兒等도同法의規定을準用ᄒᆞᄂᆞᆫ者ㅣ라ᄒᆞ얏시니如斯히法律에定ᄒᆞᆫ無能力者의監督義務者가其注意를懈怠히ᄒᆞᆷ을因ᄒᆞ야無能力者가他人의게損

무능력자가 타인에게 손해를 가한 경우에, 그 무능력자를 감독할 의무가 있는 사람이 그 감독의무를 게을리함으로 인하여 손해를 가하게 된 때에는 감독자가 책임을 져야 한다. 즉, 미성년자에게는 통상 친권자 또는 후견인이 그 감독자이고, 정신병자에게는 그 사람이 금치산자라면 후견인이 이 감독자가 된다. 그 밖에 일본 정신병자간호법(精神病者看護法) 제1조에 따르면 정신병자의 배우자, 친권을 행사하는 부(父) 또는 모(母) 및 호주는 순차로 감독의무를 지고, 이들 감독자가 없는 경우에는 4촌 이내의 친족 중에서 친족회가 선임한 자가 감독자라고 하였다. 금치산선고를 받지 않은 정신병자에게는 후견인이 없으므로 이러한 규정을 둘 필요가 있다. 다음으로 감화원(感化院)*에 수용된 어린이에게는 일본에서는 감화법(感化法) 제8조에 따라 특별히 그 감화원의 관리자가 책임을 진다고 한다. 또 고아원에 있는 고아에 대하여는 일본 메이지 33년(1900) 법률 제51호 제1조에서 그 감독의무자를 정하였고, 같은 해 내무성령(內務省令) 제11호에서 기아(棄兒), 미아 등도 같은 법 규정을 준용한다고 하였다. 이렇게 법률에서 정한 무능력자의 감독의무자가 그 주의를 게을리함으로 인하여 무능력자가 타인에게

---

* 역자 주: 소년원으로 소개되기도 하나, 소년보호시설에 가깝다고 해야 할 것임.

害ᄅᆞᆯ加ᄒᆞᆷ에至ᄒᆞᆫ境遇에ᄂᆞᆫ此等監督義務者가損害賠償의責任을負擔치아니ᄒᆞᆷ이不可ᄒᆞᆫ지라此에關ᄒᆞ야日本民法은其第七百十四條에「前二條의規定에依ᄒᆞ야 無能力者의게 責任이無ᄒᆞᆫ境遇에 此ᄅᆞᆯ監督ᄒᆞᆯ法定義務가有ᄒᆞᆫ者ᄂᆞᆫ其無能力者가第三者의게加ᄒᆞᆫ損害ᄅᆞᆯ賠償ᄒᆞᆯ責에任ᄒᆞᆷ但監督義務者가其義務ᄅᆞᆯ懈怠히ᄒᆞ지아니ᄒᆞᆫ時ᄂᆞᆫ此限에在치아니ᄒᆞᆷ」이라ᄒᆞ고其第二項에「監督義務者ᄅᆞᆯ代ᄒᆞ야無能力者ᄅᆞᆯ監督ᄒᆞᄂᆞᆫ者도亦前項의責에任ᄒᆞᆷ」이라規定ᄒᆞ얏시니所謂前二條라ᄒᆞᆷ은即未成年者及心神喪失者에關ᄒᆞᆫ規定이라此境遇에就ᄒᆞ야從來多數學者ᄂᆞᆫ無能力者의不法行爲에就ᄒᆞ야其法定代理人이當然히責任을負ᄒᆞᆫ다云ᄒᆞ얏시나是ᄂᆞᆫ誤謬ᄒᆞᆫ者ㅣ라可謂ᄒᆞᆯ지라盖本人이不法行爲ᄅᆞᆯ行ᄒᆞ고其代理人이ᄉᆞᄉᆞ로責任을負ᄒᆞᆯ理가無ᄒᆞᄂᆞ니何故오何人이든지決코他人의不法行爲에就ᄒᆞ야自己가責任을負ᄒᆞᄂᆞᆫ事ㅣ無ᄒᆞᆫ所以라盖犯罪에就ᄒᆞ야犯罪者自身만責任을負ᄒᆞᆷ과如히民法上不法行爲에就ᄒᆞ야도亦行爲者自身이責任을負ᄒᆞᆷ에止ᄒᆞᆯᄲᅮᆫ이오他人이其責에任ᄒᆞᆷ과如ᄒᆞᆫ事ㅣ無ᄒᆞᆯ지니彼法人에關ᄒᆞᆫ日本新民法第四十四條第一項의規定과如ᄒᆞᆷ은全히便宜的規定이오普通의法理로

손해를 가하게 된 경우에는 이들 감독의무자가 손해배상의 책임을 부담하여야 한다. 이에 관하여 일본 민법은 제714조에서 "전 2조에 따라 무능력자에게 책임이 없는 경우에 이를 감독할 법정의무 있는 자는 그 무능력자가 제3자에게 가한 손해를 배상할 책임을 짐. 그러나 감독의무자가 그 의무를 게을리하지 않은 때에는 그러하지 않음"이라고 하였다. 그리고 제2항에서 "감독의무자를 갈음하여 무능력자를 감독하는 자 또한 전항의 책임을 짐"이라고 규정하였다. 여기서 이른바 전 2조란 곧 미성년자 및 심신상실자에 관한 규정이다. 이 경우에 대하여 종래 다수 학자들은 무능력자의 불법행위에 대하여 그 법정대리인이 당연히 책임을 진다고 하였다. 그러나 이는 잘못된 것이라고 말할 수 있다. 대개 본인이 불법행위를 하고 그 대리인이 스스로 책임을 질 이유가 없다. 왜냐하면 누구든지 결코 타인의 불법행위에 대하여 자기가 책임을 질 일이 없기 때문이다. 대개 범죄에 대하여 범죄자 자신만 책임을 지는 것과 같이, 민법상 불법행위에 대하여도 또한 행위자 자신이 책임을 지는 데 그칠 뿐이고 타인이 그 책임을 지는 것과 같은 일은 없는 것이다. 저 법인에 관한 일본 신 민법 제44조 제1항과 같은 규정은 완전히 편의적인 규정이고, 보통의 법리로

ᄇᆞ터言ᄒᆞᆯ진대元來例外에屬ᄒᆞᆫ者ㅣ라無能力者의境遇에在ᄒᆞ야도其監督者가無能力者의行爲에就ᄒᆞ야義務ᄅᆞᆯ負擔ᄒᆞᆷ이아니오自己의行爲即不注意라云ᄒᆞᄂᆞᆫ不法行爲로ᄇᆞ터生ᄒᆞᆫ損害에就ᄒᆞ야責任을負ᄒᆞᄂᆞᆫ者ㅣ니其證據問題로ᄂᆞᆫ不注意가有ᄒᆞᆫ與否ᄅᆞᆯ證明ᄒᆞᄂᆞᆫ事ㅣ頗히困難ᄒᆞᆯ지로대彼幼兒及精神錯亂者와如ᄒᆞᆷ은十分監督ᄒᆞᆯ진대他人의게損害ᄅᆞᆯ加ᄒᆞᆷ과如ᄒᆞᆫ事ㅣ稀有ᄒᆞᆯ지니故로만일無能力者가不法行爲ᄅᆞᆯ行ᄒᆞᆫ境遇에在ᄒᆞ야ᄂᆞᆫ法律이監督者의게不注意가有ᄒᆞᆫ者로推定ᄒᆞᆷ이라然이나監督義務者가其義務ᄅᆞᆯ懈怠히ᄒᆞ지아니ᄒᆞᆫ事換言ᄒᆞ면十分注意ᄒᆞᆷ을證明ᄒᆞᆯ진대其推定을破ᄒᆞ고責任을免ᄒᆞᆷ을可得ᄒᆞᆯ지니是ᄂᆞᆫ日本新民法第七百十四條第一項但書의規定이有ᄒᆞᆫ所以라此ᄅᆞᆯ依ᄒᆞᆯ진대監督義務者가自己의行爲에就ᄒᆞ야責任을負ᄒᆞᆷ을明白히ᄒᆞᆫ者ㅣ라可謂ᄒᆞᆯ지니假令小兒가瓦石을擲ᄒᆞ야通行人을傷害ᄒᆞᆷ과如ᄒᆞᆫ境遇에在ᄒᆞ야ᄂᆞᆫ慣習其他事情을十分斟酌치아니ᄒᆞᆷ이不可ᄒᆞᆫ지라我邦에在ᄒᆞ야ᄂᆞᆫ小兒가人衆의往來가雜踏ᄒᆞᆫ街道에遊戲ᄒᆞᄂᆞᆫ事ㅣ頻繁ᄒᆞ나然이나是ᄂᆞᆫ監督者의不注意에出ᄒᆞᆫ者로信ᄒᆞᄂᆞ니如此ᄒᆞᆫ境遇ᄂᆞᆫ다만其小兒ᄅᆞᆯ爲ᄒᆞ야危險ᄒᆞᆯᄲᅮᆫ아니라遊戲ᄒᆞᆯ際에石을投ᄒᆞᆷ

부터 말하면 원래 예외에 속한 것이다. 무능력자의 경우에도 그 감독자가 무능력자의 행위에 대하여 의무를 부담하는 것이 아니고, 자기의 행위, 곧 부주의라는 불법행위로부터 발생한 손해에 대하여 책임을 지는 것이다. 그 증거문제로는 부주의가 있는지 여부를 증명하는 것이 자못 곤란하겠지만 저 유아 및 정신착란자와 같으면 충분히 감독한다면 타인에게 손해를 가하는 것과 같은 일이 드물 것이다. 그러므로 만일 무능력자가 불법행위를 한 경우에는 법률이 감독자에게 부주의가 있다고 추정하는 것이다. 그러나 감독의무자가 그 의무를 게을리하지 않은 사실, 바꾸어 말하면 충분히 주의를 기울였음을 증명한다면 그 추정이 깨지고 책임을 면할 수 있는 것이다. 이는 일본 신 민법 제714조 제1항 단서가 있기 때문이다. 이에 따르면 감독의무자가 자기의 행위에 대하여 책임을 짐을 명백히 한 것이라고 말할 수 있다. 가령 어린이가 기왓돌을 던져 통행하던 사람을 다치게 한 것과 같은 경우에는 관습 기타 사정을 충분히 참작하여야 하는 것이다. 우리나라에서는 어린이가 사람의 왕래로 붐비는 거리에서 노는 일이 빈번하다. 그러나 이는 감독자의 부주의에서 나온 것으로 생각한다. 이와 같은 경우는 그 어린이를 위하여 위험할 뿐만 아니라 놀이를 할 때에 돌을 던지은小兒의恒常行ᄒᆞᄂᆞᆫ바ㅣ라故로如斯ᄒᆞᆫ處所에遊케ᄒᆞᄂᆞᆫ時ᄂᆞᆫ他人의게損害를加ᄒᆞᄂᆞᆫ事ㅣ有ᄒᆞᆷ을豫想치아니ᄒᆞᆷ이不可ᄒᆞᆯ지로대此ᄅᆞᆯ不拘ᄒᆞ고如斯ᄒᆞᆫ處所에遊케ᄒᆞᆷ은監督者의不注意되ᄂᆞᆫ事ㅣ無疑ᄒᆞᆫ바ㅣ라然이나兒童이小學校에往來ᄒᆞᄂᆞᆫ途中에셔石을投ᄒᆞ야他人을傷害ᄒᆞᆫ境遇와如ᄒᆞᆷ은其兒童이相當ᄒᆞᆫ年齡에達ᄒᆞᆫ時ᄂᆞᆫ監督義務者自身或은其代理人等이반다시學校에同伴往來ᄒᆞᆷ은아닌故로如斯ᄒᆞᆫ境遇에在ᄒᆞ야ᄂᆞᆫ監督義務者가其義務ᄅᆞᆯ懈怠히ᄒᆞᆫ者ㅣ라謂ᄒᆞᆷ을不得ᄒᆞᆯ지로대但其兒童이學校에往來ᄒᆞᆯ際에屢々히惡戱ᄅᆞᆯ行ᄒᆞᆷ을知ᄒᆞᆫ境遇에ᄂᆞᆫ此ᄅᆞᆯ防止ᄒᆞᆷ에相當ᄒᆞᆫ注意即或은人으로써同伴케ᄒᆞ거나又或은人力車ᄅᆞᆯ乘케ᄒᆞᄂᆞᆫ等方法을行치아니ᄒᆞᆷ이不可ᄒᆞ고且精神病者特히狂噪性이有ᄒᆞᆫ精神病者에至ᄒᆞ야ᄂᆞᆫ頗히其監督을嚴히ᄒᆞ지아니ᄒᆞ면或은道路에出ᄒᆞ야人을傷害ᄒᆞ거나又或은他人의財産을破壞ᄒᆞᄂᆞᆫ等事가層生ᄒᆞᆷ을免치못ᄒᆞᆯ지니故로如此ᄒᆞᆫ精神病者ᄂᆞᆫ或은病院에入케ᄒᆞ거나又ᄂᆞᆫ一室에監禁ᄒᆞᄂᆞᆫ等相當ᄒᆞᆫ處置ᄅᆞᆯ行치아니ᄒᆞᆷ이不可ᄒᆞᆯ지라然而如斯ᄒᆞᆫ處置ᄅᆞᆯ行치아니ᄒᆞᆷ을因ᄒᆞ야道路에出ᄒᆞ야通行人의게暴行을加ᄒᆞᆷ에至ᄒᆞᆫ等事實이有ᄒᆞᆯ진대是ᄂᆞᆫ監督者가其義務ᄅᆞᆯ懈怠히ᄒᆞᆫ

는 것은 어린이가 늘 하는 행동이다. 그러므로 이러한 장소에서 놀게 한다면 타인에게 손해를 가할 수도 있음을 예상하지 않을 수 없을 것이다. 이런데도 불구하고 이러한 장소에서 놀게 하는 것은 감독자의 부주의임에 의심이 없는 것이다. 그러나 어린이가 초등학교를 오가는 도중에 돌을 던져 타인에게 상해를 입힌 경우 같으면, 그 어린이가 상당한 나이가 되면 감독의무자 자신 또는 그 대리인 등이 반드시 학교에 데리고 다니는 것은 아니다. 그러므로 이러한 경우에는 감독의무자가 그 의무를 게을리하였다고 말할 수 없을 것이다. 다만 그 어린이가 학교를 오갈 때 거듭 못된 장난을 하였음을 안 경우에는 이를 방지하는 데 상당한 주의, 곧 더러는 어른이 데리고 다니거나 더러는 인력거를 타게 하는 등의 방법을 써야만 하는 것이다. 또 정신병자, 특히 조증 성향이 있는 정신병자는 그 감독을 자못 엄격히 하지 않으면 더러는 도로에 나와 사람을 다치게 하거나 또는 타인의 재산을 파손하는 등의 일이 거듭 일어날 수밖에 없다. 그러므로 이와 같은 정신병자는 더러는 병원에 입원시키거나 한 방에 가두는 등 상당한 조치를 하여야만 할 것이다. 그런데 이러한 조치를 하지 않음으로 인하여 도로에 나와 통행자에게 폭행을 가하게 되는 등의 사실이 있다면 이는 감독자가 그 의무를 게을리한

者ㅣ라故로其責任을負치아니ᄒᆞᆷ이不可ᄒᆞᆫ지라然而此와異ᄒᆞ야從來如斯ᄒᆞᆫ亂暴의擧動이無ᄒᆞᆫ精神病者ᄂᆞᆫ別로監禁ᄒᆞᆯ必要가無ᄒᆞᄂᆞ니만일其者가偶然히他人의게暴行을加ᄒᆞ야傷害ᄒᆞᆫ事ㅣ有ᄒᆞ야도是ᄂᆞᆫ반다시監督義務者의責에歸케ᄒᆞᆷ을不得ᄒᆞᆯ지니此等은事實問題에屬ᄒᆞᆫ바ㅣ로대要ᄒᆞᆫ건대擧證의責은監督義務者에在ᄒᆞᆫ故로監督義務者가自己의義務를懈怠히ᄒᆞ지아니ᄒᆞᆷ을證明치아니ᄒᆞᆷ이不可ᄒᆞᆫ바ㅣ라

監督義務者ᄂᆞᆫ往々스ᄉᆞ로無能力者를監督치아니ᄒᆞᄂᆞᆫ境遇가有ᄒᆞ니假令被監督者된兒童을學校寄宿舍에入케ᄒᆞᆫ境遇와或은每日一定ᄒᆞᆫ時間學校에서敎師의監督에委任ᄒᆞᆫ境遇又或은感化院에入케ᄒᆞ거나病氣를因ᄒᆞ야病院에入置ᄒᆞᆫ境遇와如ᄒᆞᆷ은監督義務者의게責任이有ᄒᆞᆫ時라도尙且實際의監督者의게過失이有ᄒᆞᆫ時ᄂᆞᆫ其者도亦其責에任치아니ᄒᆞᆷ이不可ᄒᆞᄂᆞ니特히監督義務者의게責任이無ᄒᆞ고現히監督의委托을受ᄒᆞᆫ者의게過失이有ᄒᆞᆫ境遇와如ᄒᆞᆷ은實際의監督者가其責에任ᄒᆞᆷ이無疑ᄒᆞᆫ바ㅣ라前例에就ᄒᆞ야言ᄒᆞᆯ진대其學校、寄宿舍、感化院及其病院이適當ᄒᆞᆫ者ㅣ니此에優勝ᄒᆞᆫ者ㅣ無ᄒᆞᆷ을一般히認ᄒᆞᆷ과如ᄒᆞᆫ境遇

것이다. 그러므로 그 책임을 져야만 하는 것이다. 그러나 이와 달리 종래 이러한 난폭한 거동이 없었던 정신병자는 특별히 감금할 필요가 없는데, 만일 그 사람이 우연히 타인에게 폭행을 가하여 상해를 가한 사실이 있어도 이는 반드시 감독의무자에게 책임을 돌릴 수 없을 것이다. 따라서 이들은 사실문제에 속하는 것인데, 요컨대 증명책임은 감독의무자에게 있으므로 감독의무자가 자기의 의무를 게을리하지 않았음을 증명하여야만 하는 것이다.

감독의무자는 스스로 무능력자를 감독하지 않는 경우가 자주 있다. 가령 피감독자인 어린이를 학교 기숙사에 들여보낸 경우, 또는 매일 일정 시간 동안 학교에서 교사의 감독에 맡긴 경우, 또는 감화원에 들이거나 병 때문에 병원에 입원시킨 경우 같으면 감독의무자에게 책임이 있는 때라도 여전히 실제 감독자에게 과실이 있으면 그 사람 또한 그 책임을 져야 한다. 특히 감독의무자에게 책임이 없고 현재 감독의 위탁을 받지 않은 사람에게 과실이 있는 경우 같으면 실제 감독자가 그 책임을 지는 데 의심할 바가 없다. 앞선 예에 대하여 말하면, 그 학교, 기숙사, 감화원 및 병원이 적당한 것인데, 이보다 뛰어난 것이 없음이 일반적으로 인정되는 것 같은 경우에在ᄒᆞ야ᄂᆞᆫ監督義務者의게責任이無ᄒᆞᆫ事ㅣ勿論이니何故오學校、寄宿舍、感化院及其病院에在ᄒᆞᆫ者에對ᄒᆞ야ᄂᆞᆫ監督義務者ᄂᆞᆫ直接으로監督ᄒᆞᆷ을不得ᄒᆞᄂᆞᆫ者ㅣ라故로其間에在ᄒᆞ야被監督者가不法行爲를行ᄒᆞ야他人의게損害를加ᄒᆞ야도法律上의監督義務者ᄂᆞᆫ義務를懈怠히ᄒᆞ지아니ᄒᆞᆷ을證明ᄒᆞ기容易ᄒᆞᆫ所以라然而其學校及感化院等이其設備가極히不完全ᄒᆞ고監督이不充分ᄒᆞᆫ境遇에在ᄒᆞ야注意를少加ᄒᆞ야써調査ᄒᆞᆫ時ᄂᆞᆫ其不完全ᄒᆞᆷ을知ᄒᆞᆷ에足ᄒᆞᆯ바ㅣ어ᄂᆞᆯ此를調査치아니ᄒᆞ고此等處所에無能力者를委託ᄒᆞᆷ과如ᄒᆞᆫ境遇에在ᄒᆞ야ᄂᆞᆫ監督義務者가其義務를懈怠히ᄒᆞᆫ者ㅣ라謂치아니ᄒᆞᆷ이不可ᄒᆞᆫ바ㅣ라

以上如何ᄒᆞᆫ境遇에在ᄒᆞ든지直接監督者即學校의管理者、寄宿舍主及感化院의管理者等의게過失이有ᄒᆞᆫ時ᄂᆞᆫ此等者ᄂᆞᆫ其責에任ᄒᆞᆷ이可ᄒᆞᆯ지니是ᄂᆞᆫ其者의不注意에因ᄒᆞ야被監督者가不法行爲를行ᄒᆞ야他人의게損害를加ᄒᆞᆷ에至ᄒᆞᆫ所以ㅣ라又精神病者에就ᄒᆞ야言ᄒᆞᆯ진대其地에셔稍히完全ᄒᆞᆫ者로認ᄒᆞᄂᆞᆫ病院에入케ᄒᆞᆫ境遇에在ᄒᆞ야ᄂᆞᆫ監督義務者가其義務를懈怠히ᄒᆞ지아니ᄒᆞᆷ을證明ᄒᆞᆷ을可得ᄒᆞᆯ지로대若其病院에셔監督을不完全히ᄒᆞᄂᆞᆫ評判이有ᄒᆞᆷ을知ᄒᆞ고도尙且

에는 감독의무자에게 책임이 없는 것이 물론이다. 왜냐하면 학교, 기숙사, 감화원 및 병원에 있는 사람에 대하여는 감독의무자가 직접 감독할 수 없는 것이므로, 그동안에 피감독자가 불법행위를 하여 타인에게 손해를 가하여도 법률상 감독의무자는 의무를 게을리하지 않았음을 증명하기가 용이하기 때문이다. 그러나 학교 및 감화원 등이 그 설비가 극히 불완전하고 감독이 불충분한 경우에, 조금만 주의를 기울여 조사하면 그 불완전함을 충분히 알 수 있었는데 이를 조사하지 않고 이들 장소에 무능력자를 위탁한 것과 같은 경우에는 감독의무자가 그 의무를 게을리한 것이라고 말하지 않을 수 없다.

이상에서 어떠한 경우이든 직접적인 감독자, 곧 학교의 관리자, 기숙사주 및 감화원 관리자 등에게 과실이 있는 때에는 이들은 그 책임을 짐이 마땅하다. 이는 그 사람의 부주의로 인하여 피감독자가 불법행위를 함으로써 타인에게 손해를 가하게 되었기 때문이다. 또 정신병자에 대하여 말하면, 그 지역에서 매우 뛰어나다고 인정되는 병원에 입원시킨 경우에는 감독의무자가 그 의무를 게을리하지 않았음을 증명할 수 있을 것이다. 그렇지만 만약 그 병원에서 감독을 완전하게 하지 못한다는 평판이 있음을 알고도 여전히

入院케ᄒᆞᆫ境遇에ᄂᆞᆫ監督義務者ᄂᆞᆫ其義務ᄅᆞᆯ免ᄒᆞ기不能ᄒᆞᆫ바ㅣ라但此二個境遇에病院의管理者가不注意ᄒᆞᆷ을因ᄒᆞ야其精神病者가或은道路에出ᄒᆞ야通行人을傷害ᄒᆞ거나又或은病院內에在ᄒᆞᆫ者ᄅᆞᆯ噬嚙ᄒᆞ야負傷케ᄒᆞᆷ과如ᄒᆞᆫ境遇에ᄂᆞᆫ病院의監督者도亦其責에任치아니ᄒᆞᆷ이不可ᄒᆞᆯ지니此等境遇에在ᄒᆞᆫ直接監督者ᄂᆞᆫ法律上의監督義務者와同一ᄒᆞᆫ責任이有ᄒᆞᆫ者ㅣ라然而此責任도亦法律推定에因ᄒᆞᆫ者ㅣ라故로管理者、監督者가十分注意ᄒᆞᆫ境遇에ᄂᆞᆫ此ᄅᆞᆯ證明ᄒᆞ야其義務ᄅᆞᆯ免ᄒᆞᆷ을得ᄒᆞᄂᆞ니假令學校에서其休息時間에多數兒童이遊戲ᄒᆞ다가一人이他兒童을傷害ᄒᆞ거나或은其衣服을破裂ᄒᆞᆷ과如ᄒᆞᆫ境遇ᄂᆞᆫ學校管理者의게責任이有ᄒᆞ다云ᄒᆞᆷ을不得ᄒᆞᆯ지로대其管理者가全히監督을ᄒᆞ지아니ᄒᆞᆫ境遇에ᄂᆞᆫ責任이無ᄒᆞ다云ᄒᆞᆷ을不得ᄒᆞᆯ바ㅣ라然이나多數生徒各個에對ᄒᆞ야監督者ᄅᆞᆯ附ᄒᆞᆷ과如ᄒᆞᆷ은到底히不能에屬ᄒᆞᆫ故로苟其相當ᄒᆞᆫ監督을行ᄒᆞᆷ으로認ᄒᆞᆯ境遇에ᄂᆞᆫ其責任이無ᄒᆞᆯ바ㅣ오又寄宿舍의兒童이散步時間에不法行爲ᄅᆞᆯ行ᄒᆞᆷ과如ᄒᆞᆷ도其寄宿舍의管理者ᄂᆞᆫ其責이無ᄒᆞᆯ지며又精神病院에在ᄒᆞ야도其管理者가相當ᄒᆞᆫ注意ᄅᆞᆯ行ᄒᆞᆷ에不拘ᄒᆞ고病人이看護人을傷害ᄒᆞ거나又ᄂᆞᆫ其所有物

입원시킨 경우에는 감독의무자는 그 의무를 면할 수 없는 것이다. 다만 이 두 가지 경우에, 병원 관리자의 부주의로 인하여 그 정신병자가 더러는 도로에 나와 통행인에게 상해를 가하거나 또는 병원 내에 있는 사람을 깨물어 상해를 입힌 것과 같은 경우에는 병원 감독자 또한 그 책임을 지지 않을 수 없을 것이다. 이들 경우에 직접적인 감독자는 법률상 감독의무자와 동일한 책임이 있는 것이다. 그러나 이 책임 또한 법률의 추정에 따른 것이다. 그러므로 관리자, 감독자가 충분히 주의를 한 경우에는 이를 증명하여 그 의무를 면할 수 있다. 가령 학교에서 휴식시간에 많은 어린이가 놀다가 한 사람이 다른 어린이를 다치게 하거나 그 옷을 찢는 것과 같은 경우는 학교 관리자에게 책임이 있다고 할 수 없겠지만, 그 관리자가 전혀 감독을 하지 않은 경우에는 책임이 없다고 할 수 없다. 그러나 많은 학생들 각자에 대하여 감독자를 붙이는 것 같은 것은 도저히 할 수 없으므로, 진실로 상당한 감독을 하였다고 인정될 만한 경우에는 그 책임이 없을 것이다. 또 기숙사의 어린이가 산책 시간에 불법행위를 한 것과 같은 경우도 그 기숙사의 관리자는 책임이 없을 것이며, 그리고 정신병원에서도 그 관리자가 상당한 주의를 하였음에도 불구하고 병자가 간호사에게 상해를 입히거나 그 소유물을破損ᄒᆞᆫ等事가有ᄒᆞ야도管理者ᄂᆞᆫ반다시責任을負ᄒᆞᄂᆞᆫ者ㅣ라云ᄒᆞᆷ을不得ᄒᆞᆯ지니蓋看護人된者ᄂᆞᆫ始終을病人의側에在ᄒᆞ야看護ᄒᆞᄂᆞᆫ義務를負ᄒᆞᆫ者ㅣ라故로時或自己의身體又ᄂᆞᆫ財産에危害를加ᄒᆞᄂᆞᆫ事ㅣ有ᄒᆞᆷ을覺悟치아니ᄒᆞᆷ이不可ᄒᆞᆯ지니因ᄒᆞ야病院의管理者로써此等의損害를賠償케ᄒᆞᆷ을不得ᄒᆞᆯ바ㅣ라此를要ᄒᆞ건대直接監督者에對ᄒᆞᆫ責任問題도亦監督義務者에就ᄒᆞ야述ᄒᆞᆷ과如히事實問題에屬ᄒᆞ나要ᄒᆞ건대被監督者가不法行爲를加ᄒᆞᆫ境遇에ᄂᆞᆫ法律은監督者의게責任이有ᄒᆞ다推定ᄒᆞᄂᆞᆫ故로만일監督者가其義務를免코ᄌᆞᄒᆞᆯ진대自己의게過失이無ᄒᆞᆷ을證明치아니ᄒᆞᆷ이不可ᄒᆞᆫ바ㅣ라

上述ᄒᆞᆫ境遇에在ᄒᆞ야ᄂᆞᆫ恒常二人의責任者가有ᄒᆞ나一은法定監督義務者即多數境遇에ᄂᆞᆫ父母、後見人等이오其他ᄂᆞᆫ直接監督者即學校長、寄宿舍의管理者感化院長及病院長等이是라今에此二人의義務의性質如何를攷究ᄒᆞᆯ진대第一에其連帶債務가아님을注意ᄒᆞᆯ지니何故오連帶ᄂᆞᆫ契約에因ᄒᆞ거나又ᄂᆞᆫ法律에明文이有ᄒᆞᆫ境遇에限ᄒᆞᄂᆞᆫ所以라然이나又各自一部의義務를負ᄒᆞᄂᆞᆫ者ㅣ아니오無能力者가加ᄒᆞᆫ損害의全部를償還ᄒᆞᆯ義務를負ᄒᆞᆷ을亦注意ᄒᆞᆷ이可ᄒᆞᆯ지니

을 파손하는 등의 일이 있어도 관리자가 반드시 책임을 진다고 말할 수 없을 것이다. 대개 간호사는 한결같이 병자 옆에서 간호할 의무를 지는 사람이다. 그러므로 때로는 자기의 신체 또는 재산에 위해를 가할 수도 있음을 각오하여야 한다. 따라서 병원 관리자가 이들의 손해를 배상하게 할 수 없을 것이다. 이를 요약하면 직접적 감독자에 대한 책임 문제 또한 감독의무자에 대하여 서술한 것처럼 사실문제에 속한다. 그러나 요컨대 피감독자가 불법행위를 한 경우에는 법률은 감독자에게 책임이 있다고 추정하므로, 만일 감독자가 그 의무를 면하고자 하면 자기에게 과실 없음을 증명하여야만 하는 것이다.

위에 서술한 경우에서는 항상 두 사람의 책임자가 있다. 하나는 법정감독의무자, 곧 많은 경우에는 부모, 후견인 등이고, 나머지는 직접적 감독자, 곧 학교장, 기숙사의 관리자, 감화원 원장 및 병원장 등이 그들이다. 이제 이 둘의 의무의 성질이 어떠한지를 탐구하면, 첫째 연대채무가 아님에 주의하여야 한다. 왜냐하면 연대채무는 계약에 따르거나 법률에 명문규정이 있는 경우에 한하기 때문이다. 그러나 각자 일부의 의무를 지는 것이 아니고 무능력자가 가한 손해 전부를 배상할 의무를 진다는 것 또한 마땅히 주의하여야 한다.

因ᄒᆞ야其義務者의一人이全部를償還ᄒᆞ면損害가無ᄒᆞᆷ에至ᄒᆞᆯ故로他者ᄂᆞᆫ右의賠償義務를免ᄒᆞᄂᆞᆫ바ㅣ라是ᄂᆞᆫ日本舊民法에所謂義務와恰似ᄒᆞ나新民法에ᄂᆞᆫ此에關ᄒᆞ야 特別規定을設ᄒᆞᆯ必要가無ᄒᆞᆷ으로 認ᄒᆞᆫ지라 蓋實際監督을行ᄒᆞᄂᆞᆫ者의게過失이有ᄒᆞᆷ을因ᄒᆞ야無能力者가不法行爲를行ᄒᆞᆷ에至ᄒᆞᆫ境遇에ᄂᆞᆫ其監督者가義務를負치아니ᄒᆞᆷ이不可ᄒᆞᆯ지니因ᄒᆞ야其者가義務를履行ᄒᆞ야도無能力者의父母、後見人等에 對ᄒᆞ야 請求를行ᄒᆞᆷ을 不得ᄒᆞᆯ바ㅣ오 此와反ᄒᆞ야監督義務者된父、母、後見人等이몬저其義務를履行ᄒᆞᆫ時ᄂᆞᆫ縱令不完全ᄒᆞᆫ學校、病院等을選擇ᄒᆞᆫ過失은有ᄒᆞᆯ지라도其管理者에對ᄒᆞ야契約上十分其過失을負ᄒᆞᆯ權利가有ᄒᆞᆫ故로自己가義務를履行ᄒᆞᆫ後更히此等管理者에對ᄒᆞ야請求를行ᄒᆞᆷ을可得ᄒᆞᆯ바ㅣ라是ᄂᆞᆫ契約上當然ᄒᆞᆫ結果ㅣ니是亦法律에規定ᄒᆞᆯ必要가無ᄒᆞᆫ바ㅣ라

以上에無能力者의不法行爲에就ᄒᆞ야責任을負ᄒᆞᄂᆞᆫ者에關ᄒᆞᆫ說明을終了ᄒᆞᆫ지라要ᄒᆞᆫ건대此境遇에在ᄒᆞ야ᄂᆞᆫ監督者ᄂᆞᆫ無能力者의行爲에就ᄒᆞ야責任을負ᄒᆞᄂᆞᆫ者ㅣ아니오自己의不注意（過失）에就ᄒᆞ야責任을負ᄒᆞᄂᆞᆫ者ㅣ됨을忘却ᄒᆞᆷ

따라서 의무자 중 한 사람이 전부를 배상하면 손해가 없게 되므로 다른 사람은 위 배상의무를 면하는 것이다. 이는 일본 구 민법에서 이른바 전부의무(全部義務)와 유사하지만, 신 민법에서는 이에 관하여 특별규정을 마련할 필요가 없다고 인정되었다. 대개 실제 감독을 하는 사람에게 과실이 있음으로 인하여 무능력자가 불법행위를 하게 된 경우에는 그 감독자가 의무를 져야만 한다. 따라서 그 사람이 의무를 이행하더라도 무능력자의 부모, 후견인 등에 대하여 청구를 할 수 없을 것이다. 그리고 이와 반대로 감독의무자인 아버지, 어머니, 후견인 등이 먼저 그 의무를 이행하는 때에는 설령 불완전한 학교, 병원 등을 선택한 과실이 있을지라도 그 관리자에 대하여는 계약상 충분히 그 과실책임을 물을 권리가 있다. 그러므로 자기가 의무를 이행한 뒤 다시 이들 관리자에 대하여 청구할 수 있을 것이다. 이는 계약상 당연한 결과로 이 또한 법률에 규정할 필요가 없는 것이다.

이상으로 무능력자의 불법행위에 대하여 책임을 지는 사람에 관한 설명을 마친다. 요컨대 이 경우에는 감독자는 무능력자의 행위에 대하여 책임을 지는 것이 아니고 자기의 부주의(과실)에 대하여 책임을 지는 것임을 잊어서

이不可ᄒᆞᆫ바ㅣ라

第二被用者의不法行爲에就ᄒᆞ야說明ᄒᆞᆯ진대民法上所謂「被用者」中에ᄂᆞᆫ各種境遇를包含ᄒᆞᆷ이라第一에雇主ᄂᆞᆫ雇傭契約에因ᄒᆞ야雇人을使用ᄒᆞᄂᆞᆫ權利를有ᄒᆞᄂᆞ니雇人即勞務者ᄂᆞᆫ玆에所謂「被用者」됨이無疑ᄒᆞ며第二에委任境遇에ᄂᆞᆫ受任者ᄂᆞᆫ亦被用者ㅣ오又時或請負人도亦理論上被用者되ᄂᆞᆫ境遇가有ᄒᆞ니故로被用者라云ᄒᆞᄂᆞᆫ範圍ᄂᆞᆫ甚히廣汎ᄒᆞᆫ바ㅣ라此被用者의不法行爲에就ᄒᆞ야도日本新民法은其第七百十五條에此를規定ᄒᆞ야使用者ᄂᆞᆫ被用者의行爲에就ᄒᆞ야ᄂᆞᆫ責任을負ᄒᆞᄂᆞᆫ與否의問題를決定ᄒᆞᆫ지라玆에豫先注意ᄒᆞᆷ이可ᄒᆞᆫ바ᄂᆞᆫ被用者自身의行爲에就ᄒᆞ야ᄂᆞᆫ其人이無能力者가아닌限에ᄂᆞᆫ其者自身의게責任의有ᄒᆞᆷ을明白히ᄒᆞᆷ이是라此點에關ᄒᆞ야ᄂᆞᆫ毫末도容疑ᄒᆞᆯ바ㅣ無ᄒᆞᄃᆡ此等人은大概無資力者ㅣ라故로만일使用者의게責任이無ᄒᆞ다ᄒᆞᆯ진대被害者ᄂᆞᆫ雇人等에對ᄒᆞ야損害賠償을請求ᄒᆞ야도實際에滿足ᄒᆞᆫ結果를得ᄒᆞ기不能ᄒᆞᆯ지니於是乎使用者의게責任有無를決定ᄒᆞᆯ必要가生ᄒᆞᆷ이라然이나他人의不法行爲에就ᄒᆞ야自己가責任을負치아니ᄒᆞᆷ은無能力者의不法行爲에關ᄒᆞ야說明

는 안 된다.

둘째, 피용자(被用者)의 불법행위에 대하여 설명한다. 민법상 이른바 "피용자"에는 갖가지 경우가 포함된다. 첫째, 고용주는 고용계약에 따라 고용자를 사용할 권리를 가지는데 고용자, 곧 노동자는 여기서 이른바 "피용자"임에 의문이 없다. 둘째, 위임에서 수임인 또한 피용자이고, 또 때로는 수급인도 이론상 피용자인 경우가 있다. 그러므로 피용자라는 범위는 매우 광범위한 것이다. 이 피용자의 불법행위에 대하여도 일본 신 민법은 제715조에서 규정하여, 사용자가 피용자의 행위에 대하여 책임을 지는지 여부의 문제를 결정한 것이다. 여기서 미리 주의하여야 할 점은, 바로 피용자 자신의 행위에 대하여는 그 사람이 무능력자가 아닌 한 그 사람 자신에게 책임이 있음을 명백히 하여야 한다는 것이다. 이 점에 관하여는 털끝만큼도 의심할 바 없는데, 이들 사람은 대개 무자력자이다. 그러므로 만일 사용자에게 책임이 없다고 하면 피해자는 고용자 등에 대하여 손해배상을 청구하여도 실제로 만족할 만한 결과를 얻을 수 없을 것이다. 여기서 사용자에게 책임 유무를 결정할 필요가 생긴다. 그러나 타인의 불법행위에 대하여 자기가 책임을 지지 않음은 무능력자의 불법행위에 관하여 설명

ᄒᆞᆫ바와無異ᄒᆞᄂᆞ니卽何人이든지自己의不法行爲에因치아니ᄒᆞ면責任을負ᄒᆞᄂᆞᆫ事ㅣ無ᄒᆞᆫ故로使用者의게不注意（過失）가無ᄒᆞᆫ境遇에ᄂᆞᆫ何等의責任을負치아니ᄒᆞᄂᆞᆫ바ㅣ라然而如何ᄒᆞᆫ境遇에過失이有ᄒᆞᆯ가ᄒᆞᆷ은全혀事實問題에屬ᄒᆞᄂᆞ니或은此境遇에도代理關係에基因ᄒᆞ야使用者가被用者의不法行爲에因ᄒᆞᆫ責任을負ᄒᆞᆷ이라說明ᄒᆞᄂᆞᆫ者ㅣ不無호대其誤謬됨은無能力者의境遇에說明ᄒᆞᆫ바에依ᄒᆞ야明白ᄒᆞᆯ지라日本新民法第七百十五條ᄂᆞᆫ右責任問題에關ᄒᆞᆫ規定이니其第一項에第一로使用者ᄂᆞᆫ如何ᄒᆞᆫ境遇에過失이有ᄒᆞᆯ가ᄒᆞᆷ을規定ᄒᆞ고第二로擧證義務에就ᄒᆞ야規定ᄒᆞᆫ지라卽同條에「或事業을因ᄒᆞ야他人을使用ᄒᆞᄂᆞᆫ者ᄂᆞᆫ被用者가其事業의執行에就ᄒᆞ야第三者의게加ᄒᆞᆫ損害ᄅᆞᆯ賠償ᄒᆞᄂᆞᆫ責에任ᄒᆞᆷ但使用者가被用者의選任及其事業의監督에就ᄒᆞ야相當ᄒᆞᆫ注意ᄅᆞᆯ行ᄒᆞᆫ時又ᄂᆞᆫ相當ᄒᆞᆫ注意ᄅᆞᆯ行ᄒᆞᆯ지라도損害가生ᄒᆞᆯ만ᄒᆞᆫ時ᄂᆞᆫ此限에在치아니ᄒᆞᆷ」이라規定ᄒᆞ얏시니本項의條文을裡面으로解釋ᄒᆞᆯ진대自己가委托ᄒᆞᆫ事業以外에被用者의行ᄒᆞᆫ行爲에就ᄒᆞ야ᄂᆞᆫ何等의責任이無ᄒᆞᆷ을可知ᄒᆞᆯ지라蓋自己가委托ᄒᆞᆫ事業에就ᄒᆞ야ᄂᆞᆫ十分監督ᄒᆞᆯ義務가有호대其委托ᄒᆞᆫ事業以外의事項에就

한 바와 다르지 않다. 즉, 누구든지 자기의 불법행위에 인하지 않고는 책임을 질 일이 없으므로 사용자에게 부주의(과실)가 없는 경우에는 어떠한 책임도 지지 않는 것이다. 그러나 어떠한 경우에 과실이 있는지는 완전히 사실문제에 속한다. 더러는 이 경우에도 대리관계에 기인하여 사용자가 피용자의 불법행위로 인한 책임을 지는 것이라고 설명하는 사람도 없지 않지만, 그것이 잘못된 설명임은 무능력자의 경우에서 설명한 바에 따라 명백하다. 일본 신 민법 제715조는 위 책임 문제에 관한 규정이다. 제1항에서는 첫째로 사용자는 어떠한 경우에 과실이 있는지를 규정하고 둘째로 증명의 의무에 대하여 규정하였다. 곧 제715조는 "어떤 사업으로 인하여 타인을 사용하는 자는 피용자가 그 사업의 집행에 대하여 제3자에게 가한 손해를 배상할 책임이 있음. 그러나 사용자가 피용자의 선임 및 그 사업의 감독에 대하여 상당한 주의를 한 때, 또는 상당한 주의를 할지라도 손해가 발생할 만한 때에는 그러하지 않음"이라고 규정하였다. 이 항의 조문을 반대로 해석하면 자기가 위탁한 사업 이외에 피용자가 행한 행위에 대하여는 어떠한 책임도 없음을 알 수 있을 것이다. 대개 자기가 위탁한 사업에 대하여는 충분히 감독할 의무가 있지만, 위탁한 사업 이외의 사항에 대

ᄒᆞ야ᄂᆞᆫ監督義務가無ᄒᆞ고因ᄒᆞ야此의責任을負치아니ᄒᆞᆯ지니要ᄒᆞ건대使用者의責任은被用者가使用者의命ᄒᆞᆫ事業의執行以外의行爲에ᄂᆞᆫ及치아니ᄒᆞᄂᆞᆫ바ㅣ라

次에同條但書ᄂᆞᆫ使用者가被用者의選任及其事業의監督에就ᄒᆞ야責任을負ᄒᆞᆷ을暗示ᄒᆞᆫ者ㅣ라卽使用者ᄂᆞᆫ其委托ᄒᆞᆫ事業에就ᄒᆞ야도絶對的責任을負ᄒᆞᄂᆞᆫ者ㅣ아니오其被用者의選任을誤히ᄒᆞ얏거나又ᄂᆞᆫ其被用者가事業을執行ᄒᆞᆯ際에監督의注意ᄅᆞᆯ懈怠히ᄒᆞᆫ境遇에限ᄒᆞ야使用者의게過失이有ᄒᆞ다謂ᄒᆞᆷ을可得ᄒᆞᆯ지니此境遇에만間接으로使用者가他人의權利ᄅᆞᆯ侵害ᄒᆞ얏다可謂ᄒᆞᆯ지라此點에關ᄒᆞ야ᄂᆞᆫ學者間에 反對의解釋을 採用ᄒᆞᄂᆞᆫ者ㅣ 多ᄒᆞᆫ故로日本新民法은明文으로規定ᄒᆞᆫ바ㅣ라

尙且擧證의責任에就ᄒᆞ야ᄂᆞᆫ日本新民法第七百十四條의規定에就ᄒᆞ야論述ᄒᆞᆫ바와同一히被用者가事業의執行에就ᄒᆞ야第三者의게加ᄒᆞᆫ損害에就ᄒᆞ야ᄂᆞᆫ法律은使用者의게不注意가有ᄒᆞᆫ者로推定ᄒᆞᄂᆞ니盖使用者가適當ᄒᆞᆫ者ᄅᆞᆯ選擇ᄒᆞ고且十分監督ᄒᆞ야此ᄅᆞᆯ使用ᄒᆞᆯ진대其損害ᄅᆞᆯ加ᄒᆞᄂᆞᆫ事ㅣ無ᄒᆞᆫ境遇가多數되ᄂᆞᆫ

하여는 감독의무가 없고 따라서 이 책임을 지지 않을 것이다. 요컨대 사용자의 책임은 그가 명한 사업을 집행하는 것 이외의 피용자의 행위는 미치지 않는 것이다.

다음으로 제715조 제1항 단서는 사용자가 피용자의 선임 및 그 사업의 감독에 대하여 책임을 짐을 암시한 것이다. 즉, 사용자는 그가 위탁한 사업에 대하여도 절대적 책임을 지는 것이 아니라, 피용자의 선임을 잘못하였거나 피용자가 사업을 집행할 때 감독상 주의를 게을리한 경우에 한하여 사용자에게 과실이 있다고 말할 수 있는 것이다. 따라서 이 경우에만 간접적으로 사용자가 타인의 권리를 침해하였다고 말할 수 있다. 이 점에 관하여는 학자들 간에 반대의 해석을 채용하는 사람이 많으므로 일본 신 민법은 명문으로 규정한 것이다.

또 증명책임에 대하여는 일본 신 민법 제714조에서 서술한 바와 마찬가지로 피용자가 사업의 집행에 대하여 제3자에게 가한 손해는 법률이 사용자에게 부주의가 있는 것으로 추정한다. 대개 사용자가 적당한 사람을 선택하고 또 충분히 감독하고 사용한다면 그 손해를 가할 일이 없는 경우가 다수이기

所以라假令幼年者로荷車를挽케ᄒᆞᆷ을因ᄒᆞ야他人에게損害를加ᄒᆞᆷ과如ᄒᆞᆷ이是니如此히被用者의選任에就ᄒᆞ야注意를缺ᄒᆞᆷ을因ᄒᆞ야他人의損害를加ᄒᆞᆫ境遇에ᄂᆞᆫ使用者가其責에任ᄒᆞᆷ이當然ᄒᆞᆫ지라故로其被用者가損害를加ᄒᆞᆫ時ᄂᆞᆫ使用者가選任又ᄂᆞᆫ監督에就ᄒᆞ야過失이有ᄒᆞᆫ者로推定ᄒᆞᆷ은決코不當ᄒᆞ다云ᄒᆞ기不能ᄒᆞᆫ바ㅣ라然이나此推定은反證을許ᄒᆞᆷ이前述ᄒᆞᆫ바와如ᄒᆞᆯ진대使用者의責任은獨立ᄒᆞᆫ者ㅣ오代理人의不法行爲에就ᄒᆞ야責任을負ᄒᆞᄂᆞᆫ者ㅣ아님이明白ᄒᆞ다可謂ᄒᆞᆯ지니即使用者가被用者의選任及其事業의監督에就ᄒᆞ야相當ᄒᆞᆫ注意를行ᄒᆞᆫ證據를提出ᄒᆞ거나又ᄂᆞᆫ相當ᄒᆞᆫ注意를ᄒᆞᆯ지라도損害가生ᄒᆞᆯ만ᄒᆞᆷ을證明ᄒᆞᆫ時ᄂᆞᆫ使用者ᄂᆞᆫ責任을免ᄒᆞᆯ바ㅣ라今에例를擧ᄒᆞ야此를證明ᄒᆞᆯ진대假令幼年者로써重荷를運搬케ᄒᆞᆷ과如ᄒᆞᆷ은被用者의選任을誤히ᄒᆞᆫ者ㅣ라可謂ᄒᆞᆯ지니即如斯ᄒᆞᆫ幼年者ᄂᆞᆫ他事業을行ᄒᆞᆷ에ᄂᆞᆫ適當ᄒᆞᆯ지로대重荷를運搬ᄒᆞᆷ과如ᄒᆞᆷ은其人의堪能ᄒᆞᆯ바ㅣ아니라故로使用者ᄂᆞᆫ其選任에就ᄒᆞ야責任을免ᄒᆞ기不能ᄒᆞᆯ바ㅣ오其他貨物을荷車로運搬케ᄒᆞᆯ際에其積荷의不完全ᄒᆞᆷ을因ᄒᆞ야途中에서顚覆되야因ᄒᆞ야他人의게損害를及ᄒᆞᆫ境遇와如ᄒᆞᆷ은使用者가此責任을負치아니ᄒᆞᆷ

때문이다. 가령 청소년에게 짐수레를 끌게 함으로 인하여 타인에게 손해를 가하는 것과 같은 것이다. 이와 같이 피용자의 선임에 대하여 주의하지 않음으로 인하여 타인에게 손해를 가한 경우에는 사용자가 그 책임을 지는 것이 당연하다. 그러므로 피용자가 손해를 가한 때에는 사용자가 선임 및 감독에 대하여 과실이 있다고 추정하는 것은 결코 부당하다고 말할 수 없다. 그러나 이 추정은 반증이 허용됨은 전술한 바와 같은데, 사용자의 책임은 독립된 것이고 대리인의 불법행위에 대하여 책임을 지는 것이 아님이 명백하다고 할 수 있다. 곧 사용자가 피용자의 선임 및 그 사업의 감독에 대하여 상당한 주의를 하였다는 증거를 제출하거나, 또는 상당한 주의를 할지라도 손해가 발생할 만하다는 것을 증명한 때에는 사용자는 책임을 면할 것이다. 이제 예를 들어 이를 증명한다면, 가령 청소년에게 무거운 짐을 운반하게 하는 것 같으면 피용자의 선임을 잘못한 것이라고 할 수 있다. 곧 이러한 청소년은 다른 사업을 하는 데에는 적당할지라도 무거운 짐을 운반하는 것과 같은 일은 그 사람이 쉽게 감당할 수 없다. 그러므로 사용자는 그 선임에 대하여 책임을 면할 수 없을 것이다. 그리고 다른 화물을 짐수레로 운반하게 할 때에 적재가 불완전함으로 인하여 도중에 전복됨에 따라 타인에게 손해를 미친 경우와 같으면 사용자가 그 책임을 지지 않을 이不可ᄒᆞᆯ지니何者오使用者ᄂᆞᆫ其貨物積載等에就ᄒᆞ야도注意ᄅᆞᆯ懈怠히ᄒᆞᆷ이不可ᄒᆞᆫ所以라此境遇에在ᄒᆞ야ᄂᆞᆫ被用者의選任을誤히ᄒᆞᆫ者ㅣ라謂ᄒᆞᆷ을不得ᄒᆞᆯ지로대事業의監督을懈怠히ᄒᆞᆫ者ㅣ라可謂ᄒᆞᆯ바ㅣ오又縱令其運搬者가相當ᄒᆞᆫ年齡에達ᄒᆞ고且相當ᄒᆞᆫ体格을具備ᄒᆞᆫ境遇라도其人이平素不注意ᄒᆞᄂᆞᆫ者되ᄂᆞᆫ時ᄂᆞᆫ使用者ᄂᆞᆫ亦其責을免ᄒᆞ기不能ᄒᆞᆯ바ㅣ로대此와反ᄒᆞ야相當ᄒᆞᆫ年齡에達ᄒᆞᆯ相當ᄒᆞᆫ體格을具備ᄒᆞ며且平素通常人에比ᄒᆞ야不注意ᄒᆞᄂᆞᆫ者ㅣ아닌雇人으로商品을運搬케ᄒᆞᆫ境遇에途中에서其過失에因ᄒᆞ야通行人의足을負傷케ᄒᆞᆫ時ᄂᆞᆫ使用者에게過失이有ᄒᆞ다云ᄒᆞᆷ을不得ᄒᆞᆯ지니何故오旣히選任에就ᄒᆞ야過失이無ᄒᆞ고又使用者가雇人과俱히步行ᄒᆞ야此ᄅᆞᆯ監督치아니ᄒᆞᆫ故로其過失이라云ᄒᆞᆷ을不得ᄒᆞᆯ所以라又相當ᄒᆞᆫ經驗이有ᄒᆞᆫ車夫ᄅᆞᆯ雇入ᄒᆞ야此로써人力車ᄅᆞᆯ挽케ᄒᆞᆯ際에車上에서十分監督을ᄒᆞᆯ지라도車夫의過失에因ᄒᆞ야車ᄅᆞᆯ顚覆ᄒᆞ고通行人及其他에損害ᄅᆞᆯ加ᄒᆞᄂᆞᆫ事ㅣ有ᄒᆞᆷ을免치못ᄒᆞᆯ지니故로使用者가偶然히車上에셔新聞紙ᄅᆞᆯ閱覽ᄒᆞ고毫末도監督을ᄒᆞ지아니ᄒᆞᆯ際에同樣의過失이有ᄒᆞ야도是ᄂᆞᆫ決코使用者의不注意에因ᄒᆞ야生ᄒᆞᆫ者ㅣ라云ᄒᆞᆷ을不得ᄒᆞᆯ바ㅣ라然이나此等

수 없다. 왜냐하면 사용자는 그 화물 적재 등에 대하여도 주의를 게을리할 수 없기 때문이다. 이 경우에는 피용자의 선임을 잘못한 것이라고 할 수는 없지만 사업의 감독을 게을리한 것이라고 말할 수 있다. 또 설령 그 운반자가 상당한 나이가 되었고 상당한 체격을 갖춘 경우라도, 그 사람이 평소 주의 깊지 못한 사람인 때에는 사용자는 또한 그 책임을 면할 수 없을 것이다. 이와 반대로 상당한 나이가 되었고 상당한 체격을 갖추었으며 또 평소 보통 사람에 비하여 주의가 깊은 고용자에게 상품을 운반하게 한 경우에, 도중에서 그의 과실로 인하여 통행인의 발을 다치게 한 때에는 사용자에게 과실이 있다고 할 수 없을 것이다. 왜냐하면 이미 선임에 대하여 과실이 없고, 또 사용자가 고용자와 함께 걸어가서 이를 감독하지 않았으므로 사용자의 과실이라고 말할 수는 없기 때문이다. 또 상당한 경험이 있는 수레꾼을 고용하여 그에게 인력거를 끌게 할 때에, 수레 위에서 충분히 감독을 할지라도 수레꾼의 과실로 인하여 수레를 전복시키고 통행인이나 다른 곳에 손해를 가할 수도 있을 것이다. 그러므로 사용자가 우연히 수레 위에서 신문을 보고 털끝만큼도 감독을 하지 않을 때에, 똑같은 과실이 있더라도 이는 결코 사용자의 부주의로 인하여 발생한 것이라고 할 수 없다. 그러나 이들

事ᄂᆞᆫ元來事實問題에屬ᄒᆞᆫ者ㅣ니事實은裁判官의認定에一任ᄒᆞᄂᆞᆫ外에他道가無ᄒᆞᆫ바ㅣ라

上述ᄒᆞᆫ境遇에在ᄒᆞ야도使用者ᄅᆞᆯ代ᄒᆞ야事業을監督ᄒᆞᄂᆞᆫ者ㅣ或有ᄒᆞᄂᆞ니商家에在ᄒᆞᆫ總務人과如ᄒᆞᆷ이即是라蓋稍大ᄒᆞᆫ商家에在ᄒᆞ야ᄂᆞᆫ事業의監督을總務人의게委任ᄒᆞᆷ이常例니此境遇에在ᄒᆞ야其總務人이注意ᄅᆞᆯ不足히ᄒᆞᆷ을因ᄒᆞ야幼者가不法行爲ᄅᆞᆯ行ᄒᆞ야他人의게損害ᄅᆞᆯ加ᄒᆞᆫ時ᄂᆞᆫ主人及總務人은共히全部義務ᄅᆞᆯ負ᄒᆞᄂᆞᆫ事ㅣ多數됨이라然而總務人과主人의關係如何ᄅᆞᆯ論ᄒᆞᆯ진대右損害ᄂᆞᆫ結局總務人의不注意에基因ᄒᆞᆫ者ㅣ라故로主人이履行ᄒᆞᆫ賠償額에就ᄒᆞ야ᄂᆞᆫ總務人에對ᄒᆞ야求償權을有ᄒᆞᆯ지로다

尙且被用者의不法行爲에就ᄒᆞ야ᄂᆞᆫ無能力者의不法行爲境遇에生치아니ᄒᆞᄂᆞᆫ一個問題가有ᄒᆞ니蓋無能力者境遇에在ᄒᆞ야ᄂᆞᆫ直接行爲者의게責任이無ᄒᆞᆷ을前提로ᄒᆞᄂᆞᆫ故로其直接行爲者가監督者에게對ᄒᆞ야責任을負ᄒᆞᄂᆞᆫ事ㅣ無ᄒᆞᄂᆞ니即未成年者로아직責任을負ᄒᆞᆷ이可ᄒᆞᆯ年齡에達치아니ᄒᆞᆫ者의行爲又ᄂᆞᆫ精神病者가精神錯亂ᄒᆞᆫ境遇에行爲에就ᄒᆞ야ᄂᆞᆫ其後見人은責任을負치아니ᄒᆞᆷ이不

일은 원래 사실문제에 속한 것으로, 사실은 재판관의 인정에 일임할 수밖에 다른 방도가 없다.

위에 서술한 경우에도 사용자를 갈음하여 사업을 감독하는 사람이 더러 있다. 상점의 지배인과 같은 것이 바로 그것이다. 대개 큰 상점에서는 사업의 감독을 지배인에게 위임하는 것이 상례이다. 이 경우에 지배인이 주의를 부족하게 함에 따라 청소년이 불법행위를 하여 타인에게 손해를 가한 때에는 주인 및 지배인은 모두 의무 전부를 부담하는 경우가 많다. 그러나 지배인과 주인의 관계가 어떠한지를 논하면, 위 손해는 결국 지배인의 부주의에 기인한 것이다. 그러므로 주인이 이행한 배상액에 대하여는 지배인에 대하여 구상권을 가질 것이다.

또 피용자의 불법행위에 대하여는 무능력자의 불법행위에서 발생하지 않는 한 가지 문제가 있다. 대개 무능력자의 경우에는 직접 행위를 한 사람에게 책임이 없음을 전제로 하므로, 직접 행위를 한 사람이 감독자에 대하여 책임을 질 일이 없다. 곧 미성년자로서 아직 책임을 질 만한 나이가 되지 않은 사람의 행위, 또는 정신병자가 정신착란 중에 한 행위에 대하여는 친권자나 후견인은 책임을 져야 한

可ᄒᆞ대此境遇ᄂᆞᆫ後見人의게過失이有ᄒᆞᆫ故로自己의責任으로損害賠償의責을負ᄒᆞᄂᆞᆫ者ㅣ오其無能力者에至ᄒᆞ야ᄂᆞᆫ法律上意思가無ᄒᆞᆫ者로看做ᄒᆞᄂᆞᆫ故로何人에對ᄒᆞ든지責任을負치아니ᄒᆞ며오즉實際에就ᄒᆞ야言ᄒᆞᆯ진대後見人은甚히苛酷ᄒᆞᆷ을被ᄒᆞᄂᆞᆫ故로父兄或其他人으로브터此에相當ᄒᆞᆫ金額及其他物을與ᄒᆞ거나或은親族會의決議로써該見人의損失을補償ᄒᆞᄂᆞᆫ事ㅣ有ᄒᆞ나然이나後見人은當然히此等權利를有ᄒᆞᆫ者ㅣ아니라此와反ᄒᆞ야被用者ᄂᆞᆫ自初로責任이有ᄒᆞᆷ을前提로ᄒᆞᄂᆞᆫ故로其人이資力이有ᄒᆞᆫ時ᄂᆞᆫ被害者ᄂᆞᆫ加害者本人의게對ᄒᆞ야賠償을請求ᄒᆞᆷ으로써滿足ᄒᆞᆫ境遇가有ᄒᆞᆯ지니此境遇ᄂᆞᆫ三人의全部義務者가有ᄒᆞᆷ이라然而主人或은總務人이幼者의行爲에就ᄒᆞ야責任을負ᄒᆞᆷ에至ᄒᆞᆷ은理論上으로ᄂᆞᆫ元來各自의過失에就ᄒᆞ야責任을負ᄒᆞᄂᆞᆫ者ㅣ로대畢竟被用者의故意又ᄂᆞᆫ過失에因ᄒᆞ야主人又ᄂᆞᆫ監督者의게損害를及케ᄒᆞᆷ에至ᄒᆞᆫ者ㅣ라故로被用者ᄂᆞᆫ監督者又ᄂᆞᆫ主人에對ᄒᆞ야此를賠償치아니ᄒᆞᆷ이不可ᄒᆞᄂᆞ니日本新民法은其第七百十五條第二項及第三項에此를規定ᄒᆞᆫ지라其第二項에「使用者에代ᄒᆞ야事業을監督ᄒᆞᄂᆞᆫ者도亦前項의責에任ᄒᆞᆷ」이라ᄒᆞ고第三項에「前二項의規

다. 그렇지만 이 경우는 친권자나 후견인에게 과실이 있으므로 자기가 손해배상책임을 부담하는 것이고, 무능력자는 법률상 의사가 없는 사람으로 간주되므로 누구에게든지 책임을 지지 않는다. 다만 실제로는 후견인에게 매우 가혹하므로 부모, 형제 또는 다른 사람으로부터 이에 상당한 금액 및 기타 물건을 주거나 또는 친족회의 결의로 그 후견인의 손실을 보상하는 경우가 있다. 그러나 후견인은 당연히 이들 권리를 갖는 것이 아니다. 이와 반대로 피용자는 처음부터 책임이 있음을 전제로 한다. 그러므로 그 사람이 자력이 있으면 피해자는 가해자 본인에 대하여 배상을 청구함으로써 만족하는 경우가 있을 것이다. 이 경우는 전부의무자(全部義務者)가 세 사람 있는 것이다. 그러나 주인 또는 지배인이 청소년의 행위에 대하여 책임을 지게 되는 것은 이론상으로는 원래 각자의 과실에 대하여 책임을 지는 것인데, 마침내 피용자의 고의 또는 과실로 인하여 주인 또는 감독자에게 손해를 미치게 한 것이다. 그러므로 피용자는 감독자 또는 주인에 대하여 이를 배상하여야 한다. 따라서 일본 신 민법은 제715조 제2항 및 제3항에서 이를 규정하였다. 제2항은 "사용자를 갈음하여 사업을 감독하는 자도 또한 전항의 책임이 있음"이라고 하였고 제3항은 "전 2항

定은使用者又는 監督者로브터 被用者에對ᄒᆞ는 求償權의行使를 妨害치아니 ᄒᆞᆷ」이라規定ᄒᆞᆫ바라

以上은雇傭委任或은此와類似ᄒᆞᆫ契約에因ᄒᆞ야或人을爲ᄒᆞ야事業을ᄒᆞᆯ義務를負ᄒᆞᆫ者가不法行爲를行ᄒᆞᆫ境遇의說明이오次에는請負人의不法行爲에就ᄒᆞ야說明코ᄌᆞᄒᆞ노라

請負人의行爲에就ᄒᆞ야注文者가責任을負ᄒᆞ는與否는學者間에議論이頗有ᄒᆞᆫ바ㅣ로대請負人이란者는勞務者受任者等과異ᄒᆞ야原則으로는獨立地位에在ᄒᆞ고他人의監督을受ᄒᆞ야事業을ᄒᆞ는者ㅣ아니니縱令實際에監督을取ᄒᆞ야도是는單히注文者가自己의利益을爲ᄒᆞ야可成的請負契約의本旨를從ᄒᆞ야事業의完成을期望ᄒᆞ기爲ᄒᆞᆷ이오此로써注文者의義務라云ᄒᆞᆷ을不得ᄒᆞᆯ지니因ᄒᆞ야原則으로는請負人의行爲에就ᄒᆞ야注文者가責任을負ᄒᆞ는事ㅣ無ᄒᆞᆫ지라日本新民法은其第七百十六條에「注文者는請負人이其事業에就ᄒᆞ야第三者의게加ᄒᆞᆫ損害를賠償ᄒᆞᆯ責에任치아니ᄒᆞᆷ但注文又는指圖에就ᄒᆞ야注文者의게過失이有ᄒᆞᆫ時는此限에在치아니ᄒᆞᆷ」이라規定ᄒᆞᆫ바ㅣ라

은 사용자 또는 감독자의 피용자에 대한 구상권의 행사를 방해하지 않음"이라고 규정한 것이다.

이상은 고용, 위임 또는 이와 유사한 계약에 따라 어떤 사람을 위하여 사업을 할 의무를 진 사람이 불법행위를 한 경우에 대한 설명이다. 다음에는 수급인의 불법행위에 대하여 설명하고자 한다.

수급인의 행위에 대하여 도급인이 책임을 지는지 여부는 학자 간에 논의가 자못 있지만, 수급인이란 노동자, 수임인 등과 달리 원칙적으로는 독립한 지위에 있고 타인의 감독을 받아 일을 하는 것이 아니다. 따라서 설령 실제로 감독을 받더라도 이는 다만 도급인이 자기의 이익을 위하여 가급적 도급계약의 본지에 따라 일의 완성을 꾀하기 위한 것이지 이를 도급인의 의무라고 할 수는 없다. 따라서 원칙적으로는 수급인의 행위에 대하여 도급인은 책임을 질 일이 없는 것이다. 일본 신 민법은 제716조에서 "도급인은 수급인이 그 일에 대하여 제3자에게 가한 손해를 배상할 책임이 없음. 그러나 도급 또는 지시에 대하여 도급인에게 과실이 있는 때에는 그러하지 않음"이라고 규정한 것이다.

上述ᄒᆞᆫ原則에 一個例外가 有ᄒᆞ니盖注文者가 請負人을 監督ᄒᆞᄂᆞᆫ義務ᄂᆞᆫ毫無ᄒᆞ나然이나請負人을指圖ᄒᆞᄂᆞᆫ權利ᄂᆞᆫ有ᄒᆞᄂᆞ니即注文者ᄂᆞᆫ自己ᄅᆞᆯ爲ᄒᆞ야或事業을行케ᄒᆞᄂᆞᆫ者ㅣ라故로契約의範圍內에在ᄒᆞ야其事業을自己의所欲에從ᄒᆞ야行케ᄒᆞᆷ을得ᄒᆞᄂᆞ니如此히請負人이注文者의指圖ᄅᆞᆯ從ᄒᆞ야事業을行ᄒᆞᆫ境遇ᄂᆞᆫ請負人의事業은間接으로注文者의行爲라可謂ᄒᆞᆯ지라請負人은被用者의地位에在ᄒᆞᆷ과恰似ᄒᆞᄂᆞ니故로만일注文者의指圖에過失이有ᄒᆞᆷ을因ᄒᆞ야不法行爲ᄅᆞᆯ生ᄒᆞᆷ에至ᄒᆞᆫ境遇即此ᄅᆞᆯ因ᄒᆞ야他人의權利ᄅᆞᆯ害ᄒᆞᆫ境遇에在ᄒᆞ야ᄂᆞᆫ注文者가其責을亦負치아니ᄒᆞᆷ이不可ᄒᆞᆫ바ㅣ라假令家屋建築에就ᄒᆞ야言ᄒᆞᆯ진대注文者가家屋의建築을注文ᄒᆞᆷ에當ᄒᆞ야地形을十分完固히ᄒᆞᆷ을不要ᄒᆞ얏거나或은最初에約束을아니ᄒᆞ얏슬지라도法文者又ᄂᆞᆫ其代理人이地形에就ᄒᆞ야監督ᄒᆞ얏스나其監督이十分不完全ᄒᆞ야因ᄒᆞ야請負人이地形을完固케ᄒᆞ지아니ᄒᆞ고建築에着手ᄒᆞ얏더니其後地震을因ᄒᆞ야其半築ᄒᆞᆫ家屋이顚倒ᄒᆞ야隣家에損害ᄅᆞᆯ及ᄒᆞᆷ과如ᄒᆞᆫ境遇에在ᄒᆞ야ᄂᆞᆫ被害者ᄂᆞᆫ請負人에對ᄒᆞ야損害賠償을請求ᄒᆞᆷ을得ᄒᆞᆷ은勿論이로대注文者에對ᄒᆞ야도亦此ᄅᆞᆯ請求ᄒᆞᆷ을可得ᄒᆞᄂᆞ니盖前例境遇

위에 서술한 원칙에 하나의 예외가 있다. 대개 도급인이 수급인을 감독할 의무는 전혀 없으나 수급인을 지시할 권리는 있다. 곧 도급인은 자기를 위하여 어떤 일을 하게 하는 사람이다. 그러므로 계약의 범위 내에서 그 일을 자기가 바라는 대로 하게 할 수 있다. 이와 같이 수급인이 도급인의 지시에 따라 일을 한 경우에는 수급인의 일은 간접적으로 도급인의 행위라고 말할 수 있을 것이어서 수급인은 피용자의 지위에 있는 것과 유사하다. 그러므로 만일 도급인의 지시에 과실이 있음으로 인하여 불법행위가 발생하게 된 경우, 곧 이로 인하여 타인의 권리를 침해한 경우에는 도급인이 그 책임 또한 져야만 하는 것이다. 가령 가옥 건축에 대하여 말하면, 도급인이 가옥 건축을 도급하면서 지반을 충분히 견고하게 하기를 요구하지 않았거나, 또는 처음에는 약속하지 않았을지라도 도급인 또는 그 대리인이 지반에 대하여 감독하였으나 그 감독이 매우 불완전함으로 인하여 수급인이 지반을 견고하게 하지 않고 건축에 착수한 경우가 있을 수 있다. 이때 그 뒤 지진으로 인하여 반쯤 짓던 가옥이 전도(顚倒)되어 이웃집에 손해를 미치는 것과 같은 경우에는 피해자는 수급인에 대하여 손해배상을 청구할 수 있음은 물론이지만 도급인에게도 또한 청구할 수 있다. 대개 앞선 예에在ᄒᆞ야家屋이顚倒홈은地形의不完全홈을因홈이니其不完全ᄒᆞᆫ地形은注文者의注文에出ᄒᆞ얏거나或은其指圖에出ᄒᆞᆫ者ㅣ로대凡建築을請負ᄒᆞᄂᆞᆫ者ᄂᆞᆫ相當ᄒᆞᆫ智識을有ᄒᆞᆫ者ㅣ되지아니홈이不可ᄒᆞᄂᆞ니若其智識이無ᄒᆞ고請負ᄒᆞ얏다ᄒᆞᆯ진대是ᄂᆞᆫ其者의過失이오相當ᄒᆞᆫ智識이有ᄒᆞ야도地形이不完全ᄒᆞᆫ時ᄂᆞᆫ顚倒ᄒᆞᆯ恐이有홈으로此ᄅᆞᆯ完全케ᄒᆞᆯ事ᄅᆞᆯ忠告치아니홈은亦請負人의過失이라謂치아니홈이不可ᄒᆞᄂᆞ니如斯ᄒᆞᆫ結果ᄅᆞᆯ豫想ᄒᆞᆫ境遇에在ᄒᆞ야ᄂᆞᆫ縱令注文者의指圖가有ᄒᆞ야도請負人은如斯히危險ᄒᆞᆫ建築을行홈은斷然히拒絶홈이可ᄒᆞ거ᄂᆞᆯ다만目前의金錢上利益만取ᄒᆞ야如此ᄒᆞᆫ注文者의指圖ᄅᆞᆯ甘受ᄒᆞ고危險ᄒᆞᆫ家屋을建築홈은請負人의게過失이有홈이勿論이니因ᄒᆞ야스ᄉᆞ로損害賠償의責에任치아니홈이不可ᄒᆞᆫ바ㅣ라然이나此境遇에在ᄒᆞ야ᄂᆞᆫ注文者도不當ᄒᆞᆫ指圖ᄅᆞᆯ行ᄒᆞᆫ過失이有ᄒᆞᆫ故로亦其責에任치아니홈이不可ᄒᆞᆫ바ㅣ라然而請負人은注文에從ᄒᆞ야義務ᄅᆞᆯ履行ᄒᆞᆫ者ㅣ라故로注文者ᄂᆞᆫ請負人에對ᄒᆞ야求償ᄒᆞᄂᆞᆫ權利ᄅᆞᆯ有치못ᄒᆞᄂᆞ니是即日本新民法第七百十六條但書의規定이有ᄒᆞᆫ所以라

第三 工作物占有者의 責任에就ᄒᆞ야 略述ᄒᆞᆯ진대 凡工作物이라 云ᄒᆞ면建物

에서 가옥이 전도된 것은 지반이 불완전함에 따른 것인데, 그 불완전한 지반은 도급인의 도급에서 나왔거나 지시에서 나온 것이다. 일반적으로 건축을 도급받는 사람은 상당한 지식을 가진 사람이어야 한다. 만약 그 지식 없이 도급을 받았다면 이는 그 사람의 과실이고, 상당한 지식이 있더라도 지반이 불완전한 때에는 전도될 위험이 있으므로 이를 완전하게 할 것을 충고하지 않는 것 또한 수급인의 과실이라고 하지 않을 수 없다. 따라서 이러한 결과를 예상한 경우에는 설령 도급인의 지시가 있어도 수급인은 이렇게 위험한 건축을 할 것을 단호하게 거절할 것이다. 그런데도 다만 눈앞의 금전적 이익만 취하여 이와 같은 도급인의 지시를 감수하고 위험한 가옥을 건축한다면 수급인에게 과실이 있음이 물론이다. 따라서 스스로 손해배상의 책임을 져야 하는 것이다. 그러나 이 경우에는 도급인도 부당한 지시를 한 과실이 있으므로 또한 그 책임을 지지 않을 수 없다. 그러나 수급인은 도급계약에 따라 의무를 이행한 것이므로 도급인은 수급인에 대하여 구상할 권리를 갖지 못한다. 이는 곧 일본 신 민법 제716조 단서가 있는 까닭이다.

셋째, 공작물(工作物) 점유자의 책임에 대하여 간략히 서술한다. 일반적으로 공작물이라고 하면 건물을을爲主ᄒᆞ야指稱ᄒᆞᆷ이로대水樋과如ᄒᆞᆫ工作物에就ᄒᆞ야도法律上責任問題가生ᄒᆞᄂᆞᆫ境遇가或有ᄒᆞᆯ지라故로此에ᄂᆞᆫ廣義의工作物을云ᄒᆞᆷ이라

日本新民法은其第七百十七條에「土地의工作物의設置又ᄂᆞᆫ保存에瑕疵가有ᄒᆞᆷ을因ᄒᆞ야他人의게損害를生ᄒᆞᆫ時ᄂᆞᆫ其工作物의占有者ᄂᆞᆫ被害者에對ᄒᆞ야損害賠償의責에任ᄒᆞᆷ但占有者가損害의發生을防止ᄒᆞᆷ에必要ᄒᆞᆫ注意를行ᄒᆞᆫ時ᄂᆞᆫ其損害ᄂᆞᆫ所有者가此를賠償ᄒᆞᆷ을要ᄒᆞᆷ」이라規定ᄒᆞᆫ지라몬져此條文의字義를說明ᄒᆞᆯ진대「設置又ᄂᆞᆫ保存에瑕疵가有」ᄒᆞ다ᄒᆞᆷ은假令前例境遇에地形을十分完固히ᄒᆞ지아니ᄒᆞ고家屋을建築ᄒᆞᆷ은設置에瑕疵가有ᄒᆞᆫ境遇오又縱令地形은堅固히ᄒᆞ얏다ᄒᆞ야도多年後에在ᄒᆞ야ᄂᆞᆫ往々傾斜ᄒᆞᆷ이有ᄒᆞ니如斯ᄒᆞᆫ境遇에在ᄒᆞ야ᄂᆞᆫ相當ᄒᆞᆫ修繕을加ᄒᆞ거나或은支柱를立ᄒᆞ야其顚倒를豫防치아니ᄒᆞᆷ이不可ᄒᆞᄂᆞ니만일此를行치아니ᄒᆞ얏스면是ᄂᆞᆫ所謂保存에瑕疵가有ᄒᆞᆫ境遇라如此ᄒᆞᆫ設置又ᄂᆞᆫ保存에瑕疵가有ᄒᆞᆷ을因ᄒᆞ야其建物이顚倒ᄒᆞ야써他人의身體財産에損害를生케ᄒᆞᆫ時ᄂᆞᆫ何人이其賠償의責에任ᄒᆞᆯ가日法民法은工作物의占有者로其責을負케ᄒᆞᆫ바ㅣ라蓋請負人은地形에就ᄒᆞ야過失이有ᄒᆞ고又家屋의所有

주로 가리키지만, 수도관과 같은 공작물에 대하여도 법률상 책임의 문제가 발생하는 경우가 더러 있을 것이다. 그러므로 여기에서는 광의의 공작물을 말한다.

일본 신 민법은 제717조에서 "토지의 공작물 설치 또는 보존에 하자가 있음으로 인하여 타인에게 손해를 발생시킨 때에는 그 공작물 점유자는 피해자에 대하여 손해배상의 책임을 짐. 그러나 점유자가 손해의 발생을 방지하는데 필요한 주의를 한 때에는 그 손해는 소유자가 배상하여야 함"이라고 규정하였다. 먼저 이 조문의 문언상 의의를 설명하면 다음과 같다. "설치 또는 보존에 하자가 있"다고 하면, 가령 앞선 예에서 지반을 충분히 견고하게 하지 않고 가옥을 건축하는 것은 설치에 하자가 있는 경우이다. 또 설령 지반은 견고하게 하였다고 해도 여러 해 뒤에는 기울어지는 일이 자주 있으므로 이러한 경우에는 상당한 수선을 하거나 지지기둥을 세워 전도를 예방하여야 하는데, 만일 이를 하지 않았다면 이것은 이른바 보존에 하자가 있는 경우이다. 이와 같이 설치 또는 보존에 하자가 있음으로 인하여 그 건물이 전도됨으로써 타인의 신체, 재산에 손해를 발생시킨 때에는 누가 그 배상책임을 지는가? 일본 민법은 공작물의 점유자가 그 책임을 지게 한 것이다. 대개 수급인은 지반에 대하여 과실이 있고 또 가옥의 소유

者ᄂᆞᆫ支柱ᄅᆞᆯ立치아니ᄒᆞᆫ過失이有ᄒᆞ대占有者도亦此等의豫防을行ᄒᆞᆷ을注意치아니ᄒᆞᆷ이不可ᄒᆞᆫ지라然而占有者가如斯ᄒᆞᆫ注意ᄅᆞᆯ行치아니ᄒᆞᆷ을因ᄒᆞ야顚倒ᄒᆞᆷ에至ᄒᆞ얏다ᄒᆞᆯ진대占有者도亦過失이有ᄒᆞ다謂치아니ᄒᆞᆷ이不可ᄒᆞᆯ지니是以로法律은占有者의責任이有ᄒᆞ다云ᄒᆞᆫ지라 所謂占有者ᄂᆞᆫ其種類가頗多ᄒᆞᄂᆞ니彼他人의財産을橫領ᄒᆞᆫ錯者、誤等에因ᄒᆞ야善意로占有ᄒᆞᆫ者、地上權者、永小作權者、賃借人、使用借主等과如히權原에因ᄒᆞ야占有ᄒᆞᆫ者等은皆占有者中에包含ᄒᆞᆷ이라因ᄒᆞ야此等人의게過失이有ᄒᆞᆯ진대其責에任치아니ᄒᆞᆷ이不可ᄒᆞᆫ바ㅣ라然而建築ᄒᆞᆯ際에旣히建物에瑕疵가有ᄒᆞ거나又ᄂᆞᆫ現占有者가占有ᄅᆞᆯ始ᄒᆞ기前에旣히保存에瑕疵가有ᄒᆞᆷ을因ᄒᆞ야建物이顚倒ᄒᆞᆫ境遇와如ᄒᆞᆷ은縱令占有者가相當ᄒᆞᆫ注意ᄅᆞᆯ行ᄒᆞ야도多數境遇에在ᄒᆞ야ᄂᆞᆫ其顚倒ᄒᆞᆷ을免ᄒᆞ기不能ᄒᆞᆯ지니如斯ᄒᆞᆫ境遇에在ᄒᆞ야現在의占有者로써責任을負케ᄒᆞᆷ은甚히苛酷ᄒᆞᆫ故로其責任은所有者의게歸치아니ᄒᆞᆷ이不可ᄒᆞᆫ바ㅣ라卽如斯ᄒᆞᆫ建物을建築케ᄒᆞᆫ所有者의게過失이有ᄒᆞ다云ᄒᆞᆷ이可ᄒᆞᆯ바ㅣ오又其所有者가他處로ᄇᆞ터讓受ᄒᆞᆫ時라도十分注意ᄅᆞᆯ加ᄒᆞ야危險을豫防ᄒᆞᄂᆞᆫ處置ᄅᆞᆯ行ᄒᆞᆷ이可ᄒᆞᆯ바ㅣ오又만

자는 지지기둥을 세우지 않은 과실이 있지만, 점유자 또한 이들 사태를 예방하는 데 주의하여야 하는 것이다. 그런데 점유자가 이러한 주의를 행하지 않음으로 인하여 전도되었다면 점유자 또한 과실이 있다고 말하지 않을 수 없다. 그리하여 법률은 점유자의 책임이 있다고 한 것이다. 이른바 점유자는 그 종류가 자못 많다. 타인의 재산을 횡령한 사람, 착오 등으로 인하여 선의로 점유한 사람, 지상권자, 영소작권자, 임차인, 사용차주 등과 같이 권원에 의하여 점유한 사람들은 모두 점유자 안에 포함된다.* 따라서 이들 사람에게 과실이 있다면 그 책임을 져야 하는 것이다. 그러나 건축을 할 때에 이미 건물에 하자가 있거나, 또는 현 점유자가 점유를 개시하기 전에 이미 보존에 하자가 있음으로 인하여 건물이 전도된 경우 같으면, 설령 점유자가 상당한 주의를 하더라도 많은 경우 건물이 전도될 수밖에 없을 것이다. 이러한 경우에 현재의 점유자가 책임을 지게 하면 매우 가혹하다. 그러므로 그 책임은 소유자에게 돌려야 하는 것이다. 곧 이러한 건물을 건축하게 한 소유자에게 과실이 있다고 하는 것이 마땅하다. 또 소유자가 다른 곳으로부터 양수한 때라도 충분한 주의를 하여 위험 발생을 예방하는 조치를 취하는 것이 마땅하고, 또 만

* 역자 주: '타인의 재산을 횡령한 사람'이 권원에 의한 점유자에 포함되는지는 의문임.

일到底히其危險을免ᄒᆞ기不能홈으로認ᄒᆞᆫ時ᄂᆞᆫ此ᄅᆞᆯ毁破ᄒᆞ야危害ᄅᆞᆯ未發에防止홈이可ᄒᆞ고又前占有者가保存에注意치아니ᄒᆞᆫ時ᄂᆞᆫ是亦所有者의過失이라云치아니홈이不可ᄒᆞᆫ바ㅣ라然而學者ㅣ往往此ᄅᆞᆯ誤解ᄒᆞ야曰所有者ᄂᆞᆫ所有物에就ᄒᆞ야責任을負치아니홈이不可ᄒᆞ다云ᄒᆞ나是ᄂᆞᆫ誤謬된者ㅣ니何故오凡所有者가普通의注意ᄅᆞᆯ行ᄒᆞ야物을所有ᄒᆞ야도時或其所有物自體가他人의게損害ᄅᆞᆯ加ᄒᆞᄂᆞᆫ事ㅣ不無ᄒᆞ니假令庭園에樹木을種植홈은所有者의權利오又商店에商品을配置홈은店主의權利니故로其種植及配置에十分注意ᄅᆞᆯ加ᄒᆞᆫ以上은縱令其樹木이風勢ᄅᆞᆯ因ᄒᆞ야倒折되거나商品이地震을因ᄒᆞ야崩壞ᄒᆞ야他人의게損害ᄅᆞᆯ加ᄒᆞ얏다ᄒᆞ야도所有者ᄂᆞᆫ其損害賠償의責任이無ᄒᆞ고오즉前述ᄒᆞᆫ境遇에在ᄒᆞ야ᄂᆞᆫ所有者가危險豫防에就ᄒᆞ야相當ᄒᆞᆫ注意ᄅᆞᆯ行치아니ᄒᆞᆫ故로其責에任ᄒᆞᄂᆞᆫ者ㅣ오반다시所有者된理由로責任을負홈이아니라是ᄂᆞᆫ工作物에만限홈이아니오植物에就ᄒᆞ야도亦同一ᄒᆞ니卽植物을栽植ᄒᆞ거나又ᄂᆞᆫ此ᄅᆞᆯ保管홈에就ᄒᆞ야注意ᄅᆞᆯ缺ᄒᆞᆫ時ᄂᆞᆫ占有者가몬져其責에任ᄒᆞ고占有者에게責任이無ᄒᆞᆫ時ᄂᆞᆫ所有者가其責에任홈이可ᄒᆞᆫ者ㅣ라此에關ᄒᆞ야日本新民法은其第七

일 도저히 그 위험 발생을 면할 수 없다고 인정하면 이를 철거하여 위해를 미연에 방지하는 것이 마땅하다. 또 전 점유자가 보존에 주의를 다하지 않은 때에는 이 또한 소유자의 과실이라고 하지 않을 수 없다. 그런데 학자들은 종종 이를 오해하여, 소유자는 소유물에 대하여 책임을 져야만 한다고 말한다. 그러나 이는 잘못된 것이다. 왜냐하면 일반적으로 소유자가 보통의 주의로 물건을 소유하더라도 때로는 그 소유물 자체가 타인에게 손해를 가하는 일이 없지 않다. 가령 정원에 나무를 심는 것은 소유자의 권리이고 상점에 상품을 배치하는 것은 점주의 권리이다. 그러므로 그 식재 및 배치에 충분한 주의를 한 이상 설령 그 나무가 바람으로 인하여 꺾이거나 상품이 지진으로 인하여 무너져 타인에게 손해를 가하였더라도 소유자는 그 손해배상책임이 없다. 다만 전술한 경우에는 소유자가 위험 예방에 대하여 상당한 주의를 하지 않았으므로 그 책임을 지는 것이지, 반드시 소유자라는 이유로 책임을 지는 것이 아니다. 이는 공작물에만 한하지 않고 식물 또한 마찬가지이다. 곧 식물을 심거나 또는 이를 보관하는 데 주의를 다하지 않은 때에는 점유자가 먼저 그 책임을 지고, 점유자에게 책임이 없는 때에는 소유자가 그 책임을 짐이 마땅한 것이다. 이에 관하여 일본 신 민법은

百十七條第二項에「前項의規定은竹木의栽植又는支持에瑕疵가有흔境遇에此를準用홈」이라現定ᄒ얏시니此等境遇에就ᄒ야도亦彼用者의行爲에就ᄒ야說明홈과同一흔趣旨의規定이有ᄒ니即同法第七百十七條第三項의規定이是라同條에「前二項의境遇에在ᄒ야損害의原因에就ᄒ야其責에任홈이可흔者가有흔時는占有者又는所有者는此에對ᄒ야求償權을行使홈을得」홈이라規定흔지라假令建築請負人、植木者等이注文者로브터充分注意로써堅固흔家屋을建築ᄒ거나又는十分堅固히植木홈을命홈에不拘ᄒ고地形을十分完全히ᄒ지아니ᄒ얏거나又는樹木의栽植及其保管에不完全홈을因ᄒ야損害를生흔境遇에는占有者又는所有者의責任은此를因ᄒ야毫末도減少됨이無ᄒ대占有者又는所有者는請負人又는植木者等에對ᄒ야賠償을請求홈을可得ᄒ느니是는明文이無ᄒ야도無疑흔바ㅣ라然이나占有者、所有者의責任만規定ᄒ고此等者의責任을規定치아니흔時는誤解가或生홀가ᄒ야此를明文으로規定흔바ㅣ라

第四、動物占有者에就ᄒ야說明홀진대日本新民法第七百十八條에「動物의

제717조 제2항에서 "전항은 수목의 식재 또는 지지(支持)에 하자가 있는 경우에 준용함"이라고 규정하였다. 이들 경우에도 또한 피용자의 행위에 대하여 설명한 것과 동일한 취지의 규정이 있다. 곧 일본 민법 제717조 제3항이 그것이다. 이 조는 "전 2항의 경우에 타인에게 손해의 원인에 대하여 그 책임을 질 사람이 있는 때에는 점유자 또는 소유자는 이에 대하여 구상권을 행사할 수 있"음이라고 규정하였다. 가령 건축물 수급인, 식재자 등이 도급인으로부터 충분한 주의로 견고한 가옥을 건축하거나 충분히 견고하게 나무를 심을 것을 지시받았음에도 불구하고 지반을 충분히 완전하게 하지 않았거나 수목의 식재 및 보관상 불완전으로 인하여 손해가 발생한 경우에는, 점유자 또는 소유자의 책임은 이로 인하여 털끝만큼도 감소되지 않는다. 그렇지만 점유자 또는 소유자는 수급인 또는 식재자 등에 대하여 배상을 청구할 수 있는데, 이는 명문 규정이 없어도 의문이 없다. 그러나 점유자, 소유자의 책임만 규정하고 이들 사람의 책임을 규정하지 않으면 오해가 더러 발생할까 하여 이를 명문으로 규정한 것이다.

넷째, 동물점유자에 대하여 설명한다. 일본 신 민법 제718조는 "동물의

占有者ᄂᆞᆫ其動物이他人의게加ᄒᆞᆫ損害ᄅᆞᆯ賠償ᄒᆞᆯ責에任ᄒᆞᆷ但動物의種類及性質에從ᄒᆞ야相當ᄒᆞᆫ注意로써此ᄅᆞᆯ保管ᄒᆞᆫ時ᄂᆞᆫ此限에在치아니ᄒᆞᆷ」이라規定ᄒᆞ고其第二項에「占有者에代ᄒᆞ야動物을保管ᄒᆞᄂᆞᆫ者도亦前項의責에任ᄒᆞᆷ」이라規定ᄒᆞᆫ지라某學者ᄂᆞᆫ動物의占有者ᄂᆞᆫ動物의占有者됨을因ᄒᆞ야其動物이加ᄒᆞᆫ損害ᄅᆞᆯ賠償ᄒᆞᆯ責任이有ᄒᆞ다說明ᄒᆞᄂᆞᆫ者ㅣ有ᄒᆞ나然이나雇主가責任을負ᄒᆞᆷ이雇人의行爲됨을因ᄒᆞᆷ에在치아니ᄒᆞᆷ과同一히動物이加ᄒᆞᆫ損害에就ᄒᆞ야도動物의占有者된故로責任을負ᄒᆞᆷ이아니오動物이他人의게損害ᄅᆞᆯ加ᄒᆞᆷ에至ᄒᆞᆷ은其占有者가過失이有ᄒᆞᆷ을因ᄒᆞᆷ이라故로占有者ᄂᆞᆫ其過失의責에任ᄒᆞᄂᆞᆫ者ㅣ니盖動物은動輒人의게害ᄅᆞᆯ及ᄒᆞᄂᆞᆫ者ㅣ라故로其占有者된者ᄂᆞᆫ十分注意ᄒᆞ야써此ᄅᆞᆯ監督치아니ᄒᆞᆷ이不可ᄒᆞᄂᆞ니만일其監督을懈怠히ᄒᆞᆷ을因ᄒᆞ야他人의損害ᄅᆞᆯ加ᄒᆞᆷ에至ᄒᆞᆫ時ᄂᆞᆫ占有者ᄂᆞᆫ此에關ᄒᆞᆫ責任을辭ᄒᆞᆷ을不得ᄒᆞᆯ지로대오즉證據問題로ᄂᆞᆫ消極的으로占有者가十分注意ᄅᆞᆯ加ᄒᆞᆫ事ᄅᆞᆯ證明ᄒᆞᆷ은頗히困難ᄒᆞᆫ故로彼雇人이他人의게損害ᄅᆞᆯ加ᄒᆞᆫ境遇에雇主가不注意ᄒᆞᆫ者로推定ᄒᆞᆷ과同一히動物의占有者도亦反對의證據가有ᄒᆞ가ᄭᅡ지ᄂᆞᆫ過失이有ᄒᆞᆫ者로推定호대但其占有者가

점유자는 그 동물이 타인에게 가한 손해를 배상할 책임을 짐. 그러나 동물의 종류 및 성질에 따라 상당한 주의로 이를 보관한 때에는 그러하지 않음"이라고 규정하고, 제2항에서 "점유자를 갈음하여 동물을 보관하는 사람 또한 전항의 책임을 짐"이라고 규정하였다. 어떤 학자는 동물점유자는 동물의 점유자가 됨에 따라 그 동물이 가한 손해를 배상할 책임이 있다고 설명하기도 한다. 그러나 고용주가 책임을 지는 것이 고용자의 행위임으로 인한 데 있지 않은 것과 마찬가지로, 동물이 가한 손해에 대하여도 동물의 점유자여서 책임을 지는 것이 아니다. 동물이 타인에게 손해를 가하게 된 것은 그 점유자에게 과실이 있는 데 따른 것이다. 그러므로 점유자는 그 과실책임을 지는 것이다. 동물은 자칫 사람에게 해를 끼칠 수도 있다. 그러므로 동물점유자는 충분히 주의를 함으로써 이를 감독하여야만 한다. 만일 그 감독을 게을리함으로 인하여 타인에게 손해를 가하게 된 때에는 점유자는 이에 관한 책임을 지지 않을 수 없다. 다만 증거문제로는 소극적으로 점유자가 충분히 주의를 하였다는 사실을 증명하는 것이 자못 곤란하다. 따라서 저 고용자가 타인에게 손해를 가한 경우에 고용주가 부주의한 것으로 추정함과 마찬가지로 동물점유자 또한 반대의 증거가 있기까지는 과실이 있다고 추정하되, 다만 점유자가

十分注意ᄒᆞᆫ反證을擧ᄒᆞ면即其責任을免ᄒᆞᆷ을可得ᄒᆞᆯ바ㅣ라是ᄂᆞᆫ元來動物의行爲自身에就ᄒᆞ야責任이有치아니ᄒᆞ고自己의不注意라云ᄒᆞᄂᆞᆫ消極的行爲에就ᄒᆞ야責任을負ᄒᆞᄂᆞᆫ所以라

同條에所謂「動物의性質及種類에從」ᄒᆞᆷ이라ᄒᆞᆷ은假令猛獸의占有者ᄂᆞᆫ家畜獸의占有者보다一層注意ᄅᆞᆯ加ᄒᆞᆷ과同一히家畜獸라도溫順ᄒᆞᆫ犬과如ᄒᆞᆷ은格別ᄒᆞᆫ注意ᄅᆞᆯ加ᄒᆞᆷ을不要호대人을噬嚙ᄒᆞᄂᆞᆫ癖이有ᄒᆞᆫ犬되ᄂᆞᆫ時ᄂᆞᆫ特히注意ᄒᆞ야或은鎖로써繫置ᄒᆞ거나或은口에金物을嵌ᄒᆞᄂᆞᆫ等方法에依ᄒᆞ야人을噬嚙ᄒᆞ기不能케ᄒᆞ지아니ᄒᆞᆷ이不可ᄒᆞᄂᆞ니此와如히注意ᄅᆞᆯ加ᄒᆞ야도仍히他人의게損害ᄅᆞᆯ加ᄒᆞᆫ境遇假令其犬의게食物을與ᄒᆞ기爲ᄒᆞ야一時金物을解除ᄒᆞ얏슬際에他人이其近處에來ᄒᆞᄂᆞᆫ故로其人의게注意ᄅᆞᆯ與ᄒᆞ야도此ᄅᆞᆯ注意치아니ᄒᆞ고其近處에在ᄒᆞ다가因ᄒᆞ야被嚙ᄒᆞᆫ境遇와如히占有者의게過失이無ᄒᆞᆫ時ᄂᆞᆫ占有者ᄂᆞᆫ責任을負치아니ᄒᆞᆯ바ㅣ오又假令檻中에入置ᄒᆞ고着守者ᄅᆞᆯ附ᄒᆞᆷ에不拘ᄒᆞ고他人이其檻에接近ᄒᆞ야被傷ᄒᆞ거나衣服을破裂ᄒᆞᆫ境遇와如ᄒᆞᆷ은占有者의게過失이有ᄒᆞ다謂ᄒᆞᆷ을不得ᄒᆞᆯ바ㅣ라然이나動物의占有가十分注意ᄅᆞᆯ加ᄒᆞᆯ진대如何ᄒᆞᆫ

충분히 주의하였다는 반증을 들면 그 책임을 면할 수 있게 하는 것이다. 이는 원래 동물의 행위 자체에 대하여 책임이 있는 것이 아니라 자기의 부주의라는 소극적 행위에 대하여 책임을 지기 때문이다.

같은 조에서 이른바 "동물의 성질 및 종류에 따"른다는 것은, 가령 맹수의 점유자는 가축의 점유자보다 한층 주의를 하여야 한다는 것이다. 이와 마찬가지로 가축이라도 온순한 개 같으면 각별한 주의를 할 필요가 없지만, 사람을 무는 버릇이 있는 개라면 특별히 주의하여 더러는 사슬로 매어 두거나 입에 재갈을 물리는 등의 방법으로 물 수 없게 하여야 한다. 이와 같이 주의를 하여도 여전히 타인에게 손해를 가한 경우, 가령 그 개에게 먹이를 주기 위하여 일시 재갈을 풀었을 때에 타인이 그 근처에 와서 그 사람에게 주의를 주어도 개를 주의하지 않고 그 근처에 있다가 물린 경우와 같이 점유자에게 과실이 없는 때에는 점유자는 책임을 지지 않을 것이다. 또 가령 우리 안에 들여놓고 감시자를 붙였는데도 불구하고 타인이 그 우리에 접근하여 다치거나 옷이 찢긴 경우 같으면 점유자에게 과실이 있다고 말할 수 없을 것이다. 그러나 동물 점유에 충분한 주의를 다하면 어떠한

猛獸라도通常他人의게損害를加ᄒᆞᄂᆞᆫ事ㅣ無ᄒᆞᆫ故로反證을擧ᄒᆞ기ᄊᆞ지ᄂᆞᆫ占有者의게過失이有ᄒᆞ다推定ᄒᆞ야도敢히苛酷ᄒᆞ다云ᄒᆞ기不能ᄒᆞᆫ바ㅣ라此와如히動物占有者의責任은前述ᄒᆞᆫ工作物占有者의責任과相似ᄒᆞᆫ바ㅣ有ᄒᆞ니因ᄒᆞ야其規定도亦同一ᄒᆞᆯ듯ᄒᆞ나然이나兩者의規定이同一치아니ᄒᆞᆫ지라今에其重要ᄒᆞᆫ點을擧ᄒᆞᆯ진대工作物이他人의게損害를加ᄒᆞᆫ境遇에占有者의게ᄂᆞᆫ過失이無ᄒᆞ야도所有者의게責任이有ᄒᆞ대此와反ᄒᆞ야動物에因ᄒᆞᆫ加害境遇에ᄂᆞᆫ如此ᄒᆞᆫ規定이無ᄒᆞ니其理由ᄂᆞᆫ工作物은人이製作ᄒᆞᆫ者ㅣ라故로所有者가此를製作ᄒᆞᆷ에當ᄒᆞ야十分注意를缺ᄒᆞᆫ境遇에在ᄒᆞ야ᄂᆞᆫ所有者의게其責任이有ᄒᆞ야도動物에至ᄒᆞ야ᄂᆞᆫ此와異ᄒᆞ야元來人의製作ᄒᆞᆫ者ㅣ아닌故로所有者의製作에不完全ᄒᆞᆫ嫌이有ᄒᆞᆷ을因ᄒᆞ야他人의게損害를及ᄒᆞ얏다云ᄒᆞ기不能ᄒᆞ고單히保管에就ᄒᆞ야注意를缺ᄒᆞ얏다云ᄒᆞᆷ에歸ᄒᆞᆯᄲᅮᆫ이니因ᄒᆞ야現在保管ᄒᆞᆫ占有者의게責任이有ᄒᆞ고所有者의게責任이有ᄒᆞ다云치아니ᄒᆞᄂᆞᆫ바ㅣ라尙且此와同一ᄒᆞᆫ理由에因ᄒᆞ야工作物에就ᄒᆞ야ᄂᆞᆫ所有者又ᄂᆞᆫ占有者ᄂᆞᆫ工事請負人等에對ᄒᆞ야求償權이有ᄒᆞ야도動物에就ᄒᆞ야ᄂᆞᆫ如斯ᄒᆞᆫ規定이無ᄒᆞ니是亦動物은人의製

맹수라도 통상 타인에게 손해를 가할 일이 없으므로, 반증을 들기까지는 점유자에게 과실이 있다고 추정하여도 감히 가혹하다고 할 수 없는 것이다.

이와 같이 동물점유자의 책임은 전술한 공작물 점유자의 책임과 유사한 점이 있어서 그 규정 또한 동일할 듯하다. 그러나 양자의 규정이 동일하지는 않다. 이제 그 중요한 점을 들면, 공작물이 타인에게 손해를 가한 경우 점유자에게는 과실이 없어도 소유자에게 책임이 있지만 이와 반대로 동물로 인한 가해에서는 이와 같은 규정이 없다. 그 이유는 공작물은 사람이 제작한 것이므로 소유자가 이를 제작하면서 충분한 주의를 하지 않은 경우에는 소유자에게 그 책임이 있다고 할 수 있다. 그러나 동물은 이와 달라서 원래 사람이 제작한 것이 아니므로 소유자가 제작을 불완전하게 하였다는 의문이 있음으로 인하여 타인에게 손해를 미쳤다고 말할 수 없고, 단순히 보관에 대하여 주의를 하지 않았다고 하게 될 뿐이다. 따라서 현재 보관한 점유자에게 책임이 있고 소유자에게 책임이 있다고 하지 않는 것이다. 또 이와 동일한 이유에 따라 공작물에서는 소유자 또는 점유자가 공사 수급인 등에 대하여 구상권을 가져도, 동물에 대하여는 이러한 규정이 없다. 이 또한 동물은 사람이 제

作ᄒᆞᆫ者ㅣ아닌所以오오즉强히此와類似ᄒᆞᆫ境遇ᄅᆞᆯ想像ᄒᆞᆯ진대動物을入置ᄒᆞᆫ檻을人으로ᄡᅥ製作케ᄒᆞᆷ에當ᄒᆞ야占有者가此ᄅᆞᆯ堅牢케ᄒᆞᆷ을命ᄒᆞᆷ에不拘ᄒᆞ고請負人이約束을違背ᄒᆞ야粗忽히製造ᄒᆞᆷ을因ᄒᆞ야動物이檻을破ᄒᆞ고他人의게損害ᄅᆞᆯ加ᄒᆞᆷ과如ᄒᆞᆫ境遇에在ᄒᆞ야ᄂᆞᆫ其請負人이惡意又ᄂᆞᆫ不注意가有ᄒᆞᆫ者ㅣ라故로占有者가負擔ᄒᆞᆫ損害ᄂᆞᆫ請負人이此ᄅᆞᆯ賠償ᄒᆞᆯ責任이有ᄒᆞ고又狂犬을繫置ᄒᆞ기爲ᄒᆞ야特히堅固ᄒᆞᆫ鐵鎖ᄅᆞᆯ注文ᄒᆞᆫ境遇에瑕疵가有ᄒᆞᆫ者ᄅᆞᆯ賣却ᄒᆞᆷ을因ᄒᆞ야其犬이鎖ᄅᆞᆯ切破ᄒᆞ고人을噬嚙ᄒᆞᆫ境遇와如ᄒᆞᆷ도占有者ᄂᆞᆫ其鎖의賣主에對ᄒᆞ야求償權을有ᄒᆞᆷ이勿論이라故로全히求償權에關ᄒᆞᆫ規定이無ᄒᆞᆷ은아니로ᄃᆡ工作物에關ᄒᆞᆷ과如히頻繁치아니ᄒᆞ고且疑問이別無ᄒᆞᆫ故로日本民法은此에關ᄒᆞᆫ規定을置치아니ᄒᆞᆫ바ㅣ라

此와反ᄒᆞ야同條에在ᄒᆞ야ᄂᆞᆫ占有者에代ᄒᆞ야動物을保管ᄒᆞᄂᆞᆫ者의責任에關ᄒᆞᆫ規定을設ᄒᆞ얏시니是卽最히頻繁ᄒᆞᆫ事實되ᄂᆞᆫ所以라假令下人으로ᄡᅥ動物을保管케ᄒᆞᆫ境遇에其人의不注意에因ᄒᆞ야他人의게損害ᄅᆞᆯ加ᄒᆞᆷ에至ᄒᆞᆫ時ᄂᆞᆫ前에說明ᄒᆞᆫ被用者의行爲에就ᄒᆞ야使用者가責任을負ᄒᆞᄂᆞᆫ境遇에在ᄒᆞᆷ과如히此保管

작한 것이 아니기 때문이다. 다만 억지로 이와 유사한 경우를 상상한다면, 동물을 들여 둘 우리를 사람이 제작하게 하면서 점유자가 이를 단단히 만들라고 지시하였음에도 불구하고 수급인이 약속을 위반하여 소홀히 제작함으로 인하여 동물이 우리를 부수고 타인에게 손해를 가하는 것과 같은 경우에는 수급인에게 악의 또는 부주의가 있는 것이다. 그러므로 점유자가 부담한 손해는 수급인이 배상할 책임이 있다. 또 매우 사나운 개를 매어 두기 위하여 특별히 견고한 쇠사슬을 주문한 경우에 하자가 있는 것을 매각함에 따라 그 개가 사슬을 끊고 사람을 문 것과 같은 경우도 점유자가 그 사슬의 매도인에 대하여 구상권을 가짐은 물론이다. 그러므로 완전히 구상권에 관한 규정이 없는 것은 아니지만, 공작물에 관한 것과 같이 빈번하지 않고 또 의문이 별로 없으므로 일본 민법은 이에 관한 규정을 두지 않은 것이다.

이와 반대로 제718조에는 점유자를 갈음하여 동물을 보관하는 사람의 책임에 관한 규정을 마련하였다. 이는 곧 가장 빈번한 사실이기 때문이다. 가령 하인에게 동물을 보관하게 한 경우에 그 사람의 부주의로 인하여 타인에게 손해를 가하게 된 때에는 앞에 설명한 피용자의 행위에 대하여 사용자가 책임을 지는 경우와 같이 이 보관

者도亦責任을負치아니홈이不可ᄒᆞᄂᆞ니是卽被用者의行爲에就ᄒᆞ야使用者가責任을負ᄒᆞᄂᆞᆫ境遇에使用者를爲ᄒᆞ야被用者를監督ᄒᆞᄂᆞᆫ者도亦其責에任홈과如홈이라

尙且動物의實際保管者及占有者ᄂᆞᆫ被害者에對ᄒᆞ야共히所謂全部義務를負ᄒᆞᄂᆞᆫ故로一方이其債務를履行ᄒᆞ면損害가無홈에至ᄒᆞᄂᆞᆫ故로他者의債務ᄂᆞᆫ此를因ᄒᆞ야消滅홀바ㅣ라然而此兩人互相間의關係에在ᄒᆞ야ᄂᆞᆫ占有者가몬져損害를賠償ᄒᆞᆫ時ᄂᆞᆫ實際保管者에對ᄒᆞ야求償權을行홈을得호대實際保管者ᄂᆞᆫ占有者에對ᄒᆞ야求償權을行홈을不得홀바ㅣ오尙且以上境遇에在ᄒᆞ야ᄂᆞᆫ實際保管者ᄂᆞᆫ占有者의被用者된境遇가多數로대其被用者되지아니ᄒᆞᆫ境遇에在ᄒᆞ야도日本新民法第七百十八條第二項의規定을適用홀ᄲᅮᆫ아니라寧히此境遇에在ᄒᆞ야以上規定의必要가最多홈을可見홀바ㅣ라

最終에一言홀바ㅣ有ᄒᆞ니日本新民法第七百十五條의境遇卽被用者의行爲에就ᄒᆞ야使用者가責任을負ᄒᆞᄂᆞᆫ境遇에關ᄒᆞ야ᄂᆞᆫ使用者가被用者에對ᄒᆞ야求償權이有ᄒᆞᆫ意를規定ᄒᆞᆫ지라是蓋被用者가其事業에關ᄒᆞ야不法行爲를行홈을因

자 또한 책임을 져야 한다. 이는 곧 피용자의 행위에 대하여 사용자가 책임을 지는 경우에 사용자를 위하여 피용자를 감독하는 자 또한 그 책임을 지는 것과 같다.

또한 동물의 실제 보관자 및 점유자는 피해자에 대하여 모두 이른바 전부의무(全部義務)를 진다. 그러므로 일방이 그 채무를 이행하면 손해가 없어지므로 다른 사람의 채무는 이로 인하여 소멸할 것이다. 그러나 이 두 사람 상호간의 관계는, 점유자가 먼저 손해를 배상한 때에는 실제 보관자에 대하여 구상권을 행사할 수 있지만 실제 보관자가 점유자에 대하여 구상권을 행사할 수는 없을 것이다. 또한 이상의 경우에는 실제 보관자는 점유자가 피용자인 경우가 많겠지만, 피용자가 아닌 경우에도 일본 신 민법 제718조 제2항이 적용될 뿐만 아니라 오히려 이 경우에 이상의 규정의 필요성이 가장 많다고 볼 수 있다.

마지막으로 한마디 할 것이 있다. 일본 신 민법 제715조의 경우, 곧 피용자의 행위에 대하여 사용자가 책임을 지는 경우에 관하여는 사용자가 피용자에 대하여 구상권을 가짐을 규정하였다. 이는 피용자가 그 사업에 관하여 불법행위를 함으로 인

ᄒᆞ야使用者로써損害를賠償케ᄒᆞᆷ은大抵其者와使用者의關係에在ᄒᆞ야契約其他의原因으로責任을負케ᄒᆞᆷ이可ᄒᆞᆫ所以로대此와反ᄒᆞ야動物은權利義務의主體가되지못ᄒᆞᄂᆞᆫ故로元來責任을負치아니ᄒᆞᆷ을因ᄒᆞ야如何ᄒᆞᆫ規定이無ᄒᆞᆫ바라

第五　共同不法行爲者의責任을說明코져ᄒᆞ노니共同不法行爲者라ᄒᆞᆷ은數人이共同ᄒᆞ야一種不法行爲를行ᄒᆞᆫ者를云ᄒᆞᆷ이라假令二人或은三人이同時에一人을毆打ᄒᆞᆫ境遇와如ᄒᆞᆷ이라玆에疑問이稍有ᄒᆞ니即教唆者及幇助者ㅣ是라刑法上의理論으로브터言ᄒᆞᆯ진대教唆者及幇助者ᄂᆞᆫ果然共同行爲者될가是ᄂᆞᆫ疑問이不無ᄒᆞᄃᆡ刑法에在ᄒᆞ야明文을置ᄒᆞᆷ이常例라故로其責任에就ᄒᆞ야ᄂᆞᆫ通常問題가生치아니ᄒᆞ나然이나民法上에在ᄒᆞ야ᄂᆞᆫ만일明文이無ᄒᆞᆫ時ᄂᆞᆫ頗히疑問이生ᄒᆞᄂᆞ니假令甲이教唆ᄒᆞᆷ을因ᄒᆞ야乙이不法行爲를行ᄒᆞ얏다ᄒᆞᆯ진대甲은乙과行爲를共히ᄒᆞᆫ者ㅣ라謂ᄒᆞᆷ을得ᄒᆞᆯ가云ᄒᆞᆯ진ᄃᆡ是ᄂᆞᆫ頗히研究ᄒᆞᆯ問題오特히幇助에至ᄒᆞ야ᄂᆞᆫ通常本人의行爲와區別ᄒᆞ야觀察ᄒᆞᆷ이可ᄒᆞ니假令甲이乙이란者ㅣ丙을傷코져ᄒᆞᆷ을知ᄒᆞ고乙의게石片을與ᄒᆞ야乙은此를丙의게投ᄒᆞ야負傷케

하여 사용자가 손해를 배상하게 하는 것은 대체로 그 사람과 사용자의 관계에서 계약 기타 원인으로 책임을 지게 할 수 있기 때문이다. 그렇지만 이와 반대로 동물은 권리의무의 주체가 되지 못하므로 원래 책임을 지지 않아서 어떠한 규정도 없는 것이다.

다섯째, 공동불법행위자의 책임을 설명하고자 한다. 공동불법행위자란 수인(數人)이 공동으로 하나의 불법행위를 한 것을 말한다. 가령 두 사람이나 세 사람이 동시에 한 사람을 폭행한 경우와 같은 것이다. 여기서 의문이 약간 있다. 곧 교사자(教唆者) 및 방조자(幇助者)가 그것이다. 형법이론으로 말하면 교사자 및 방조자는 과연 공동행위자가 되는가? 이는 의문이 없지 않지만 형법에서 명문규정을 두는 것이 상례이다. 그러므로 그 책임에 대하여는 통상 문제가 발생하지 않는다. 그러나 민법에서는 만일 명문규정이 없는 때에는 자못 의문이 생겨난다. 가령 甲이 교사함에 따라 乙이 불법행위를 하였다면 甲은 乙과 행위를 함께 하였다고 말할 수 있는가 하면, 이는 자못 연구할 문제이다. 특히 방조는 통상 본인의 행위와 구별하여 관찰하는 것이 마땅하다. 가령 甲이 乙이란 사람이 丙을 다치게 하려는 것을 알고 乙에게 돌조각을 주었고, 乙은 이를 丙에게 던져 상해를 입

ᄒᆞᆷ과如ᄒᆞᆫ境遇에在ᄒᆞ야甲이石片을與ᄒᆞᆫ行爲와乙이其石片을丙의게投ᄒᆞᆫ行爲ᄂᆞᆫ別異ᄒᆞ다謂ᄒᆞ야도不當ᄒᆞᆷ이毫無ᄒᆞᆯ바ㅣ라然이나法律上으로브터觀ᄒᆞᆯ진ᄃᆡ兩人의行爲에因ᄒᆞ야一種不法行爲ᄅᆞᆯ生ᄒᆞᆫ者니即甲이敎唆ᄒᆞᄂᆞᆫ事ㅣ無ᄒᆞᆯ진ᄃᆡ乙은不法行爲ᄅᆞᆯ行치아니ᄒᆞ얏실바오又甲이石片을與ᄒᆞᄂᆞᆫ事ㅣ無ᄒᆞᆯ진ᄃᆡ乙은丙을負傷케ᄒᆞ기不能ᄒᆞ얏실ᄂᆞᆫ지亦確知키不能ᄒᆞᆫ故로其行爲에就ᄒᆞ야ᄂᆞᆫ實行者와同一ᄒᆞᆫ責任을負케ᄒᆞᆷ이可ᄒᆞᆯ바ㅣ라此에關ᄒᆞ야日本新民法은其第七百十九條第二項에「敎唆者及幇助者ᄂᆞᆫ此ᄅᆞᆯ共同行爲者로看做ᄒᆞᆷ」이라規定ᄒᆞ얏시니即其實은共同行爲者가아니라도法律上此ᄅᆞᆯ共同行爲者로看做ᄒᆞᆷ이라今에此共同行爲者의責任如何ᄅᆞᆯ攷究ᄒᆞᆯ진대만일明文이無ᄒᆞ면結局全部義務가成立ᄒᆞᆷ으로可信ᄒᆞᆯ지니何故오此境遇에在ᄒᆞ야ᄂᆞᆫ各人이損害의原因者ㅣ되ᄂᆞᆫ所以라因ᄒᆞ야其一人이損害의全部ᄅᆞᆯ辨償ᄒᆞᆫ時ᄂᆞᆫ損害가無ᄒᆞᆷ에至ᄒᆞᄂᆞᆫ故로他者에對ᄒᆞ야其賠償을求ᄒᆞ기不能ᄒᆞᆯ지로대法律은被害者ᄅᆞᆯ保護ᄒᆞ기爲ᄒᆞ야其不法行爲者ᄅᆞᆯ連帶責任者로定ᄒᆞᄂᆞ니即其一人에對ᄒᆞ야全部ᄅᆞᆯ請求ᄒᆞᆷ은明文이無ᄒᆞ야도亦可能ᄒᆞᆯ바ㅣ로대法律은其各人을唯一ᄒᆞᆫ債務者와如히看做ᄒᆞ야甲

힌 것 같은 경우, 甲이 돌조각을 준 행위와 乙이 그 돌조각을 丙에게 던진 행위는 크게 다르다고 말하여도 털끝만큼도 부당하지 않을 것이다. 그러나 법률적으로 보면 두 사람의 행위로 인하여 하나의 불법행위가 발생한 것으로, 곧 甲이 교사하는 일이 없었다면 乙은 불법행위를 하지 않았을 것이고 또 甲이 돌조각을 주는 일이 없었다면 乙은 丙을 다치게 할 수 없었을지도 모른다. 그러므로 그 행위에 대하여는 실행자와 동일한 책임을 지게 함이 마땅할 것이다. 이에 관하여 일본 신 민법은 제719조 제2항에서 "교사자 및 방조자는 공동행위자로 간주함"이라고 규정하였다. 곧 그 실질은 공동행위자가 아니라도 법률상 이를 공동행위자로 간주한다는 것이다. 이제 이 공동행위자의 책임이 어떠한지 탐구하면, 만일 명문규정이 없으면 결국 전부의무가 성립한다고 생각할 수 있을 것이다. 왜냐하면 이 경우에는 각자가 손해의 원인자가 되기 때문이다. 따라서 그중 한 사람이 손해 전부를 변제한 때에는 손해가 없게 되므로 다른 사람에 대하여 그 배상을 청구할 수 없겠지만, 법률은 피해자를 보호하기 위하여 그 불법행위자를 연대책임자로 정하였다. 곧 그중 한 사람에 대하여 전부를 청구하는 것은 명문규정이 없어도 가능하겠지만 법률은 각자를 유일한 채무자와 같이 간주함으로써 甲

에對ᄒᆞᄂᆞᆫ行爲가或範圍에서乙의게도影響을及ᄒᆞᆯ等債權者의便利를圖謀ᄒᆞ고其結果로不法行爲者間의求償權도認ᄒᆞᆷ으로信ᄒᆞ노라法律은明白히連帶라云ᄒᆞ고此에就ᄒᆞ야特別規定이無ᄒᆞᆫ故로連帶債務의一般規定을適用ᄒᆞᆷ에不外ᄒᆞᆯ바ㅣ라然而連帶債務의規定을依ᄒᆞᆯ진대連帶者의一人이全部를辨償ᄒᆞᆫ境遇에在ᄒᆞ야ᄂᆞᆫ他者에對ᄒᆞ야求償權을行ᄒᆞᆷ을得ᄒᆞᄂᆞ니然而不法行爲境遇에ᄂᆞᆫ各自의負擔部分이란者를定ᄒᆞᆯ理가無ᄒᆞᆫ故로債務者의多數되ᄂᆞᆫ境遇에關ᄒᆞᆫ原則을從ᄒᆞ야平等의分割로써義務를負擔치아니ᄒᆞᆷ이不可ᄒᆞᆫ지라故로共同不法行爲者가二人되ᄂᆞᆫ時ᄂᆞᆫ結局各々損害의半額을負擔ᄒᆞᆷ이可ᄒᆞᆫ故로其一人이全部를辨償ᄒᆞᆫ時ᄂᆞᆫ他者에對ᄒᆞ야其半額에就ᄒᆞ야求償ᄒᆞᆷ을可得ᄒᆞᆯ지니만일三人되ᄂᆞᆫ時ᄂᆞᆫ他二人에對ᄒᆞ야各三分의一에就ᄒᆞ야求償ᄒᆞᆷ을可得ᄒᆞᆯ지라是ᄂᆞᆫ日本新民法第四四二條에依ᄒᆞ야明白ᄒᆞᆫ바ㅣ오오즉此規定과同法第七百八條와對照ᄒᆞᆯ진대法律精神을一貫치못ᄒᆞᆫ嫌이不無ᄒᆞ니即同第七百八條에不法의原因을因ᄒᆞ야給付ᄒᆞᆫ者ᄂᆞᆫ其給付ᄒᆞᆫ者의返還을請求ᄒᆞᆷ을不得ᄒᆞᆫ다規定ᄒᆞᆫ지라此規定은不法의原因을因ᄒᆞ야給付ᄒᆞᆫ者가其給ᄒᆞᆫ物을返還코져ᄒᆞᆯ진대自己의게不法의

에 대한 행위가 어떤 범위에서 乙에게도 영향을 미치는 등 채권자의 편리를 도모하고 그 결과 불법행위자 간의 구상권도 인정된다고 생각한다. 법률은 명백히 연대(連帶)라고 하고 이에 대하여 특별한 규정이 없으므로 연대채무자의 일반규정을 적용할 뿐이다. 그런데 연대채무 규정에 따르면 연대자 중 한 사람이 전부를 변제한 경우에는 다른 사람에 대하여 구상권을 행사할 수 있다. 그러나 불법행위의 경우에는 각자의 부담부분이란 것을 정할 리 없으므로 채무자가 다수인 경우에 관한 원칙에 따라 균등한 부분만큼 의무를 부담하여야 하는 것이다. 그러므로 그중 한 사람이 전부를 변제한 때에는 다른 사람에 대하여 그 반액에 대하여 구상할 수 있을 것인데 만일 세 사람이라면 다른 두 사람에 대하여 각 3분의 1에 대하여 구상할 수 있을 것이다. 이는 일본 신 민법 제442조에 따라 명백한 바이고 다만 이 규정과 같은 법 제708조를 대조하면 법률의 정신을 관철하지 못한다는 의문이 없지 않다. 곧 일본 민법 제708조는 불법한 원인으로 인하여 급부한 자는 그 급부한 것의 반환을 청구하지 못한다고 규정하였다. 이 규정은 불법한 원인에 따라 급부한 사람이 그 급부된 물건을 반환받고자 하면 자기에게 불법한

目的이有ᄒᆞᆷ을言明ᄒᆞ야裁判所의保護ᄅᆞᆯ求치아니ᄒᆞᆷ이不可ᄒᆞᆫ故로如斯ᄒᆞᆫ請求ᄂᆞᆫ此ᄅᆞᆯ許ᄒᆞᆷ이不可ᄒᆞᆫ趣旨에出ᄒᆞᆫ事ㅣ前述ᄒᆞᆷ과如ᄒᆞ고共同不法行爲者에至ᄒᆞ야도共同ᄒᆞ야不法行爲ᄅᆞᆯ行ᄒᆞᆷ에因ᄒᆞ야損害賠償의責에任ᄒᆞᄂᆞᆫ者ㅣ니其辨償者가他者에對ᄒᆞ야求償을行ᄒᆞᆷ에當ᄒᆞ야ᄂᆞᆫ自己의不法行爲ᄅᆞᆯ裁判所에提出ᄒᆞ야請求ᄒᆞᆷ에至ᄒᆞᆯ지니法律의精神으로브터言ᄒᆞᆯ진대第七百八條의境遇와同一히此ᄅᆞᆯ規定치아니ᄒᆞᆷ이不可ᄒᆞᆫ지라然而一은求償을許ᄒᆞ고他ᄂᆞᆫ求償을許치아니ᄒᆞᆷ은權衡을保全치못ᄒᆞᆫ嫌이不無ᄒᆞᆫ지라此點에就ᄒᆞ야ᄂᆞᆫ不法行爲에關ᄒᆞᆫ規定이寧히其當을得ᄒᆞᆫ者로信ᄒᆞ노라或은第七百八條의規定에基因ᄒᆞ야共同不法行爲者間의求償權은此ᄅᆞᆯ認ᄒᆞᆷ이可치아니ᄒᆞ다唱道ᄒᆞᄂᆞᆫ者ㅣ有ᄒᆞ나其誤謬됨은明白ᄒᆞ니第七百八條에ᄂᆞᆫ不法의原因을因ᄒᆞ야給付ᄒᆞᆫ者의返還을請求ᄒᆞᆷ을不得ᄒᆞᆫ다云ᄒᆞ얏스나共同不法行爲境遇에在ᄒᆞ야ᄂᆞᆫ不法行爲者의一人이被害者에對ᄒᆞ야ᄂᆞᆫ給付ᄒᆞᆷ에錯誤가無ᄒᆞᆫ대此ᄅᆞᆯ其被害者에對ᄒᆞ야返還ᄒᆞ라請求ᄒᆞᆷ이아니오又被害者의게그給付ᄒᆞᆷ은決코不法의原因이아니니因ᄒᆞ야一不法의原因을因ᄒᆞ야給付ᄒᆞᆫ者ㅣ라云ᄒᆞᆷ을不得ᄒᆞᆯ지니不法行爲가債務發生의原

목적이 있음을 언명하여 재판소의 보호를 청구하여야 하므로 이러한 청구를 허용할 수 없다는 취지에서 나왔음은 전술한 바와 같다. 그리고 공동불법행위에서도 공동으로 불법행위를 함으로 인하여 손해배상의 책임을 지는 것이다. 따라서 그 변제자가 다른 사람에 대하여 구상할 때에는 자기의 불법행위를 재판소에 제출하여 청구하게 될 것이어서, 법률의 정신으로부터 말하면 제708조의 경우와 마찬가지로 이를 규정하지 않을 수 없는 것이다. 그러나 하나는 구상을 허용하고 다른 하나는 허용하지 않는 것은 균형을 이루지 못한다는 의문이 없지 않다. 이 점에 대하여는 불법행위에 관한 규정이 오히려 타당하다고 생각한다. 더러는 제708조에 기인하여 공동불법행위자 간의 구상권을 인정하는 것이 옳지 않다고 주장하는 사람도 있으나, 그것이 잘못임은 명백하다. 제708조는 불법한 원인으로 인하여 급부한 것의 반환을 청구하지 못한다고 하였다. 그러나 공동불법행위에서는 불법행위자 중 한 사람이 피해자에 대하여는 급부하는 데 착오가 없는데 이를 그 피해자에 대하여 반환하라고 청구하는 것이 아니고, 또 피해자에게 그 급부를 하는 것이 결코 불법한 원인이 아니다. 따라서 "불법한 원인으로 인하여 급부한 것"이라고 할 수 없을 것이다. 불법행위가 채무 발생의 원

因이되야도其債務를履行홈은法律이命ᄒᆞᄂᆞᆫ바ㅣ니決코ㅣ不法의原因을因一ᄒᆞ야此ᄂᆞᆫ行ᄒᆞᆫ者ㅣ아니오又共同不法行爲境遇에在ᄒᆞ야ᄂᆞᆫ他不法行爲者에對ᄒᆞ야自己가辨償ᄒᆞᆫ者의一部分을償還홈이可홈을求ᄒᆞᄂᆞᆫ者ㅣ라故로列底히第七百八條의規定을適用ᄒᆞ기不能홈이明白ᄒᆞᆫ지라是로由ᄒᆞ야觀ᄒᆞᆯ진대此兩條ᄂᆞᆫ其權衡을失ᄒᆞᆫ嫌이不無ᄒᆞ도다

尙且共同不法行爲에就ᄒᆞ야一個問題가有ᄒᆞ니盖不法行爲者의行爲에因ᄒᆞ야損害가生ᄒᆞᆫ事卽其行爲와損害의關係를明白히ᄒᆞ지아니ᄒᆞ면被害者ᄂᆞᆫ賠償을求홈을不得ᄒᆞᆯ지니 故로純然ᄒᆞᆫ理論으로브터 言ᄒᆞᆯ진대 數人이或一人으로歐打ᄒᆞ야負傷게ᄒᆞᆫ境遇에在ᄒᆞ야ᄂᆞᆫ何人이歐打홈을因ᄒᆞ야負傷홈을證明치아니ᄒᆞ면損害賠償을請求ᄒᆞ기不能홈이是라然而如斯ᄒᆞᆫ境遇에在ᄒᆞ야ᄂᆞᆫ其行爲者도分明히自己의行爲에因ᄒᆞ야負傷케홈을知ᄒᆞ기不能ᄒᆞᄂᆞ니況被害者ᄂᆞᆫ此를知ᄒᆞ기一層困難ᄒᆞᆯ지라 故로到底히此를 證明ᄒᆞ기不能 ᄒᆞᆯ지니然而此를證明ᄒᆞ기不能홈을因ᄒᆞ야損害賠償을行케홈을不得ᄒᆞᆫ다ᄒᆞᆯ진대法律은實로無勢力ᄒᆞ다謂치아니홈이不可ᄒᆞᆯ지라是以로純然ᄒᆞᆫ理論으로브터言ᄒᆞᆯ진대多少穩當

인이 되어도 그 채무를 이행하는 것은 법률이 명하는 바로 결코 "불법한 원인으로 인"하여 이를 한 것이 아니다. 또 공동불법행위의 경우에는 다른 불법행위자에 대하여 자기가 변제한 것의 일부분을 상환하여야 한다고 청구하는 것이다. 그러므로 도저히 제708조를 적용할 수 없음이 명백하다. 이로부터 보면 이 두 조문은 균형을 잃었다는 의문이 없지 않다.

또 공동불법행위에 대하여 하나의 문제가 있다. 대개 불법행위자의 행위로 인하여 손해가 발생한 사실, 곧 그 행위와 손해의 관계를 명백히 하지 않으면 피해자는 배상을 청구할 수 없을 것이다. 그러므로 순수하게 이론적으로 말하면, 바로 수인이 어느 한 사람을 폭행하여 상해를 입힌 경우에는 누가 폭행함에 따라 상해를 입었는지 증명하지 않으면 손해배상을 청구할 수 없다는 것이다. 그러나 이러한 경우에는 그 행위자도 분명히 자기의 행위로 인하여 상해를 입혔음을 알 수 없는데, 하물며 피해자는 이를 알기가 한층 곤란할 것이므로 도저히 이를 증명할 수 없을 것이다. 그런데 이를 증명할 수 없음으로 인하여 손해배상을 청구할 수 없다고 하면 법률은 실로 실효성이 없다고 말하지 않을 수 없다. 그리하여 순수하게 이론적으로 말하면 다소 타당

치아니ᄒᆞᆫ嫌이不無ᄒᆞᆫ대元來其不法行爲者ᄂᆞᆫ皆同一ᄒᆞᆫ目的으로써毆打ᄒᆞᆫ者ㅣ라故로縱令實際에在ᄒᆞ야ᄂᆞᆫ何者가負傷케ᄒᆞ얏ᄂᆞᆫ지知치못ᄒᆞᆯ지라도其全員으로써責任을負케ᄒᆞ야도敢히不當ᄒᆞ다謂ᄒᆞ기不能ᄒᆞᆯ지니不然즉被害者ᄂᆞᆫ殆히救濟ᄒᆞᆯ道가無ᄒᆞᆷ에至ᄒᆞᆯ지라故로法律은總不法行爲者를共同行爲者로認ᄒᆞ야連帶로此責任을負케ᄒᆞᆷ이可ᄒᆞ니此에關ᄒᆞ야日本新民法第七百十九條第一項에「數人이共同의不法行爲에因ᄒᆞ야他人의게損害를加ᄒᆞᆫ時ᄂᆞᆫ各自連帶ᄒᆞ야其賠償의責에任ᄒᆞᆷ共同行爲中何者가其損害를加ᄒᆞᆫ가ᄒᆞᆷ을知ᄒᆞ기不能ᄒᆞᆫ時도亦同ᄒᆞᆷ」이라規定ᄒᆞᆫ바ㅣ라

第六　正當防衛境遇를說明ᄒᆞᆯ진대正當防衛ᄂᆞᆫ刑法上認ᄒᆞᄂᆞᆫ바ㅣ니刑法으로써罰ᄒᆞᄂᆞᆫ行爲를行ᄒᆞ야도其行爲가正當防衛에出ᄒᆞᆫ者되ᄂᆞᆫ時ᄂᆞᆫ無罪오況其行爲가刑法上犯罪를構成ᄒᆞᄂᆞᆫ性質되지아니ᄒᆞᄂᆞᆫ境遇에在ᄒᆞ야ᄂᆞᆫ其加害者ᄂᆞᆫ民法上에在ᄒᆞ야도何等의責任을負ᄒᆞᆯ理가無ᄒᆞ며오즉如何ᄒᆞᆫ境遇에在ᄒᆞ야正當防衛라示ᄒᆞᆷ을得ᄒᆞᆯ가ᄒᆞᆷ은學者間에도議論이有ᄒᆞ고又ᄂᆞᆫ頗히困難ᄒᆞᆫ問題에屬ᄒᆞᆫ지라故로法律은特히此를規定ᄒᆞᄂᆞ니日本新民法第七百二十條第一項에

하지 않다는 의문이 없지 않지만, 원래 불법행위자는 모두 동일한 목적으로 폭행한 것이다. 그러므로 설령 실제로는 누가 상해를 입혔는지 알지 못할지라도 그 전원이 책임을 지도록 하여도 감히 부당하다고 말할 수 없다. 그렇지 않다면 피해자는 거의 구제받을 길이 없게 될 것이다. 그러므로 법률은 모든 불법행위자를 공동행위자로 인정하여 연대하여 그 책임을 지게 하는 것이 마땅하다. 이에 관하여 일본 신 민법 제719조 제1항에서 “수인이 공동의 불법행위로 인하여 타인에게 손해를 가한 때에는 각자 연대하여 그 배상의 책임을 짐. 공동행위자 중 누가 그 손해를 가하였는지를 알 수 없는 때에도 또한 같음”이라고 규정한 것이다.

여섯째, 정당방위를 설명한다. 정당방위는 형법상 인정되는 것으로, 형법으로 처벌될 행위를 하여도 그 행위가 정당방위에서 나온 것이면 무죄이고, 더구나 그 행위가 형법상 범죄를 구성할 성질이 되지 않는 경우에는 그 가해자는 민법상으로도 어떠한 책임을 질 이유가 없다. 다만 어떠한 경우에 정당방위임을 보일 수 있는지는 학자 간에도 논의가 있고 또는 자못 곤란한 문제에 속한다. 그러므로 법률은 특별히 이를 규정하였는데, 일본 신 민법 제720조 제1항에서

「他人의不法行爲에對ᄒᆞ야自己又ᄂᆞᆫ第三者의權利ᄅᆞᆯ防衛ᄒᆞ기爲ᄒᆞ야不得已加害行爲ᄅᆞᆯ行ᄒᆞᆫ者ᄂᆞᆫ損害賠償의責에任치아니홈但被害者로브터不法行爲ᄅᆞᆯ行ᄒᆞᆫ者에對ᄒᆞᆫ損害賠償의請求ᄅᆞᆯ防害치아니홈」이라規定ᄒᆞᆫ지라假令甲이乙의게襲擊ᄒᆞᆫ바ㅣ되야不得已此ᄅᆞᆯ防衛ᄒᆞ야其結果로乙의게損害ᄅᆞᆯ加홈에至ᄒᆞ얏다ᄒᆞᆯ지라도其防衛者의게責任이無ᄒᆞᆯᄲᅮᆫ아니라甲이乙의게襲擊ᄒᆞᆫ바ㅣ되야危害ᄅᆞᆯ受ᄒᆞᆯ際에丙이此ᄅᆞᆯ傍觀ᄒᆞ기不忍ᄒᆞ야甲의게助力ᄒᆞ야乙을防衛홈을因ᄒᆞ야乙을傷害ᄒᆞ거나又ᄂᆞᆫ衣服을破裂ᄒᆞ얏다ᄒᆞ야도丙은其損害賠償의責에任ᄒᆞᄂᆞᆫ事ㅣ無ᄒᆞ며又假令甲이乙의게向ᄒᆞ야木片을擲홈을因ᄒᆞ야乙ᄂᆞᆫ此ᄅᆞᆯ其携ᄒᆞᆫ바杖으로써防止홈에其片이近傍의商店에飛來ᄒᆞ야商品을破壞홈과如ᄒᆞᆫ境遇에在ᄒᆞ야도乙은責任을負ᄒᆞᄂᆞᆫ事ㅣ無호대但此境遇에在ᄒᆞ야ᄂᆞᆫ甲이乙에對ᄒᆞ야不法行爲ᄅᆞᆯ行ᄒᆞᆫ結果로商品을破壞홈에至ᄒᆞᆫ者ㅣ라故로其商店의主人은甲에對ᄒᆞ야損害賠償을請求홈을可得ᄒᆞᄂᆞᆫ바ㅣ라

以上은純然ᄒᆞᆫ正當防衛境遇로대尙且此에準ᄒᆞᆯ者ㅣ有ᄒᆞ니即他人의不法行爲에對ᄒᆞ야防衛홈에在치아니ᄒᆞ고全히天災에因ᄒᆞ야危難을遭遇ᄒᆞ야其危難을

"타인의 불법행위에 대하여 자기 또는 제3자의 권리를 방위하기 위하여 부득이 가해행위를 한 사람은 손해배상의 책임을 지지 않음. 그러나 피해자의 불법행위를 한 사람에 대한 손해배상의 청구를 방해하지 않음"이라고 규정한 것이다. 가령 甲이 乙에게 습격을 당하여 부득이 이를 방어한 결과 乙에게 손해를 가하게 되었더라도 그 방위자에게 책임이 없다. 뿐만 아니라 甲이 乙에게 습격을 당하여 위해를 받을 때, 丙이 이를 차마 방관하지 못하여 甲을 도와 乙을 방어하여 乙에게 상해를 입히거나 옷을 찢었더라도 丙은 손해배상책임을 질 일이 없다. 또 가령 甲이 乙을 향하여 나무조각을 던짐에 따라 乙이 들고 있던 막대기로 막았는데 그 조각이 부근 상점에 날아가 상품을 파손한 것과 같은 경우에도 乙은 책임을 질 일이 없다. 다만 이 경우에는 甲이 乙에 대하여 불법행위를 한 결과 상품을 파손시키게 된 것이므로 그 상점 주인은 甲에 대하여 손해배상을 청구할 수 있는 것이다.

이상은 순수한 정당방위의 경우인데, 또한 여기에 준할 것이 있다. 곧 타인의 불법행위에 대하여 방위하는 데 있지 않고 완전히 천재지변으로 인하여 위난을 만나 그 위난을

避ᄒᆞ기爲ᄒᆞ야 損害ᄅᆞᆯ加ᄒᆞᆷ에 至ᄒᆞᆫ境遇가 是라此에 關ᄒᆞ야日本新民法第七百二十條第二項에 「前項의規定은他人의物로브터生ᄒᆞᆫ急迫ᄒᆞᆫ危難을避ᄒᆞ기爲ᄒᆞ야其物을毁損ᄒᆞᆫ境遇에此ᄅᆞᆯ準用ᄒᆞᆷ」이라規定ᄒᆞ얏시니假令甲이街路ᄅᆞᆯ通行ᄒᆞᆯ際에乙의店頭에配置ᄒᆞᆫ商品이地震을因ᄒᆞ야顚倒ᄒᆞ야甲을傷코ᄌᆞᄒᆞᆷ을當ᄒᆞ야甲은此ᄅᆞᆯ排除ᄒᆞ기爲ᄒᆞ야其商品을破壞ᄒᆞᆷ에至ᄒᆞᆷ과如ᄒᆞ니如斯ᄒᆞᆫ境遇에在ᄒᆞ야ᄂᆞᆫ甲의게過失이有ᄒᆞ다云ᄒᆞ기不能ᄒᆞᆫ故로此게損害賠償의責을負치아니ᄒᆞ며又前項但書의境遇에在ᄒᆞ야도其適用이有ᄒᆞ니假令乙이丙의所有品을甲의게擲ᄒᆞᆷ에甲은此ᄅᆞᆯ防止ᄒᆞᆷ을因ᄒᆞ야此ᄅᆞᆯ破毁ᄒᆞ얏다ᄒᆞᆯ진대是亦「他人의物로브터生ᄒᆞᆫ急迫ᄒᆞᆫ危難을避ᄒᆞ기爲ᄒᆞ야其物을毁損」ᄒᆞ얏다謂치아니ᄒᆞᆷ을不得ᄒᆞᆯ바ㅣ라然이나余의信ᄒᆞᄂᆞᆫ바ᄅᆞᆯ依ᄒᆞᆯ진대此境遇ᄂᆞᆫ寧히前項境遇에入ᄒᆞᆯ者로解釋ᄒᆞᆷ이穩當호대但如何히解釋ᄒᆞ든지其結果ᄂᆞᆫ異히ᄒᆞᄂᆞᆫ事ㅣ無ᄒᆞᆫ故로解釋上此ᄅᆞᆯ爭ᄒᆞᆯ必要가無ᄒᆞ고其他危難假令火災ᄅᆞᆯ避ᄒᆞ기爲ᄒᆞ야鄰家의木遮等을破壞ᄒᆞᆫ境遇와如ᄒᆞᆷ에在ᄒᆞ야ᄂᆞᆫ만일如斯ᄒᆞᆫ手段을取치아니ᄒᆞ면生命을失ᄒᆞᄂᆞᆫ極端에陷ᄒᆞᆷ을亦豫測ᄒᆞ기不能ᄒᆞᆯ지라故로其行爲에責任이無ᄒᆞᆷ과如호

피하기 위하여 손해를 가하게 된 경우가 그것이다. 이에 관하여 일본 신 민법 제720조 제2항은 "전항은 타인의 물건으로부터 발생한 급박한 위난을 피하기 위하여 그 물건을 훼손한 경우에 준용함"이라고 규정하였다. 가령 甲이 거리를 통행할 때 乙의 가게 앞에 배치된 상품이 지진으로 인하여 넘어져 甲을 다치게 하려 하자, 甲이 이를 물리치기 위하여 그 상품을 파손시키게 된 경우와 같다. 이러한 경우에는 甲에게 과실이 있다고 할 수 없으므로 乙에게 손해배상의 책임을 지지 않는다. 또 전항 단서의 경우에도 그 적용이 있다. 가령 乙이 丙 소유의 물건을 甲에게 던져서 甲이 이를 막는 데 따라 그 물건을 파손시켰다면, 이 또한 "타인의 물건으로부터 발생한 급박한 위난을 피하기 위하여 그 물건을 훼손"하였다고 말할 수밖에 없다. 그러나 내 생각에 따르면 이 경우는 오히려 전항의 경우에 들어간다고 해석함이 타당하다. 다만 어떻게 해석하든 그 결과가 달라지지는 않으므로 해석상 이를 다툴 필요가 없다. 그리고 기타의 위난, 가령 화재를 피하기 위하여 이웃집 나무담 등을 파손한 것과 같은 경우는 만일 이러한 수단을 취하지 않으면 생명을 잃는 극단에 빠진다고도 예측할 수 없을 것이다. 그러므로 그 행위에 책임이 없을 것 같지다故意로로써他人의木遮를破壞ᄒᆞᆫ者ㅣ라故로其損害는此를賠償치아니ᄒᆞᆷ을不得ᄒᆞᆯ지니盖生命은財產보다重ᄒᆞᆷ이無疑ᄒᆞᄃᆡ是卽自己의生命은自己의財產보다重ᄒᆞ다云ᄒᆞᆷ에不過ᄒᆞᆷ이오此를因ᄒᆞ야他人의財產을破壞ᄒᆞᆯ權利가無ᄒᆞᆫ所以라

尙且此正當防衛及急迫危難에就ᄒᆞ야는日本舊刑法은不完全ᄒᆞᆫ嫌이有ᄒᆞᆫ故로新刑法에는頗히詳細ᄒᆞᆫ規定이有ᄒᆞᆫ지라(日本新刑法第四五條第四六條)民法에在ᄒᆞ야는刑의輕重과如히損害賠償의程度에輕重이無ᄒᆞᆫ故로不得已ᄒᆞᆷ과否ᄒᆞᆷ에依ᄒᆞ야責任의有無를決치아니ᄒᆞᆷ이不可ᄒᆞ고刑法에就ᄒᆞ야는本講義範圍外에屬ᄒᆞᆫ故로此를論ᄒᆞᆯ必要가無ᄒᆞ며다만民法의規定과同一치아니ᄒᆞᆷ을一言ᄒᆞᆯ뿐이라

第三章　不法行爲의求償權者

不法行爲의求償權者卽不法行爲의原因에基因ᄒᆞᆫ損害賠償을要求ᄒᆞ는權利를有ᄒᆞᆫ者는原則으로被害者ㅣ니此는法文에明記치아니ᄒᆞ야도疑問이毫無ᄒᆞᆫ지라(日本新民法第七百九條第七百十條參照)然而被害者卽損害를受ᄒᆞᆫ者ㅣ라

만 고의로 타인의 나무담을 파손한 것이므로 그 손해는 배상하여야 할 것이다. 대개 생명이 재산보다 중요하다는 데에는 의문이 없지만, 이는 곧 자기 생명이 자기 재산보다 중요하다는 데 불과하고, 이로 인하여 타인의 재산을 파손할 권리가 없기 때문이다.

또한 이 정당방위 및 긴급피난에 대하여 일본 구 형법은 불완전하다는 의문이 있으므로 신 형법에는 자못 상세한 규정이 있다(일본 신 형법 제45조, 제46조). 민법에서는 형의 경중과 같이 손해배상 정도에 경중이 없으므로 부득이한 것인지 아닌지에 따라 책임 유무를 결정할 수밖에 없다. 형법은 이 강의 범위 밖에 속하므로 논할 필요가 없고, 다만 민법 규정과 동일하지 않음을 한마디 할 뿐이다.

제3장 불법행위의 손해배상청구권자

불법행위에 기한 손해배상청구권자, 곧 불법행위의 원인에 기인한 손해배상을 청구할 권리를 가진 자는 원칙적으로 피해자이다. 이는 법문에 명기하지 않아도 의문이 전혀 없다(일본 신 민법 제709조, 제710조 참조). 그러나 피해자, 곧 손해를 받은 자

ᄒᆞᆷ은通常自己의權利에侵害를當ᄒᆞᆫ者ㅣ是니假令他人의行爲에因ᄒᆞ야余의所有에屬ᄒᆞᆫ動産不動産이毁損을受ᄒᆞ얏다ᄒᆞᆯ진대是ᄂᆞᆫ余의權利에侵害를當ᄒᆞᆫ者ㅣ니其損害를受ᄒᆞᆫ者ᄂᆞᆫ即余라因ᄒᆞ야余ᄂᆞᆫ其賠償을要求ᄒᆞᄂᆞᆫ權利를有ᄒᆞ고他人의行爲에因ᄒᆞ야余의身體를被傷ᄒᆞᆫ境遇도亦同ᄒᆞ니오직例外로權의侵害를當ᄒᆞᆫ者와損害를受ᄒᆞᆫ者ㅣ相異ᄒᆞᆫ事ㅣ有ᄒᆞᆫ지라即賠償을求ᄒᆞᄂᆞᆫ權利를有ᄒᆞᆫ者가自己의權利에侵害를當ᄒᆞᆫ者ㅣ아니오他人의權利에侵害를當ᄒᆞᆷ에因ᄒᆞ야間接으로損害를受ᄒᆞᄂᆞᆫ者ㅣ有ᄒᆞ니是ᄂᆞᆫ前에說明ᄒᆞᆷ과如히日本新民法第七百十一條에規定ᄒᆞᆫ바ㅣ라假令甲이乙의게被殺ᄒᆞᆷ에因ᄒᆞ야其人으로브터扶養을受ᄒᆞᄂᆞᆫ丙이（例如父母、配偶者、子等）其扶養을受ᄒᆞᄂᆞᆫ權利即財産權에侵害를受ᄒᆞᆷ에因ᄒᆞ야乙에對ᄒᆞ야損害賠償을求ᄒᆞᆷ을得ᄒᆞᆷ은日本新民法第七百十一條의適用에依ᄒᆞᆷ이아니오同第七百九條의原則에依ᄒᆞᄂᆞᆫ者ㅣ니玆에論코ᄌᆞᄒᆞᄂᆞᆫ바ᄂᆞᆫ如斯ᄒᆞᆫ境遇가아니오被害者의父母、配偶者、子等이扶養을受ᄒᆞᆯ必要가無ᄒᆞᆫ境遇에在ᄒᆞ야도仍히損害를受ᄒᆞᆫ事ㅣ是라即貴重ᄒᆞᆫ親、子、妻가死亡ᄒᆞᆷ을因ᄒᆞ야悲哀에沈倫ᄒᆞᆷ에至ᄒᆞᆷ은是即最大ᄒᆞᆫ損害되ᄂᆞᆫ故로加害者ᄂᆞᆫ此

란 통상 자기의 권리가 침해당한 사람으로, 가령 타인의 행위로 인하여 내 소유 동산이나 부동산이 훼손을 받았다면 이는 내 권리가 침해당한 것이므로 손해를 받은 것은 곧 나이다. 따라서 나는 그 배상을 청구할 권리를 갖고 타인의 행위로 인하여 나의 신체에 상해를 입은 경우 또한 같다. 다만 예외적으로 권리를 침해당한 사람과 침해를 받은 사람이 서로 다를 수도 있다. 곧 배상을 청구할 권리를 가진 사람이 자기 권리가 침해당한 것이 아니라 타인의 권리가 침해당함으로 인하여 간접적으로 손해를 받는 경우가 있다. 이는 앞에 설명한 것처럼 일본 신 민법 제711조에 규정된 것이다. 가령 甲이 乙에게 살해당함에 따라 그 사람으로부터 부양을 받는 丙이(예컨대 부모, 배우자, 자녀 등) 그 부양을 받을 권리, 곧 재산권에 침해를 받음에 따라 乙에 대하여 손해배상을 청구할 수 있음은 일본 신 민법 제711조의 적용에 따른 것이 아니고 제709조의 원칙에 따른 것이다. 여기서 논하려는 것은 이러한 경우가 아니고, 바로 피해자의 부모, 배우자, 자녀 등이 부양을 필요가 없는 경우에도 여전히 손해를 받는 것이다. 곧 소중한 어버이, 자녀, 처가 사망함에 따라 슬픔에 빠지게 되는 것은 곧 가장 큰 손해이므로 가해자는 이

ᄅᆞᆯ賠償치아니ᄒᆞᆷ이不可ᄒᆞᄂᆞ니學者ㅣ通常此種類의賠償을慰藉金이라云ᄒᆞ야曰此境遇에在ᄒᆞ야ᄂᆞᆫ其加害者ᄂᆞᆫ不法行爲ᄅᆞᆯ行ᄒᆞᆫ者ㅣ됨이明白ᄒᆞᆫ故로如害者된乙은甲의父母、配偶者、子가痛苦로브터受ᄒᆞᆫ損害ᄅᆞᆯ賠償치아니ᄒᆞᆷ이不可ᄒᆞ며尙且此境遇에在ᄒᆞ야ᄂᆞᆫ單히悲哀ᄒᆞᆫ損害에止치아니ᄒᆞ고彼老後에依賴ᄒᆞᆯ者ᄅᆞᆯ殺害ᄒᆞᆷ과如ᄒᆞᆷ이是라其他夫ᄅᆞᆯ殺害ᄒᆞᆷ을因ᄒᆞ야寡婦가되고或은不得已再婚ᄒᆞᄂᆞᆫ境遇에至ᄒᆞ며又或은妻가被殺ᄒᆞᆷ을因ᄒᆞ야後妻ᄅᆞᆯ娶ᄒᆞᄂᆞᆫ必要가生ᄒᆞᄂᆞᆫ等各種의不利益이有ᄒᆞ며就中子와如ᄒᆞᆷ은其損害가最甚ᄒᆞᆫ者ㅣ니卽親이被殺ᄒᆞᆷ을味ᄒᆞ야親을思慕ᄒᆞᄂᆞᆫ情은實로形言ᄒᆞᆷ이不可ᄒᆞ고其他敎育上損害ᄅᆞᆯ受ᄒᆞᄂᆞᆫ事ㅣ多大ᄒᆞᆯ지니此等損害ᄂᆞᆫ總히此ᄅᆞᆯ金錢으로槪算ᄒᆞ야賠償케ᄒᆞᆷ을可得ᄒᆞᆯ바ㅣ라此에關ᄒᆞ야ᄂᆞᆫ만일明文이無ᄒᆞᆯ진대疑問이頗有ᄒᆞᆫ故로日本新民法第七百十一條에明文을揭ᄒᆞ얏시니是ᄂᆞᆫ第一의特例라

第二의特例ᄂᆞᆫ胎兒에關ᄒᆞᆫ者ㅣ니卽親이損害ᄅᆞᆯ受ᄒᆞᆫ當時에其子가胎內에在ᄒᆞᆫ時ᄂᆞᆫ아직人格을具備치못ᄒᆞᆫ者ㅣ라故로元來權利의主體됨을不得ᄒᆞᄂᆞ니因ᄒᆞ야此胎兒가損害賠償의權利ᄅᆞᆯ有ᄒᆞᆯ理가無ᄒᆞᆫ지라然즉出生ᄒᆞᆫ時ᄂᆞᆫ如何ᄒᆞᆯ가是

를 배상하여야 한다. 학자들이 통상 이러한 배상을 위자료라고 하여, 이 경우에 가해자는 불법행위를 한 것임이 명백하므로 가해자인 乙은 甲의 부모, 배우자, 자녀가 고통으로부터 받은 손해를 배상하여야 하며, 또한 이 경우에는 다만 슬프다는 손해에 그치지 않고 그의 노후를 맡을 사람을 살해한 것과 같다고 하는 것이다. 그 밖에 남편을 살해함에 따라 과부가 되고 더러는 부득이 재혼하게 되며, 또는 처가 살해당함에 따라 후처에게 장가들 필요가 생기는 등 갖가지 불이익이 있으며, 특히 자녀와 같으면 그 손해가 가장 심하다. 곧 어버이가 살해당함에 따라 어버이를 그리는 정은 실로 형언할 수 없고 기타 교육상 손해를 크게 받을 것이다. 이들 손해는 모두 금전으로 어림하여 배상하게 할 수 있는 것이다. 이에 관하여는 만일 명문규정이 없다면 의문이 자못 있으므로 일본 신 민법 제711조에 명문규정을 두었다. 이것이 첫째 특례이다.

둘째 특례는 태아에 관한 것이다. 곧 어버이가 손해를 받은 당시 그 자녀가 태내에 있으면 아직 사람의 자격을 갖추지 못한 것이므로 원래 권리의 주체가 되지 못한다. 따라서 이 태아가 손해배상의 권리를 가질 리 없는 것이다. 그렇다면 출생한 때에는 어떠한가? 이

ᄂᆞᆫ明文이無ᄒᆞᆯ진대頗히疑問이生ᄒᆞᆯ지니何者오其子가生生ᄒᆞᆫ時ᄂᆞᆫ既히親이損害ᄅᆞᆯ受ᄒᆞᆫ後라故로親히受ᄒᆞᆫ損害ᄅᆞᆯ後日出生ᄒᆞᆯ子가直接으로損害ᄅᆞᆯ受ᄒᆞ얏다謂ᄒᆞᆷ을不得ᄒᆞᆯ지니今에子가出生ᄒᆞ기前에其父가被殺ᄒᆞᆷ을因ᄒᆞ야後日出生ᄒᆞᆫ子가損害賠償을要求ᄒᆞᆫ다ᄒᆞᆯ진대加害者ᄂᆞᆫ此ᄅᆞᆯ抗辯ᄒᆞ야曰「余가汝의父ᄅᆞᆯ殺ᄒᆞᆷ은不法行爲로대此ᄅᆞᆯ因ᄒᆞ야汝로브터賠償請求ᄅᆞᆯ受ᄒᆞᆯ理가無ᄒᆞ니何者오余가汝의父ᄅᆞᆯ殺ᄒᆞ든當時에在ᄒᆞ야ᄂᆞᆫ汝ᄂᆞᆫ아직出生치못ᄒᆞ얏거ᄂᆞᆯ今日에在ᄒᆞ야父가無ᄒᆞᆷ을因ᄒᆞ야各種의損害가有ᄒᆞ다ᄒᆞᆷ은不當ᄒᆞᆫ지라汝의父ᄂᆞᆫ縱令余가殺치아니ᄒᆞ얏다ᄒᆞᆯ지라도或은病死ᄒᆞ얏슬ᄂᆞᆫ지도亦知치못ᄒᆞᆯ지니故로余가汝의父ᄅᆞᆯ殺ᄒᆞᆷ을因ᄒᆞ야汝가直接으로損害ᄅᆞᆯ受ᄒᆞ얏다主張ᄒᆞᆷ을不得」ᄒᆞᆫ다云ᄒᆞᆯ바ㅣ오其負傷ᄒᆞᆫ境遇도亦同ᄒᆞᆯ지라然이나正當히此ᄅᆞᆯ觀察ᄒᆞᆯ진대如斯ᄒᆞᆫ抗辯은可히許ᄒᆞᆯ者ㅣ아니니盖胎兒ᄂᆞᆫ明文이無ᄒᆞᆯ진대權利의主體됨을不得ᄒᆞᆯ지로되苟其一方에不法行爲가成立ᄒᆞᆫ以上은胎兒로써損害賠償의權利ᄅᆞᆯ有케ᄒᆞᆷ이正當ᄒᆞᆫ지라是以로日本新民法은其第七百二十一條에「胎兒ᄂᆞᆫ損害賠償請求權에就ᄒᆞ야ᄂᆞᆫ既生ᄒᆞᆫ者로看做ᄒᆞᆷ」이라規定ᄒᆞᆫ바ㅣ라

는 명문규정이 없다면 자못 의문이 생길 것이다. 왜냐하면 그 자녀가 출생한 때에는 이미 어버이가 손해를 받은 뒤이므로 어버이가 받은 손해를 뒷날 출생할 자녀가 직접 받았다고 할 수 없을 것이다. 따라서 이제 자녀가 출생하기 전에 그 아버지가 살해당함에 따라 뒷날 출생한 자녀가 손해배상을 청구한다면, 가해자는 "내가 너의 아버지를 살해한 것은 불법행위이지만 이로 인하여 너에게 배상청구를 받을 이유가 없다. 왜냐하면 내가 너의 아버지를 살해한 당시에는 네가 아직 태어나지 않았는데, 오늘에 와서 아버지가 없음에 따라 갖가지 손해가 있다는 것은 부당하다. 너의 아버지는 설령 내가 살해하지 않았을지라도 더러는 병으로 사망하였을지도 모른다. 그러므로 내가 너의 아버지를 살해함으로 인하여 네가 직접 손해를 받았다고 주장할 수 없다"고 항변하여 말할 것이다. 상해를 입은 경우 또한 같을 것이다. 그러나 정당하게 이를 본다면 이러한 항변은 허용될 만한 것이 아니다. 대개 태아는 명문규정이 없다면 권리의 주체가 될 수 없겠지만, 진실로 일방에게 불법행위가 성립한 이상 태아가 손해배상의 권리를 갖게 함이 정당한 것이다. 그리하여 일본 신 민법은 제721조에서 "태아는 손해배상청구권에 대하여는 이미 출생한 것으로 간주함"이라고 규정한 것이다.

既述홈과如히子가母의胎內에在홈에當ᄒᆞ야父가被殺됨에因ᄒᆞ야出生後父로ᄇᆞ터扶養을受ᄒᆞ기不能ᄒᆞ고又終身토록實父를見ᄒᆞ기不能ᄒᆞᆫ不幸을遭ᄒᆞᆯ뿐아니라父로ᄇᆞ터敎育을受ᄒᆞ기不能홈을因ᄒᆞ야生ᄒᆞᆫ損害가不尠ᄒᆞ며母가暴行을受홈에因ᄒᆞ야子가不具者ㅣ되야出ᄒᆞ얏다ᄒᆞᆯ진대其損害가極大ᄒᆞᆯ바ㅣ오父가他人에因ᄒᆞ야不具가된故로子가出生ᄒᆞᆫ後因ᄒᆞ야父로ᄇᆞ터扶養을受ᄒᆞ기不能ᄒᆞᆫ境遇와如홈도元來損害가有ᄒᆞ다謂치아니홈이不可ᄒᆞᆯ지니總히如斯ᄒᆞᆫ境遇에在ᄒᆞ야ᄂᆞᆫ其子ᄂᆞᆫ損害賠償을請求홈을可得ᄒᆞᆯ바ㅣ오第二例及第三例에在ᄒᆞ야母又ᄂᆞᆫ父도亦損害賠償을請求홈을得홈은勿論이라

胎兒의損害賠償請求權에就ᄒᆞ야往往誤解ᄒᆞᄂᆞᆫ者ㅣ有ᄒᆞᆫ故로玆에此를簡單히說明코ᄌᆞᄒᆞ노라

盖日本新民法第七百二十一條의法文이極히簡單ᄒᆞᆫ故로誤解가生ᄒᆞ기易ᄒᆞᄂᆞ니何者오即胎兎ᄂᆞᆫ其出生前에既히權利를有ᄒᆞᆫ所以라同民法에「既生ᄒᆞᆫ者로看做홈」이라規定ᄒᆞᆫ故로母의胎內에在ᄒᆞᆫ中에法律上一種의人格을有ᄒᆞ고權利의主體가됨을得ᄒᆞᆯ지니是ᄂᆞᆫ大히誤謬됨을未免ᄒᆞᆯ바ㅣ라만일此를積極的으

이미 서술한 것처럼 자녀가 어머니 태내에 있을 때 아버지가 살해됨에 따라 출생한 뒤 아버지로부터 부양을 받을 수 없고 죽을 때까지 생부를 볼 수 없는 불행을 만날 뿐 아니라 아버지로부터 교육을 받을 수 없는 데 따라 발생하는 손해가 적지 않다. 그리고 어머니가 폭행을 당함에 따라 자녀가 불구자가 되어 출생하였다면 그 손해가 극히 클 것이고, 아버지가 타인으로 인하여 불구가 된 까닭에 자녀가 출생한 뒤에 아버지로부터 부양을 받을 수 없는 것 같은 경우도 원래 손해가 있다고 말하지 않을 수 없다. 이러한 모든 경우에는 그 자녀는 손해배상을 청구할 수 있을 것이고, 둘째 및 셋째 예에서는 어머니 또는 아버지 또한 손해배상을 청구할 수 있음은 물론이다.

태아의 손해배상청구권에 대하여 종종 오해하는 사람이 있으므로 여기서 이를 간단히 설명하고자 한다.

일본 신 민법 제721조의 법문이 극히 간단하므로 오해가 생기기 쉽다. 왜냐하면 곧 태아는 출생 전에 이미 권리를 갖기 때문이다. 일본 민법에서 "이미 출생한 것으로 간주함"이라고 규정하였으므로 어머니 태내에 있던 중에 법률상 일종의 인격을 갖고 권리의 주체가 될 수 있을 터이다. 그런데 이는 크게 잘못된 것이다. 만일 이를 적극적으로解釋ᄒᆞᆯ진대一個奇妙ᄒᆞᆫ結果가生ᄒᆞᆯ지니即其胎兒가死體로生ᄒᆞᆫ境遇에ᄂᆞᆫ權利主體가死亡ᄒᆞᆷ으로看做치아니ᄒᆞᆷ이不可ᄒᆞᆯ바ㅣ라果然ᄒᆞᆯ진대又其相續이開始되지아니ᄒᆞᆷ이不可ᄒᆞᆯ지로다如斯ᄒᆞᆫ議論은古來로브터曾聞치못ᄒᆞ든바ㅣ라此에關ᄒᆞ야ᄂᆞᆫ自初로其理論이極히明確ᄒᆞᆫ故로縱令「胎兒ᄂᆞᆫ既生ᄒᆞᆫ者로看做」ᄒᆞᆫ다規定ᄒᆞᆯ지라도아직出生ᄒᆞ기前에當ᄒᆞ야既히權利를有ᄒᆞᆫ者ㅣ라云ᄒᆞᄂᆞᆫ解釋은甚히不當ᄒᆞᆷ으로信ᄒᆞ노니因ᄒᆞ야胎兒가死體로生ᄒᆞᆯ진대自初로損害賠償의權利가無ᄒᆞ다ᄒᆞᆷ이可ᄒᆞᆯ지라然而國民法相續編에ᄂᆞᆫ此에關ᄒᆞᆫ明文을置ᄒᆞ얏시니此를因ᄒᆞ야債權法의解釋上疑問이又生ᄒᆞᄂᆞᆫ바ㅣ라然而日本에셔相續法을編纂ᄒᆞ든當時에ᄂᆞᆫ第一編乃至第三編은既히發布된後라故로更히法律로써ᄒᆞ지아니ᄒᆞ면修正을加ᄒᆞ기不能ᄒᆞᆫ故로다만相續法에만明文을置ᄒᆞᆷ에至ᄒᆞᆫ지라當初에相續編草案에在ᄒᆞ야도債權法과如히規定ᄒᆞ얏더니胎兒가死體로出生ᄒᆞᆫ時ᄂᆞᆫ相續에如何ᄒᆞᆫ結果를及ᄒᆞᆯ가云ᄒᆞᄂᆞᆫ疑問이起ᄒᆞᆫ지라此에對ᄒᆞ야其胎兒가自初로相續權을有치못ᄒᆞᆫ事ㅣ勿論이라荅辯ᄒᆞ야시나其趣旨를法文에明記ᄒᆞᆷ이可ᄒᆞ다云ᄒᆞᄂᆞᆫ議論이生ᄒᆞ야終乃第九百六十八條第二項을加ᄒᆞᆷ

로 해석한다면 기묘한 결과가 생길 것이다. 곧 그 태아가 사체로 태어난 경우에는 권리의 주체가 사망한 것으로 간주하지 않을 수 없다. 과연 그렇다면 또한 상속이 개시될 수밖에 없는데, 이러한 논의는 종래부터 일찍이 듣지 못하던 것이다. 이에 관하여는 처음부터 그 이론이 극히 명확하므로 설령 "태아는 이미 출생한 것으로 간주"한다고 규정할지라도 아직 출생하기 전에 이미 권리를 가진 것이라는 해석은 매우 부당하다고 생각한다. 따라서 태아가 사체로 태어나면 처음부터 손해배상의 권리가 없다고 함이 마땅하다. 그런데 일본 민법 상속편에는 이에 관한 명문규정을 두었으므로 이로 인하여 채권법의 해석상 의문 또한 발생한다. 그런데 일본에서 상속법을 편찬하던 당시에는 제1편 내지 제3편은 이미 공포된 뒤여서 수정을 가하려면 다시 법률로 하여야 하였으므로, 다만 상속법에만 명문규정을 두기에 이르렀다. 당초 상속편 초안에도 채권법과 같이 규정하였지만 태아가 사체로 출생한 때에는 상속에 어떠한 결과를 미칠까 하는 의문이 일어났다. 이에 대하여 태아가 처음부터 상속권을 갖지 못하는 것이 물론이라고 답변하였다. 그러나 그 취지를 법문에 명기하는 것이 옳다는 논의가 생겨 마침내 제968조 제2항*을 추가하

* 역자 주: 이는 당시의 일본 민법 규정이며, 현행법 규정은 제886조 제2항 참조.

에至ᄒᆞᆫ지라 然이나 損害賠償에 就ᄒᆞ야도 胎兒가死體로 生ᄒᆞᆫ時ᄂᆞᆫ更히損害賠償請求權이 無홈은勿論이니蓋日本相續編은債權法을發布ᄒᆞᆫ後에制定ᄒᆞᆫ法律이라故로多少規定은相異ᄒᆞᄃᆡ아직出生치아니ᄒᆞᆫ胎兒가權利를有홈은事理에違反되ᄂᆞᆫ者ㅣ라故로結局債權法의解釋도相續法과同一홈으로信ᄒᆞᄂᆞᆫ바ㅣ라

是以로同第七百二十一條의規定은單히 胎兒ᄂᆞᆫ不法行爲當時에 아직出生치아니ᄒᆞᆫ故로其出生後에在ᄒᆞ야도此에關ᄒᆞ야損害賠償을求ᄒᆞᆯ權利를有치못ᄒᆞᆯ가云ᄒᆞᄂᆞᆫ疑問을解決ᄒᆞ야旣히出生ᄒᆞᆫ者와同一히看做ᄒᆞᆫ다云ᄒᆞᄂᆞᆫ趣旨만明示ᄒᆞᆫ者로解釋홈이可ᄒᆞᆫ지라卽胎兒가出生ᄒᆞ면其時로브터人格이生ᄒᆞ고因ᄒᆞ야權利의主體가되ᄂᆞᆫ者ㅣ로ᄃᆡ 其者가旣往에 遡及ᄒᆞ야不法行爲當時에旣生ᄒᆞᆫ者와如히賠償을求ᄒᆞᄂᆞᆫ權利를有ᄒᆞ고因ᄒᆞ야同民法第七百九條乃至第七百十一條의適用을受ᄒᆞᄂᆞᆫ者로解釋지아니홈이不可ᄒᆞᆫ바ㅣ라

第四章 不法行爲의賠償方法

不法行爲者ᄂᆞᆫ如何ᄒᆞᆫ方法에依ᄒᆞ야賠償을行홈이可ᄒᆞᆯ가云ᄒᆞᆯ진대原則上金錢으로써賠償홈이可ᄒᆞᄂᆞ니是ᄂᆞᆫ不得已홈에出ᄒᆞᆫ者ㅣ라野蠻時代에在ᄒᆞ야ᄂᆞᆫ眼

게 된 것이다. 그러나 손해배상에 대하여도 태아가 사체로 출생한 때에는 다시 손해배상청구권이 없음은 물론이다. 대개 일본 민법 상속편은 채권법이 공포된 뒤 제정된 법률이므로 다소 규정은 다르지만 아직 출생하지 않은 태아가 권리를 가진다는 것은 사리에 어긋나는 것이다. 그러므로 결국 채권법의 해석도 상속법과 동일하다고 생각하는 것이다. 그리하여 일본 민법 제721조는 다만 태아가 불법행위 당시에 아직 출생하지 않았으므로 그 출생 후에도 이에 관하여 손해배상을 청구할 권리를 갖지 못하는가 하는 의문을 해결함으로써, 이미 출생한 자와 동일하다고 간주한다는 취지만 명시하였다고 해석함이 마땅하다. 곧 태아가 출생하면 그때부터 인격이 발생하고 따라서 권리의 주체가 되는 것이지만, 그 사람이 기왕에 소급하여 불법행위 당시에 이미 출생한 것과 같이 배상을 청구할 권리를 갖고 따라서 일본 민법 제709조부터 제711조의 적용을 받는 것으로 해석하여야 하는 것이다.

제4장 불법행위의 배상 방법

불법행위자는 어떠한 방법에 따라 배상하여야 하는가? 원칙상 금전으로 배상하여야 하는데, 이는 부득이하기 때문이다. 야만의 시대에는 눈을傷害ᄒᆞᆫ者에對ᄒᆞ야ᄂᆞᆫ即其眼을傷害ᄒᆞ고耳ᄅᆞᆯ削ᄒᆞᆫ者에對ᄒᆞ야ᄂᆞᆫ即其耳ᄅᆞᆯ削ᄒᆞᄂᆞᆫ等事가有ᄒᆞ얏시나今日에在ᄒᆞ야ᄂᆞᆫ如斯ᄒᆞᆫ方法을取ᄒᆞ기不能ᄒᆞᆫ바ㅣ라然而金錢으로써賠償ᄒᆞᄂᆞᆫ方法은不完全ᄒᆞᆫ方法됨은勿論이로대其他ᄂᆞᆫ此에可勝ᄒᆞᆯ者ㅣ無ᄒᆞᄂᆞ니彼自己의耳ᄅᆞᆯ斬ᄒᆞᆷ을因ᄒᆞ야加害者의耳ᄅᆞᆯ斬ᄒᆞᆷ과如ᄒᆞᆷ은賠償이라云ᄒᆞ기不能ᄒᆞ고寧히金錢을得ᄒᆞᆯ진대此에依ᄒᆞ야其不愉快의幾分을補償ᄒᆞᆷ을得ᄒᆞᆯ바ㅣ오況財產上의損害에至ᄒᆞ야ᄂᆞᆫ金錢으로써殆히完全ᄒᆞᆫ賠償됨을得ᄒᆞᆯ지니蓋動產又ᄂᆞᆫ不動產을破壞ᄒᆞᆫ境遇에在ᄒᆞ야도金錢이有치아니ᄒᆞ면其動產又不動產과同一ᄒᆞᆫ者ᄅᆞᆯ得ᄒᆞ기不能ᄒᆞᆯ지라오쟉此境遇에侵害ᄅᆞᆯ受ᄒᆞᆫ動產及不動產의價額을計算ᄒᆞ기困難ᄒᆞᆫ事ᄂᆞᆫ有ᄒᆞ야도賠償의方法으로ᄂᆞᆫ此에優勝ᄒᆞᆯ者ㅣ無ᄒᆞᆫ지라故로日本新民法은其第七百二十二條第一項에「第四百十七條의規定은不法行爲에因ᄒᆞᆫ損害賠償에此ᄅᆞᆯ準用ᄒᆞᆷ」이라規定ᄒᆞ얏시니同第四百十七條ᄂᆞᆫ債務不履行의境遇에關ᄒᆞᆫ損害賠償의規定이라因ᄒᆞ야此第四百十七條에在ᄒᆞ야ᄂᆞᆫ「別段의意思表示가無ᄒᆞᆫ時」라ᄒᆞ야시나不法行爲에就ᄒᆞ야ᄂᆞᆫ當事者間에豫先契約ᄒᆞᆷ과如ᄒᆞᆷ은事實上有ᄒᆞ기不能ᄒᆞᆯ바ㅣ라故로如斯

을 다치게 한 사람은 곧 그 눈을 다치게 하고 귀를 자를 사람은 그 귀를 잘라 내는 등의 일이 있었다. 그러나 오늘날에는 이러한 방법을 취할 수 없는 것이다. 그런데 금전으로 배상하는 방법은 불완전한 방법임은 물론이지만 달리 이보다 뛰어난 것이 없다. 자기의 귀를 베어 냈다고 가해자의 귀를 베는 것 같은 것은 배상이라고 할 수 없고, 오히려 금전을 얻는다면 이에 따라 불유쾌함을 얼마큼이라도 보상받을 수 있을 것이다. 더구나 재산상 손해는 금전으로 거의 완전한 배상이 될 수 있을 것이다. 대개 동산 또는 부동산을 파손한 경우에도 금전이 없으면 그 동산 또는 부동산과 동일한 것을 얻을 수 없을 것이다. 다만 이 경우에 침해를 받은 동산 및 부동산의 가액을 계산하기 어려울 수는 있어도, 배상의 방법으로는 이보다 뛰어난 것이 없다. 그러므로 일본 신 민법은 제722조 제1항에서 "제417조는 불법행위로 인한 손해배상에 준용함"이라고 규정하였고 제417조는 "다른 의사표시가 없는 때"라고 하였다. 그러나 불법행위에 대하여는 당사자 사이에 미리 계약하는 것과 같은 일은 사실상 있을 수 없다. 그러므로 이러

ᄒᆞᆫ文字ᄂᆞᆫ適用ᄒᆞᆷ을不得ᄒᆞᆯ지니是卽準用이라云ᄒᆞᆫ所以라

上述ᄒᆞᆫ原則에對ᄒᆞ야ᄂᆞᆫ一個例外가有ᄒᆞ니卽名譽ᄅᆞᆯ毁損ᄒᆞᆫ境遇가是라卽此名譽毁損의境遇에在ᄒᆞ야ᄂᆞᆫ金錢上의損害賠償外에裁判所가適當ᄒᆞᆫ處分을命ᄒᆞᆷ을得ᄒᆞᄂᆞ니「適當ᄒᆞᆫ處分」이라ᄒᆞᆷ은假令新聞紙에廣告케ᄒᆞᄂᆞᆫ等總히裁判所가適當ᄒᆞᆷ으로認ᄒᆞᆫ方法을謂ᄒᆞᆷ이라然즉何故로名譽毁損의境遇에在ᄒᆞ야如此ᄒᆞᆫ例外ᄅᆞᆯ設ᄒᆞᆫ가名譽란者ᄂᆞᆫ容易히金錢으로此ᄅᆞᆯ補償ᄒᆞ기不能ᄒᆞᆫ者ㅣ되ᄂᆞᆫ同時에他方法에依ᄒᆞᆯ진대幾分間此ᄅᆞᆯ賠償ᄒᆞᆷ을得ᄒᆞᆯ지니 換言ᄒᆞ면名譽ᄅᆞᆯ回復ᄒᆞᆷ을可得ᄒᆞᆯ지라假令誹毁에依ᄒᆞ야名譽ᄅᆞᆯ毁損ᄒᆞᆫ境遇에誹毁의材料된事實이搆虛된事ㅣ一般히明白ᄒᆞᆫ時假令公開ᄒᆞᆫ法廷에셔加害者가被害者에向ᄒᆞ야謝罪ᄒᆞ거나又ᄂᆞᆫ新聞紙에自己가主張ᄒᆞᆫ事實의搆虛됨을廣告ᄒᆞᆯ진대此에依ᄒᆞ야幾分間名譽ᄅᆞᆯ回復ᄒᆞᆷ을可得ᄒᆞᆯ바ㅣ오다만裁判所가如斯ᄒᆞᆫ方法을命ᄒᆞᆷ에不拘ᄒᆞ고加害者가此ᄅᆞᆯ實行치아니ᄒᆞᄂᆞᆫ時ᄂᆞᆫ如何ᄒᆞᆯ가假令新聞紙에廣告ᄒᆞᆷ을命ᄒᆞᆫ境遇에就ᄒᆞ야ᄂᆞᆫ加害者가此ᄅᆞᆯ不肯ᄒᆞᄂᆞᆫ時ᄂᆞᆫ更히如何히ᄒᆞ기不能ᄒᆞᆷ과如ᄒᆞᆫ나法律은加害者의費用으로써被害者로브터新聞社에廣告文을依賴ᄒᆞᆷ을許ᄒᆞᆫ

한 문언은 적용될 수 없을 것이다. 이것이 곧 준용이라고 한 까닭이다.

위에 서술한 원칙에 대하여는 하나의 예외가 있다. 곧 명예를 훼손한 경우가 그것이다. 곧 이 명예훼손의 경우에는 금전상의 손해배상 외에 재판소가 적당한 처분을 명할 수 있다. "적당한 처분"이란 가령 신문지에 광고하게 하는 등 모두 재판소가 적당하다고 인정한 방법을 말한다. 그렇다면 어째서 명예훼손의 경우에 이와 같은 예외를 마련하였는가? 명예란 것은 쉽게 금전으로 보상할 수 없는 것인 동시에, 다른 방법에 따르면 얼마큼 훼손된 명예를 배상할 수 있을 것이다. 바꾸어 말하면 명예를 회복할 수 있을 것이다. 가령 비방을 하여 명예를 훼손한 경우에, 비방의 소재가 된 사실이 허구임이 일반적으로 명백하다고 하자. 그때에 가령 공개된 법정에서 가해자가 피해자를 향하여 사죄하거나 신문에 자기가 주장한 사실이 허구임을 광고한다면 이에 따라 얼마큼 명예를 회복할 수 있을 것이다.* 다만 재판소가 이러한 방법을 명하였음에도 불구하고 가해자가 이를 실행하지 않는 때에는 어떠한가? 가령 신문에 광고할 것을 명한 경우에 가해자가 이를 하려고 하지 않으면 다시 어떻게 할 수 없을 것 같다. 그러나 법률은 가해자의 비용으로 피해자로부터 신문사에 광고문을 의뢰하도록 허용하

* 역자 주: 오늘날에는 법원의 처분에 사죄광고가 포함된다고 해석하는 것

ᄂᆞᆫ故로別로困難ᄒᆞᆫ事ᄂᆞᆫ無ᄒᆞ대오즉新聞社가其依賴에應치아니ᄒᆞᄂᆞᆫ時ᄂᆞᆫ如何ᄒᆞᆯ가假令新聞社가多數로在ᄒᆞᆫ地에在ᄒᆞ야ᄂᆞᆫ新聞社가擧皆此ᄅᆞᆯ拒絶ᄒᆞᆷ과如ᄒᆞᆫ은極히稀有ᄒᆞᆫ事에屬ᄒᆞ대 다만一種의新聞紙ᄅᆞᆯ發行ᄒᆞᄂᆞᆫ地方에在ᄒᆞ야만일其新聞社가謝罪의廣告ᄅᆞᆯ揭載ᄒᆞᆷ을拒絶ᄒᆞᆫ時ᄂᆞᆫ如何ᄒᆞᆯ가或은新聞廣告ᄂᆞᆫ新聞社가承諾지아니ᄒᆞ면從令此ᄅᆞᆯ命ᄒᆞ야도是ᄂᆞᆫ不能에屬ᄒᆞᆫ故로其命令은無效된다云ᄒᆞᄂᆞᆫ者ㅣ有ᄒᆞ나是謬見됨을難免ᄒᆞᆯ지니盖判決을實行치못ᄒᆞᄂᆞᆫ事ᄂᆞᆫ實際上尠少치아니ᄒᆞᆫ지라（假令判決에由ᄒᆞ야或物의傳授ᄅᆞᆯ命ᄒᆞᆫ境遇에아즉此ᄅᆞᆯ傳授ᄒᆞ기前에其物이滅失ᄒᆞᆫ等）此와同一히新聞社ᄂᆞᆫ營業에關ᄒᆞ야自由가有ᄒᆞ고且以上과如ᄒᆞᆫ裁判에就ᄒᆞ야ᄂᆞᆫ第三者ㅣ라故로此ᄅᆞᆯ羈束ᄒᆞᆷ을不得ᄒᆞᆯ지니因ᄒᆞ야만일其新聞社가廣告의依賴ᄅᆞᆯ應치아니ᄒᆞᄂᆞᆫ時ᄂᆞᆫ此ᄅᆞᆯ强行ᄒᆞᆯ道가無ᄒᆞ대但新聞社ᄂᆞᆫ營業을ᄒᆞᄂᆞᆫ者ㅣ라故로廣告料ᄅᆞᆯ支撥ᄒᆞᆯ진대通常其依賴에應ᄒᆞᆷ이可ᄒᆞᄂᆞ니是以로裁判所ᄂᆞᆫ此通常의狀態ᄅᆞᆯ鑑ᄒᆞ고新聞紙에廣告ᄒᆞᆷ을命ᄒᆞ야도決코不法이아니라然而立法論으로ᄂᆞᆫ裁判所의判決에因ᄒᆞ야揭載ᄅᆞᆯ命ᄒᆞᆫ廣告ᄂᆞᆫ新聞社에셔其揭載ᄅᆞᆯ拒絶ᄒᆞᆷ을不得ᄒᆞᆫ다云ᄒᆞᄂᆞᆫ規定을設ᄒᆞᄂᆞᆫ可否

므로 특별히 곤란한 일은 없다. 다만 신문사가 그 의뢰에 응하지 않는 때에는 어떠한가? 가령 신문사가 다수 있는 지방에서는 신문사가 대부분 이를 거절하는 것과 같은 경우는 극히 드문 일이다. 그런데 다만 한 가지 신문만 발행되는 지방에서 만일 그 신문사가 사죄광고 게재를 거절하는 때에는 어떠한가? 더러는 신문광고는 신문사가 승낙하지 않으면 설령 이를 명하더라도 불능이므로 그 명령은 무효라고 하는 사람이 있다. 그러나 이는 잘못된 견해이다. 대개 판결을 실행하지 못하는 일은 실제로 적지 않다(가령 판결에 따라 어떤 물건의 인도를 명한 경우에, 아직 이를 인도하기 전에 그 물건이 멸실한 경우 등). 이와 마찬가지로 신문사는 영업에 관하여 자유가 있고 또 위와 같은 재판에서는 제3자이다. 그러므로 이를 기속(羈束)할 수 없다. 따라서 만일 그 신문사가 광고의뢰에 응하지 않는 때에는 이를 강행할 길이 없다. 다만 신문사는 영업을 하는 자이므로 광고료를 지급한다면 통상 그 의뢰에 응하는 것이 마땅하다. 그리하여 재판소는 이 통상의 상태를 살펴 신문에 광고를 명하여도 결코 불법이 아니다. 그러나 입법론으로는 재판소의 판결에 따라 게재를 명한 광고는 신문사에서 게재를 거절하지 못한다는 규정을 마련하여야 하는지

이 헌법에 위반된다는 헌법재판소 결정이 있음(헌법재판소 1991. 4. 1. 89헌마160 결정 참조).

는一個問題로대如此ᄒᆞᆫ明文이無ᄒᆞᆫ以上에는新聞社에서는此를拒絕ᄒᆞᆷ을得ᄒᆞᆯ지라도廣告는事實上比較的으로行ᄒᆞ기容易ᄒᆞᆫ方法이라此와反ᄒᆞ야加害者가法廷에서謝罪ᄒᆞᆷ이可ᄒᆞᆫ裁判에從치아니ᄒᆞ는時는更히如何히ᄒᆞ기不能ᄒᆞᆷ에至ᄒᆞᆯ지라日本民事訴訟法第七百三十六條의規定은或은此境遇에適用ᄒᆞᆷ을可得ᄒᆞᆯ지니即此境遇에는「判決의確定으로써意思를陳述ᄒᆞᆫ者로看做」ᄒᆞᆫ다云ᄒᆞᆷ을得ᄒᆞᆯ지로대是는殆히其効能이無ᄒᆞᆫ者ㅣ오單히被告는原告의名譽를毁損ᄒᆞᆫ者ㅣ라云ᄒᆞᆷ과毫末도無異ᄒᆞᆫ바ㅣ라故로此境遇에在ᄒᆞ야도立法論으로는或은其裁判所에不服ᄒᆞ는者에對ᄒᆞ야罰金을科ᄒᆞ고其徵收ᄒᆞᆫ罰金은此를加害者의게與ᄒᆞᆷ이可ᄒᆞ다云ᄒᆞᆷ과如ᄒᆞᆫ規定을設ᄒᆞ야도亦可ᄒᆞᆯ지로대日本現行法에는如此ᄒᆞᆫ制裁가無ᄒᆞᆫ바ㅣ라

金錢以外의賠償方法은全히上述ᄒᆞᆫ者뿐이니或은金錢의賠償과倂ᄒᆞ야此를命ᄒᆞᆷ을可得ᄒᆞᆯ지라通常境遇에는被害者는直接으로名譽回復의訴를起ᄒᆞ고其結果로勝訴ᄒᆞ야新聞紙에謝罪文을廣告케ᄒᆞ고此에依ᄒᆞ야名譽를回復ᄒᆞᆷ을得ᄒᆞᆷ이最多ᄒᆞᄂᆞ니如此ᄒᆞᆫ境遇에在ᄒᆞ야는別로金錢上의損害賠償을求ᄒᆞᆷ을不得ᄒᆞᆯ

는 하나의 문제이다. 이러한 명문규정이 없는 이상 신문사에서는 이를 거절할 수 있을지라도 광고는 사실상 비교적 하기 쉬운 방법이다. 이와 반대로 가해자가 법정에서 사죄함이 마땅한 재판에 따르지 않는 때에는 다시 어떻게 하기 어렵게 될 것이다. 일본 민사소송법 제736조는 더러는 이 경우에 적용할 수 있을 것이다. 곧 이 경우에는 "판결의 확정으로 의사를 진술한 것으로 간주"한다고 할 수 있겠지만, 이는 거의 효능이 없는 것이다. 단지 피고는 원고의 명예를 훼손한 것이라고 하는 것과 털끝만큼도 다르지 않다. 그러므로 이 경우에도 입법론으로는 더러는 그 재판소에서 불복하는 사람에 대하여 벌금을 부과하고 징수된 벌금은 피해자*에게 주어야 한다는 것 같은 규정을 마련하여도 되겠지만, 일본 현행법에는 이와 같은 제재가 없다.

금전 이외의 배상 방법은 완전히 위에 서술한 것뿐이다. 더러는 금전의 배상과 함께 이를 명할 수 있을 것이다. 보통의 경우에는 피해자는 직접 명예회복의 소를 제기하고 그 결과 승소하여 신문에 사죄문을 광고하게 하고, 이에 따라 명예를 회복하는 경우가 가장 많다. 이와 같은 경우에는 따로 금전상 손해배상을 청구할 수 없

* 역자 주: 원문은 '加害者'로 되어 있으나, 문맥상 피해자가 맞다고 보임.

지로대此와反ᄒᆞ야商人은名譽毁損을被ᄒᆞᆷ을因ᄒᆞ야營業上多大ᄒᆞᆫ影響을受ᄒᆞᄂᆞ니昨日ᄭᆞ지每日千圓假量의去來ᄅᆞᆯᄒᆞ든者ㅣ名譽의被害됨을因ᄒᆞ야其額이五百圓으로減ᄒᆞ얏다ᄒᆞᆯ진대他日謝罪文의廣告ᄅᆞᆯ因ᄒᆞ야前의去來額을回復ᄒᆞᆷ을得ᄒᆞᆫ다ᄒᆞᆯ지라도其間에失ᄒᆞᆫ損害ᄂᆞᆫ加害者가此ᄅᆞᆯ賠償치아니ᄒᆞᆷ이不可ᄒᆞᆫ지라因ᄒᆞ야如斯ᄒᆞᆫ境遇에在ᄒᆞ야ᄂᆞᆫ被害者ᄂᆞᆫ謝罪文의廣告ᄅᆞᆯ命ᄒᆞᆷ을請求ᄒᆞᆷ과同時에金錢上의賠償도請求ᄒᆞᆷ을可得ᄒᆞᆯ지니此에關ᄒᆞ야日本新民法은其第七百二十三條에「他人의名譽ᄅᆞᆯ毁損ᄒᆞᆫ者에對ᄒᆞ야ᄂᆞᆫ裁判所ᄂᆞᆫ被害者의請求에因ᄒᆞ야損害賠償에代ᄒᆞ거나又ᄂᆞᆫ損害賠償과共히名譽을回復ᄒᆞᆷ에適當ᄒᆞᆫ處分을命ᄒᆞᆷ을得ᄒᆞᆷ」이라規定ᄒᆞᆫ바ㅣ라

上述ᄒᆞᆫ例外의境遇ᄅᆞᆯ除ᄒᆞᆫ外에ᄂᆞᆫ總히金錢으로ᄡᅥ賠償케ᄒᆞᆷ은前述ᄒᆞᆷ과如ᄒᆞᆫ지라然而金錢으로ᄡᅥ賠償케ᄒᆞᄂᆞᆫ境遇에在ᄒᆞ야其賠償額은如何ᄒᆞᆯ가理論上不法行爲에因ᄒᆞ야生ᄒᆞᆫ損害ᄂᆞᆫ總히此ᄅᆞᆯ賠償케ᄒᆞ지아니ᄒᆞᆷ이不可ᄒᆞᄂᆞ니即千圓의損害에對ᄒᆞ야ᄂᆞᆫ千圓을賠償케ᄒᆞᆷ이可ᄒᆞ고五百圓의損害에對ᄒᆞ야ᄂᆞᆫ五百圓을賠償케ᄒᆞᆷ이可호대오즉此ᄅᆞᆯ評價ᄒᆞᆷ에當ᄒᆞ야ᄂᆞᆫ往往困難ᄒᆞᆫ境遇가有ᄒᆞ니即名

겠지만, 이와 반대로 상인은 명예훼손을 당함에 따라 영업상 매우 큰 영향을 받을 것이다. 어제까지 매일 1천 원 가량의 거래를 하던 사람이 명예가 훼손됨에 따라 그 액수가 500원으로 줄었다면, 다른 날 사죄문 광고에 따라 전의 거래액을 회복할 수 있다고 할지라도 그동안에 잃은 손해는 가해자가 배상하여야 할 것이다. 따라서 이러한 경우에는 피해자는 사죄문의 광고를 명할 것을 청구함과 동시에 금전상 배상도 청구할 수 있을 것이다. 이에 관하여 일본 신 민법은 제723조에서 "타인의 명예를 훼손한 사람에 대하여는 재판소는 피해자의 청구에 따라 손해배상을 갈음하거나 또는 손해배상과 함께 명예를 회복하는데 적당한 처분을 명할 수 있음"이라고 규정한 것이다.

위에 서술한 예외적인 경우를 제외하면 모두 금전으로 배상하게 하는 것은 전술한 바와 같다. 그러나 금전으로 배상하게 하는 경우에 그 배상액은 어떻게 하는가? 이론상 불법행위로 인하여 발생한 손해는 모두 배상하게 하여야 한다. 곧 1천 원의 손해에 대하여는 1천 원을 배상하게 하여야 하고, 500원의 손해에 대하여는 500원을 배상하게 함이 마땅하다. 다만 이를 평가할 때에는 종종 어려운 경우가 있다. 곧 명

譽와生命을害ᄒᆞᆫ境遇와如ᄒᆞᆷ이是라然이나一次評價ᄒᆞ야其額을定ᄒᆞᆫ以上은加害者ᄂᆞᆫ其評價額의全部를賠償치아니ᄒᆞᆷ이不可ᄒᆞᄂᆞ니오즉此에就ᄒᆞ야ᄂᆞᆫ不法行爲와損害間에 因果의關係가有ᄒᆞᆷ을要ᄒᆞᄂᆞᆫ지라 假令甲이乙을毆打ᄒᆞᆷ을因ᄒᆞ야乙이死亡ᄒᆞ얏다ᄒᆞᆯ진대其父母、配偶者、子等은乙이死亡ᄒᆞᆷ을因ᄒᆞ야生ᄒᆞᆫ損害의全部를賠償케ᄒᆞᆷ을可得ᄒᆞᆯ지로대오즉乙이毆打ᄒᆞᆷ을因ᄒᆞ야死亡ᄒᆞᆷ을證明ᄒᆞᆷ이可ᄒᆞᆯ뿐이오此와反ᄒᆞ야乙의毆打ᄂᆞᆫ다만甲을負傷케ᄒᆞᆷ에不過ᄒᆞ고其死亡ᄒᆞᆷ은他原因에因ᄒᆞᆫ者ㅣ된時ᄂᆞᆫ死亡에因ᄒᆞᆫ損害를賠償케ᄒᆞ기不能ᄒᆞ고單히負傷에就ᄒᆞ야만賠償케ᄒᆞᆷ을得ᄒᆞᆯ뿐이오又假令甲이乙을殺害ᄒᆞᆫ當時에其妻丙이病中에在ᄒᆞ야其夫의橫死ᄒᆞᆷ을聞ᄒᆞ고悲痛이極ᄒᆞᆷ을因ᄒᆞ야畢竟死亡ᄒᆞ얏다ᄒᆞᆯ진대 此境遇에在ᄒᆞ야ᄂᆞᆫ甲이乙을殺害ᄒᆞᆷ에 因ᄒᆞ야生ᄒᆞᆫ損害ᄂᆞᆫ賠償치아니ᄒᆞᆷ을不得ᄒᆞᆯ지로대丙의死亡ᄒᆞᆷ은甲의不法行爲의直接結果가아니오間接結果에不過ᄒᆞᄂᆞ니即丙은膽氣가小ᄒᆞ고病氣에罹ᄒᆞᆫ等에因ᄒᆞ야其結果를惹起ᄒᆞᆷ에至ᄒᆞᆫ者ㅣ라 然而此를區別ᄒᆞᆷ은實際에頗히 困難ᄒᆞᆫ바ㅣ라 或學者ᄂᆞᆫ直接損害及間接損害로區別ᄒᆞ야論ᄒᆞᄂᆞᆫ者ㅣ有ᄒᆞ나區別은前例와如ᄒᆞᆫ境遇에ᄂᆞᆫ此

예와 생명을 침해한 경우와 같은 경우가 그것이다. 그러나 한 번 평가하여 그 액수를 정한 이상 가해자는 그 평가액 전부를 배상하여야 한다. 다만 이에 대하여는 불법행위와 손해 사이에 인과관계가 있어야 하는 것이다. 가령 甲이 乙을 폭행함으로 인하여 乙이 사망하였다고 하면 그 부모, 배우자, 자녀 등은 乙의 사망으로 인하여 발생한 손해 전부를 배상하게 할 수 있다. 다만 乙이 폭행으로 인하여 사망하였음을 증명하여야 할 뿐이다. 이와 반대로 乙의 폭행은 甲이 상해를 입게 한 데 불과하고 그의 사망은 다른 원인으로 인한 것이라면 사망으로 인한 손해를 배상하게 할 수 없고, 다만 부상에 대하여만 배상하게 할 수 있을 뿐이다. 또 가령 甲이 乙을 살해한 당시에 乙의 처 丙이 병중에 있어 남편의 갑작스런 죽음을 듣고 극히 비통해함으로 인하여 마침내 사망하였다고 하자. 이 경우에는 甲이 乙을 살해함으로 인하여 발생한 손해는 배상하지 않을 수 없지만 丙의 사망은 甲의 불법행위의 직접적 결과가 아니고 간접적인 결과에 불과하다. 즉, 丙은 담력이 작고 병에 걸린 등으로 인하여 사망이라는 결과를 야기하게 된 것이다. 그러나 실제로 이를 구별하는 것은 자못 곤란하다. 어떤 학자는 직접손해 및 간접손해로 구별하여 논하기도 한다. 그러나 구별은 앞선 예와 같은 경우에는

를適用ᄒᆞᆷ을得호대此에依ᄒᆞ야總境遇를說明ᄒᆞ기不能ᄒᆞᄂᆞ니盖名譽毁損의境遇에在ᄒᆞ야ᄂᆞᆫ其直接損害ᄂᆞᆫ此를因ᄒᆞ야本人이不愉快를感ᄒᆞᆷ에在호대尙且此를因ᄒᆞ야被害者의營業이振興치못ᄒᆞᆷ에至ᄒᆞ얏다云ᄒᆞᆷ과如ᄒᆞᆷ은間接의結果라然이나加害者ᄂᆞᆫ此를賠償치아니ᄒᆞᆷ을不得ᄒᆞᄂᆞ니是其名譽를毁損ᄒᆞᆫ事實과賣買價格의减少ᄒᆞᆫ事實間에何等의事故가介入ᄒᆞᆫ事ㅣ無ᄒᆞ고其結果를生ᄒᆞᆫ者ㅣ라故로純理로브터言ᄒᆞᆯ진대間接이라도原因結果의關係가有ᄒᆞ다謂치아니ᄒᆞᆷ을不得ᄒᆞᆯ바ㅣ라此等境遇가甚히尠少치아니ᄒᆞᆫ故로實際問題로往往困難을感ᄒᆞᄂᆞᆫ바ㅣ有ᄒᆞ나一次損害額이確定ᄒᆞᆫ以上은加害者로ᄒᆞ야곰其損害를賠償케ᄒᆞᆷ이可ᄒᆞᆷ은前述ᄒᆞᆷ과如ᄒᆞᆷ이라

如此히加害者ᄂᆞᆫ不法行爲로브터生ᄒᆞᆫ損害의全部를賠償치아니ᄒᆞᆷ이不可ᄒᆞᆷ으로써原則이라호대此에ᄂᆞᆫ一個例外가有ᄒᆞ니即被害者의게도過失이有ᄒᆞᆫ境遇가是라假令被害者가加害者를罵詈ᄒᆞᆷ에因ᄒᆞ야加害者가忿怒ᄒᆞ야罵詈者를殺害ᄒᆞᆷ에至ᄒᆞᆫ境遇와如ᄒᆞ니此境遇에在ᄒᆞ야도加害者ᄂᆞᆫ原本罵詈ᄒᆞᆫ者를殺ᄒᆞᆯ權利를有ᄒᆞᆫ者ㅣ아닌故로其不法行爲됨은勿論이로되오즉被害者도過失이

적용될 수 있겠지만 이에 따라 모든 경우를 설명할 수는 없다. 대개 명예훼손의 경우에는 직접손해는 명예훼손으로 인하여 본인이 불유쾌함을 느끼는 데 있고, 그뿐만 아니라 명예훼손으로 인하여 피해자의 영업이 활발하지 못하게 되었다고 하는 것 같으면 간접적 결과이다. 그러나 가해자는 이를 배상하여야 하는데, 이는 그의 명예를 훼손한 사실과 매매가격이 감소한 사실 사이에 어떠한 사고가 개입된 일 없이 그 결과가 발생한 것이다. 그러므로 순수하게 이론적으로 말한다면 간접적이라도 원인과 결과의 관계가 있다고 말할 수밖에 없다. 이러한 경우가 매우 적지 않으므로 실제 문제가 되어 종종 어려움을 느끼는 일이 있으나, 한번 손해액이 확정된 이상 가해자가 그 손해를 배상하게 하여야 함은 전술한 바와 같다.

이와 같이 가해자는 불법행위로부터 발생한 손해 전부를 배상하여야 하는 것이 원칙이지만 여기에는 하나의 예외가 있다. 곧 피해자에게도 과실이 있는 경우가 그것이다. 가령 피해자가 가해자에게 욕을 함에 따라 가해자가 분노하여 욕을 한 사람을 살해하게 된 경우와 같다. 이 경우에도 가해자가 원래 욕을 한 사람을 살해할 권리를 가진 것은 아니므로 불법행위임은 물론이다. 다만 피해자 또한 과실이

亦有ᄒᆞᆯ뿐이라故로日本新民法第七百二十二條第二項에「被害者에게過失이有ᄒᆞᆫ時ᄂᆞᆫ裁判所ᄂᆞᆫ損害賠償額을定ᄒᆞᆷ에就ᄒᆞ야此ᄅᆞᆯ斟酌ᄒᆞᆷ을得ᄒᆞᆷ」이라規定ᄒᆞᆫ바ㅣ라余ᄂᆞᆫ此規定이立法論으로穩當치아니ᄒᆞᆷ으로信ᄒᆞ노니皮想的見解로써觀察ᄒᆞᆯ진ᄃᆡ被害者도過失이有ᄒᆞᆫ故로損害의一部ᄅᆞᆯ負擔ᄒᆞᆷ이可ᄒᆞᆫ者라ᄒᆞᆷ은實로至當ᄒᆞᆫ바ㅣ라然이나此規定에依ᄒᆞᆯ진ᄃᆡ過失의大小에依ᄒᆞ야賠償額에差等을設ᄒᆞᆷ에歸着ᄒᆞᄂᆞᆫ故로日本舊民法과如히故意와過失을區別ᄒᆞ야其責任을異히ᄒᆞᆷ으로規定치아니ᄒᆞ면其權衡을得ᄒᆞᆫ者라云ᄒᆞᆷ이不可ᄒᆞᆯ지라如此ᄒᆞᆫ主義ᄅᆞᆯ取ᄒᆞᆯ진ᄃᆡ玆에被害者에게過失이有ᄒᆞᆫ境遇에加害者의責任을減輕ᄒᆞᆷ이可ᄒᆞᆯ지로되日本新民法은如此ᄒᆞᆫ主義ᄅᆞᆯ採用치아니ᄒᆞ야如何히惡意로써不法行爲ᄅᆞᆯ行ᄒᆞᆫ境遇던지又如何ᄒᆞᆫ輕過失의境遇ᄅᆞᆯ不問ᄒᆞ고原則으로ᄂᆞᆫ其責任이同一ᄒᆞ야既生ᄒᆞᆫ損害ᄂᆞᆫ總히此ᄅᆞᆯ賠償치아니ᄒᆞᆷ이不可ᄒᆞᆫ지라即惡意境遇에在ᄒᆞ야도損害가極히微少ᄒᆞᆫ事ㅣ有ᄒᆞᄂᆞ니故로如何히加害者에게惡意가有ᄒᆞ야도其微少ᄒᆞᆫ損害ᄅᆞᆯ賠償ᄒᆞ면足ᄒᆞ고又如何히過失의境遇라도其結果로損害가多大ᄒᆞᆫ事ㅣ有ᄒᆞᆯ지니如此ᄒᆞᆫ境遇에ᄂᆞᆫ其多大ᄒᆞᆫ損害ᄅᆞᆯ賠償치아니ᄒᆞᆷ이不可

있을 뿐이다. 그러므로 일본 신 민법 제722조 제2항에서 "피해자에게 과실이 있는 때에는 재판소는 손해배상액을 정하는 데 이를 참작할 수 있음"이라고 규정한 것이다. 나는 이 규정이 입법론으로 타당하지 않다고 생각한다. 피상적인 견해로 관찰하면 피해자도 과실이 있으므로 손해의 일부를 부담함이 마땅하다는 것은 실로 지당한 바이다. 그러나 이 규정에 따르면 과실의 크기에 따라 배상액에 차등을 두게 된다. 그러므로 일본 구 민법과 같이 고의와 과실을 구별하여 그 책임을 달리하기로 규정하지 않으면 균형을 이루었다고 할 수 없을 것이다. 이와 같은 태도를 취한다면 여기서 피해자에게 과실이 있는 경우에 가해자의 책임을 경감시켜야 하겠지만 일본 신 민법은 이와 같은 태도를 채용하지 않았다. 어떠한 악의로 불법행위를 행하였든, 또는 어떠한 경과실의 경우이든 불문하고 원칙적으로는 그 책임이 동일하여 이미 발생한 손해는 모두 배상하게 한 것이다. 즉, 악의의 경우에도 손해가 극히 미미할 수 있으므로 가해자에게 어떠한 악의가 있더라도 그 미미한 손해를 배상하면 족하고, 또 어떠한 과실의 경우라도 그 결과 손해가 매우 클 수 있는데 이와 같은 경우에는 그 매우 큰 손해를 배상하여야 하는

ᄒᆞᆫ지라何故오民法上不法行爲에關ᄒᆞᆫ規定은刑法과相異ᄒᆞ야惡事ᄅᆞᆯ行ᄒᆞᆫ者ᄅᆞᆯ懲戒ᄒᆞᆫ다云ᄒᆞᆷ이아니오單히或者의不法行爲即法律이許치아니ᄒᆞᆫ行爲에因ᄒᆞ야他人이損害ᄅᆞᆯ受ᄒᆞᆫ時ᄂᆞᆫ加害者가其損害ᄅᆞᆯ賠償치아니ᄒᆞ면不公平ᄒᆞ다云ᄒᆞᆷ이可ᄒᆞᆯ지라故로苟其過失이有ᄒᆞᆫ境遇에ᄂᆞᆫ其過失者로損害의全部ᄅᆞᆯ賠償케ᄒᆞᆷ이適當ᄒᆞᆫ바ㅣ라然而被害者도過失이有ᄒᆞᆫ境遇에損害가被害者와加害者兩人의行爲에因ᄒᆞ야生ᄒᆞᆫ者ㅣ라云ᄒᆞᆷ을得ᄒᆞᆯ境遇에在ᄒᆞ야ᄂᆞᆫ其損害의全部가加害者의行爲에因ᄒᆞ야生ᄒᆞᆫ者ㅣ라謂ᄒᆞᆷ을不得ᄒᆞᆯ지로대幾何의損害가被害者의行爲로브터生ᄒᆞ고幾何의損害가加害者의行爲로브터生ᄒᆞᆫ다ᄒᆞᆷ은實際에證明ᄒᆞ기困難ᄒᆞᆫ바ㅣ라然이나苟其證明ᄒᆞᆷ을得ᄒᆞᆯ境遇에在ᄒᆞ야ᄂᆞᆫ加害者ᄂᆞᆫ自己의行爲에因ᄒᆞ야生ᄒᆞᆫ損害만負擔ᄒᆞᆷ이相當ᄒᆞᆯ지로대是ᄂᆞᆫ被害者의過失有無에關係가無ᄒᆞᆫ者ㅣ니被害者가正當ᄒᆞᆫ行爲ᄅᆞᆯ行ᄒᆞᆯ際에他人의過失이有ᄒᆞ야損害가生ᄒᆞᆫ境遇에도仍히其正當ᄒᆞᆫ行爲로브터自己의게損害가生ᄒᆞᄂᆞᆫ事ㅣ有호대此正當ᄒᆞᆫ行爲로브터生ᄒᆞᆫ損害와過失로브터生ᄒᆞᆫ損害가相半ᄒᆞᄂᆞᆫ事도亦有ᄒᆞᆫ故로被害者의行爲가過失되ᄂᆞᆫ境遇에在ᄒᆞ야同一ᄒᆞᆫ事ㅣ有ᄒᆞᆷ도亦勿論이라因ᄒᆞ야

것이다. 왜냐하면 민법상 불법행위에 관한 규정은 형법과 달리 나쁜 일을 행한 사람을 징계한다는 것이 아니라, 다만 어떤 사람의 불법행위, 곧 법률이 허용하지 않은 행위로 인하여 타인이 손해를 입은 때에는 가해자가 그 손해를 배상하지 않으면 불공평하다고 하여야 한다. 그러므로 진실로 그 사람에게 과실이 있는 경우에는 그 과실 있는 자가 손해 전부를 배상하게 함이 적당하다는 것이다. 그런데 피해자도 과실이 있는 경우에 손해가 피해자와 가해자 두 사람의 행위로 인하여 발생한 것이라고 말할 수 없겠지만, 얼마의 손해가 피해자의 행위로부터 발생하였고 얼마의 손해가 가해자의 행위로부터 발생하였음을 실제로 증명하기는 어려운 것이다. 그러나 진실로 그 증명을 할 수 있는 경우에는 가해자는 자기 행위로 인하여 발생한 손해만 부담하는 것이 타당하겠지만 이는 피해자의 과실 유무와는 관계가 없는 것이다. 피해자가 정당한 행위를 행할 때 타인에게 과실이 있어 손해가 발생한 경우에도 여전히 그 정당한 행위로부터 자기에게 손해가 발생하는 일이 있다. 그렇지만 이 정당한 행위로부터 발생한 손해와 과실로부터 발생한 손해가 반반씩일 경우도 있다. 그러므로 피해자의 행위가 과실인 경우에 동일한 일이 있을 수 있음 또한 물론이다. 따라서

損害를證明ᄒᆞ기可得ᄒᆞᆯ境遇에在ᄒᆞ야ᄂᆞᆫ加害者一人이損害의全部를賠償ᄒᆞᆯ義務가無ᄒᆞᄂᆞ니何故오其損害의全部를加害者一人이生케ᄒᆞᆫ者ㅣ아닌所以라同民法第七百二十二條 第二項의 境遇ᄂᆞᆫ文字上으로 브터言ᄒᆞᆯ진대 如斯ᄒᆞᆫ境遇도包含ᄒᆞᆷ이可ᄒᆞᆯ지로대元來如斯ᄒᆞᆫ境遇를豫見ᄒᆞ고規定ᄒᆞᆫ者ㅣ아니오前述ᄒᆞᆷ과如히損害의全部가加害者의不法行爲로브터生ᄒᆞᆷ에相違가無ᄒᆞ되同時에被害者의게 過失이有ᄒᆞᆫ 故로加害者의 責任을減輕ᄒᆞᆷ을 得ᄒᆞᆫ다云ᄒᆞᆫ바ㅣ라是ᄂᆞᆫ余의不當ᄒᆞ다云ᄒᆞᄂᆞᆫ所以니以上에引用ᄒᆞᆫ實例에在ᄒᆞ야罵詈를ᄒᆞᆷ에因ᄒᆞ야負傷ᄒᆞᆷ이아니오罵詈ᄒᆞᆫ故로毆打ᄒᆞ고毆打ᄒᆞᆫ結果로負傷ᄒᆞᆫ者ㅣ니此를依ᄒᆞ야觀ᄒᆞᆯ진대被害者의 過失有無ᄂᆞᆫ 此를問ᄒᆞᆯ必要가 無ᄒᆞᆫ바ㅣ라 是ᄂᆞᆫ盖債務不履行의規定과不法行爲의規定을一致케ᄒᆞ고ᄌᆞᄒᆞᆷ으로브터生ᄒᆞᆫ錯誤니廣義에在ᄒᆞ야ᄂᆞᆫ債務의不履行도亦一不法行爲로대民法上所謂不法行爲와ᄂᆞᆫ其趣가頗異ᄒᆞᆫ지라即通常不法行爲境遇에在ᄒᆞ야ᄂᆞᆫ不法行爲에因ᄒᆞ야自初로當事者의게法律關係가生ᄒᆞᄂᆞᆫ者ㅣ오其以前에在ᄒᆞ야ᄂᆞᆫ全히無關係ᄒᆞᆫ人이니換言ᄒᆞ면一毫라도債權債務의關係가無ᄒᆞᆫ者ㅣ로되此와反ᄒᆞ야債務不履行의境遇에在ᄒᆞ

손해를 증명할 수 있는 경우에는 가해자 한 사람이 손해 전부를 배상할 의무가 없다. 왜냐하면 그 손해 전부를 가해자 한 사람이 발생시킨 것이 아니기 때문이다. 일본 민법 제722조 제2항은 문언상으로 말하면 이러한 경우도 포함되어야 하겠지만 원래 이러한 경우를 예견하고 규정한 것이 아니다. 전술한 것처럼 손해 전부가 가해자의 불법행위로부터 발생한 것임에는 틀림이 없지만 동시에 피해자에게 과실이 있으므로 가해자의 책임을 경감시킬 수 있다는 것이다. 이는 내가 부당하다고 하는 까닭이다. 이상에서 인용한 사례에서 욕을 함에 따라 상해를 입은 것이 아니라 욕을 하였으므로 폭행하고 폭행한 결과 상해를 입은 것으로, 이에 따라 본다면 피해자의 과실 유무는 물을 필요가 없는 것이다. 이는 대개 채무불이행 규정과 불법행위 규정을 일치시키고자 하는 데서 나온 착오이다. 광의로는 채무불이행 또한 하나의 불법행위이지만 민법상 이른바 불법행위와는 그 취지가 자못 다르다. 곧 통상의 불법행위에서는 불법행위로 인하여 처음으로 당사자에게 법률관계가 발생하는 것이고 그 이전에는 전혀 관계가 없는 사람들로, 바꾸어 말하면 추호도 채권채무관계가 없던 사람들이다. 이와 반대로 채무불이행에

야ᄂᆞᆫ旣히履行ᄒᆞᆯ義務ᄅᆞᆯ負ᄒᆞᆫ者卽債務者가有ᄒᆞ야相對者卽債權者에對ᄒᆞ야法律關係가存在ᄒᆞᆷ으로不履行에因ᄒᆞ야生ᄒᆞᄂᆞᆫ義務뿐아니라其以前에旣負ᄒᆞᆫ바義務가有ᄒᆞᆫ바ㅣ며又況所謂「不履行」이란事實은반다시債務者過失에만基因ᄒᆞᆷ이아니오寧히可矜ᄒᆞᆫ境遇가不尠ᄒᆞᆫ바ㅣ리오譬컨ᄃᆡ余가明日或人의게金千圓을支撥ᄒᆞᆯ義務ᄅᆞᆯ負ᄒᆞᆷ으로現金千圓을櫃中에藏置ᄒᆞ얏더니盜賊의게見奪ᄒᆞᆫ바ㅣ되야 履行不能에 至ᄒᆞ얏다ᄒᆞᆯ진대 貧乏ᄒᆞᆫ人으로更히金千圓을卽速辦出ᄒᆞ기不能ᄒᆞ나元來過失이有ᄒᆞ다云치못ᄒᆞᆯ지라然而履行ᄒᆞᆯ者ᄅᆞᆯ履行치못ᄒᆞᆫ故로其不履行으로從出ᄒᆞᄂᆞᆫ損害賠償의請求ᄅᆞᆯ拒絶ᄒᆞ기不能ᄒᆞ며又假令債務者가債權者ᄅᆞᆯ爲ᄒᆞ야一幅繪畵ᄅᆞᆯ畵給ᄒᆞᆯ義務ᄅᆞᆯ負ᄒᆞ얏더니債權者가某種原因을因ᄒᆞ야一時發怒ᄒᆞ야債務者ᄅᆞᆯ毆打ᄒᆞ야其右手ᄅᆞᆯ傷ᄒᆞᆷ으로暫時休業ᄒᆞᆷ에至ᄒᆞᆫ지라因ᄒᆞ야履行을遲延ᄒᆞᆷ에至ᄒᆞᆫ時ᄂᆞᆫ債務不履行의責을免ᄒᆞ기不能ᄒᆞ나債務者ᄂᆞᆫ其不履行에因ᄒᆞᄂᆞᆫ損害賠償의責을任치아니ᄒᆞᆯ뿐아니라反히債權者에對ᄒᆞ야損害賠償을請求ᄒᆞᆷ을得ᄒᆞᆯ지니如此ᄒᆞᆫ事ᄂᆞᆫ債務不履行境遇에往々히有ᄒᆞᆫ바ㅣ라是以로同民法第四百十八條에「債務不履行에關ᄒᆞ야債權者의게

서는 이미 이행할 의무를 진 사람, 곧 채무자가 있어 상대방, 곧 채권자에 대하여 법률관계가 존재한다. 따라서 불이행으로 인하여 발생하는 의무뿐 아니라 그 이전에 이미 부담하던 의무가 있는 것이다. 더구나 이른바 "불이행"이라는 사실은 반드시 채무자의 과실에만 기인하지 않고, 오히려 가엾이 여길 만한 경우가 적지 않다. 예컨대 내가 내일 어떤 사람에게 1천 원*을 지급할 의무를 부담하여 현금 1천 원을 궤짝 안에 숨겨두었는데 도둑에게 빼앗겨 이행불능이 되었다면, 가난한 사람이 다시 1천 원을 재빨리 융통할 수 없지만 원래 과실이 있다고 하지 못할 것이다. 그러나 이행할 것을 이행하지 못하였으므로 그 불이행으로부터 나오는 손해배상청구를 거절할 수 없다. 또 가령 채무자가 채권자를 위하여 그림을 한 폭 그려줄 의무를 부담하였는데 채권자가 어떤 원인으로 인하여 일시 화를 내 채무자를 폭행하여 오른손을 다치게 해 잠시 휴업하게 되었다고 하자. 이에 따라 이행을 지연시킨 때에는 채무불이행책임을 면할 수 없으나, 채무자는 그 불이행에 따른 손해배상책임을 지지 않을 뿐 아니라 도리어 채권자에 대하여 손해배상을 청구할 수 있을 것이다. 이와 같은 일은 채무불이행의 경우에 종종 있는 것이다. 그리하여 일본 민법 제418조에서 "채무불이행에 관하여 채권자에게

* 역자 주: 원문은 '圓'과 '圜'을 혼용하고 있음.

過失이有ᄒᆞᆫ時ᄂᆞᆫ裁判所ᄂᆞᆫ損害賠償의責任及其金額을定ᄒᆞᆷ에對ᄒᆞ야此ᄅᆞᆯ斟酌ᄒᆞᆷ」이라規定ᄒᆞᆷ은實로至當ᄒᆞᆫ바ㅣ나然이나不法行爲에基因ᄒᆞᄂᆞᆫ損害賠償의規定은此와同一ᄒᆞᆫ筆法으로出ᄒᆞ얏다云ᄒᆞ기不能ᄒᆞ니同民法上으로論ᄒᆞᆯ지라도此兩條의規定이同一치아니ᄒᆞᆫ지라即第一에同第四百十八條의規定에依ᄒᆞᆯ진ᄃᆡ損害賠償의責任에對ᄒᆞ야도此ᄅᆞᆯ斟酌ᄒᆞᆯ者ㅣ라ᄒᆞᆷ으로前의第二의境遇와如ᄒᆞᆷ은全히不履行者ᄂᆞᆫ損害賠償의責任을負치아니ᄒᆞᆫ다云ᄒᆞᆯ지나不法行爲에對ᄒᆞ야ᄂᆞᆫ如斯ᄒᆞᆫ境遇가不生ᄒᆞᄂᆞ니即其不法行爲라云ᄒᆞᆫ以上은반다시加害者의故意又ᄂᆞᆫ過失이有ᄒᆞᆷ으로無責任이라云ᄒᆞ기不能ᄒᆞᆫ바ㅣ라是以로同第七百二十二條第二項에ᄂᆞᆫ單히「損害賠償을定ᄒᆞᆷ에對ᄒᆞ야」라ᄒᆞ야다만金額을定ᄒᆞᆷ에關ᄒᆞ야規定ᄒᆞ얏슬ᄲᅮᆫ이오第二에同第四百十八條에ᄂᆞᆫ「裁判所ᄂᆞᆫ損害賠償의責任及其金額을定ᄒᆞᆷ에就ᄒᆞ야此ᄅᆞᆯ斟酌ᄒᆞᆷ」이라規定ᄒᆞᆫ故로반다시此ᄅᆞᆯ斟酌치아니치못ᄒᆞᄂᆞ니是卽當然ᄒᆞᆫ事라債權者의게過失이有ᄒᆞ면其不履行의原因이少ᄒᆞ야도一部分은債權者의게在ᄒᆞᄂᆞ니假令債權者가其居所ᄅᆞᆯ移轉ᄒᆞ고此ᄅᆞᆯ債務者의게通知치아니ᄒᆞᆷ을因ᄒᆞ야債務者ᄂᆞᆫ債權者의所在處ᄅᆞᆯ知

과실이 있는 때에는 재판소는 손해배상의 책임 및 그 금액을 정하는 데 이를 참작함"이라고 규정한 것은 실로 지당한 바이다. 그러나 불법행위에 기한 손해배상 규정은 이와 동일한 사고에서 나왔다고 할 수 없다. 일본 민법으로 논할지라도 이 두 조문 규정이 동일하지 않다. 즉, 첫째로 일본 민법 제418조에 따르면 손해배상의 책임에 대하여도 이를 참작하여야 한다고 함으로써, 앞의 둘째 경우 같으면 불이행자는 손해배상의 책임을 전혀 지지 않는다고 할 수 있다. 그러나 불법행위에 대하여는 이러한 경우가 발생하지 않는다. 곧 불법행위라고 한 이상 반드시 가해자의 고의 또는 과실이 있으므로 책임이 없다고 할 수 없는 것이다. 그리하여 일본 민법 제722조 제2항에서는 다만 "손해배상을 정하는 데"라고 하여 다만 금액을 정하는 데 관하여 규정하였을 뿐이다. 그리고 둘째로 일본 민법 제418조에서는 "재판소는 손해배상의 책임 및 그 금액을 정하는 데 이를 참작함"이라고 규정하였으므로 반드시 이를 참작하여야 한다. 이는 곧 당연한 것이다. 채권자에게 과실이 있으면 그 불이행의 원인이 적어도 일부분은 채권자에게 있다. 가령 채권자가 그 거소를 이전하고 이를 채무자에게 통지하지 않음으로 인하여 채무자가 채권자 소재지를 알

치못ᄒᆞᆫ지라然而此ᄅᆞᆯ知코져ᄒᆞᆯ진ᄃᆡ直時此ᄅᆞᆯ知得ᄒᆞᆯ道가有ᄒᆞᆷ에不拘ᄒᆞ고徒然히히此ᄅᆞᆯ放置ᄒᆞ얏다云ᄒᆞᆯ진ᄃᆡ或은債務者도過失이有ᄒᆞ다云ᄒᆞᆷ을得ᄒᆞᆯ지라故로此境遇도債務不履行됨에ᄂᆞᆫ相違ᄒᆞᆷ이無ᄒᆞ되債權者도其轉居ᄒᆞᆷ을通知치못ᄒᆞᆫ過失이有ᄒᆞᆫ者ㅣ니裁判所ᄂᆞᆫ반다시此ᄅᆞᆯ斟酌지아니ᄒᆞᆷ이不可ᄒᆞᆫ지라然而不法行爲境遇에ᄂᆞᆫ「此ᄅᆞᆯ斟酌ᄒᆞᆷ을得ᄒᆞᆷ」이라規定ᄒᆞ얏시니是ᄂᆞᆫ立法者도被害者의過失을斟酌ᄒᆞᆷ은甚히不當ᄒᆞᆫ事ㅣ됨을自覺ᄒᆞ야如此히規定ᄒᆞᆷ이아닌가然而解釋論으로ᄂᆞᆫ此에關ᄒᆞ야毫末도疑問이存ᄒᆞᆯ餘地가無ᄒᆞᆫ바ㅣ라

第五章　不法行爲의時效

不法行爲에因ᄒᆞᆫ債權의時效에就ᄒᆞ야만일明文이無ᄒᆞᆯ진대如何히此ᄅᆞᆯ定ᄒᆞᆷ이可ᄒᆞᆯ가盖不法行爲에因ᄒᆞᆫ損害賠償을請求ᄒᆞᄂᆞᆫ權利ᄂᆞᆫ一種의債權이라故로債權에關ᄒᆞᆫ一般規定에依ᄒᆞ야十年時效에罹ᄒᆞᆷ이可ᄒᆞᆫ바ㅣ라然而不法行爲의問題ᄂᆞᆫ歲月을經過ᄒᆞᆷ에因ᄒᆞ야其證據가不明에歸ᄒᆞᄂᆞ니假令金錢을借用ᄒᆞᆫ境遇와如ᄒᆞᆷ은通常證書가有ᄒᆞᆫ故로債權者ᄂᆞᆫ其證書ᄅᆞᆯ保有ᄒᆞ얏실지니多數境遇에在ᄒᆞ야ᄂᆞᆫ其權利가明白ᄒᆞᆯ지로되不法行爲境遇에在ᄒᆞ야ᄂᆞᆫ몬져證書ᄅᆞᆯ書給ᄒᆞ

지 못하였으나 이를 알고자 하면 곧바로 이를 알 길이 있음에도 불구하고 공연히 이를 방치하였다고 하자. 그러면 더러는 채무자도 과실이 있다고 할 수 있으므로 이 경우도 채무불이행임에는 틀림이 없지만, 채권자도 거소 이전을 통지하지 못한 과실이 있는 것이므로 재판소가 반드시 이를 참작하여야 하는 것이다. 그러나 불법행위의 경우에는 "이를 참작할 수 있음"이라고 규정하였다. 이는 입법자도 피해자의 과실을 참작하는 것이 매우 부당한 일임을 자각하여 이와 같이 규정한 것이 아닌가? 그러나 해석론으로는 이에 관하여 털끝만큼도 의문이 존재할 여지가 없는 것이다.

제5장 불법행위의 시효

불법행위로 인한 채권의 시효에 대하여 만일 명문이 없다면 어떻게 정하여야 하는가? 대개 불법행위로 인한 손해배상을 청구할 권리는 일종의 채권이므로 채권에 관한 일반규정에 따라 10년의 시효에 걸리는 것이 옳다. 그러나 불법행위의 문제는 세월이 경과됨에 따라 그 증거가 불명확해진다. 가령 금전을 차용한 경우 같으면 통상 증서가 있으므로 채권자가 그 증서를 보유하였을 것이어서 많은 경우 그 권리가 명백할 것이다. 그런데 불법행위의 경우에는 먼저 증서를 써 주고人의頭를歐打ᄒᆞᆷ과如ᄒᆞᆫ事는必無ᄒᆞᆯ지라故로事實의證據는歲月과共히滅失ᄒᆞᆷ에至ᄒᆞᆯ지니假令負傷ᄒᆞᆫ者의創痍가全愈ᄒᆞᆯ진ᄃᆡ事實은不明에歸ᄒᆞᆯ바ㅣ오縱令證人이有ᄒᆞᆯ지라도其中에死亡者도有ᄒᆞ고又는居所가不明ᄒᆞᆫ者도亦有ᄒᆞᆯ바ㅣ오又況證人도長年月後에는記憶力이充分치못ᄒᆞ야法廷에出ᄒᆞ야도正確히記憶치못ᄒᆞ는意를陳述ᄒᆞ야到底히證人된効用이無ᄒᆞᆷ에至ᄒᆞᆯ지라是以로不法行爲責任의時効는通常債權의時効브터短期되지아니ᄒᆞᆷ이不可ᄒᆞᆯ지니即反面에在ᄒᆞ야는만일損害賠償을請求코져ᄒᆞᆯ진대可成的迅速히請求ᄒᆞᆷ이可ᄒᆞᆫ精神으로써日本新民法은三年時效로定ᄒᆞᆫ바ㅣ라然而其三年을不法行爲의時로브터計筭ᄒᆞ는者ㅣ라ᄒᆞᆯ時는被害者에就ᄒᆞ야甚히苛酷ᄒᆞᆯ지니何者오被害者는往々加害者를知치못ᄒᆞ는事ㅣ有ᄒᆞ고又財産上의損害와如ᄒᆞᆷ은其損害를被害者가스사로此를知치못ᄒᆞ는事ㅣ或有ᄒᆞᆯ바ㅣ라假令隔離ᄒᆞᆫ倉庫中에藏置ᄒᆞᆫ物品을毁損ᄒᆞᆫ境遇와如ᄒᆞ니故로만일損害要償權이行爲의時로브터三年時效에罹ᄒᆞ는者ㅣ라ᄒᆞᆯ진대往々訴求ᄒᆞ기不能ᄒᆞᆷ에至ᄒᆞᆯ자라是以로法律은其結果된損害及其加害者를知ᄒᆞᆫ時로브터起算ᄒᆞᆷ이可ᄒᆞ니日本新民法은第七百二十四

고 사람의 머리를 폭행하는 것 같은 일은 있을 수 없다. 그러므로 사실의 증거는 세월과 함께 사라지게 될 것이다. 가령 상해를 입은 자의 상처가 완전히 낫는다면 사실이 불명확해질 것이고, 설령 증인이 있을지라도 그중에 사망자도 있고 또는 거소가 불분명한 사람도 있을 것이다. 더구나 증인도 오랜 시간이 지난 뒤에는 기억력이 충분하지 못하여 법정에 나와도 정확히 기억하지 못한다는 뜻을 진술하여, 도저히 증인으로서 효용이 없게 될 것이다. 그리하여 불법행위책임의 시효는 일반채권의 시효보다 단기일 수밖에 없다. 곧 뒤집어 말하면 만일 손해배상을 청구하고자 하면 가급적 신속히 청구하여야 한다는 정신에서, 일본 신 민법은 시효를 3년으로 정한 것이다. 그러나 그 3년을 불법행위를 한 때부터 계산하는 것이라고 하면 피해자에게 매우 가혹할 것이다. 왜냐하면 피해자는 종종 가해자를 알지 못할 수도 있고, 또 재산상 손해 같으면 그 손해를 피해자 스스로 알지 못하는 일도 더러 있을 것이다. 가령 멀리 떨어진 창고 안에 저장해 둔 물품을 훼손한 경우와 같다. 그러므로 만일 손해배상청구권이 행위를 한 때부터 3년의 시효에 걸린다고 하면 종종 소로 청구할 수 없게 될 것이다. 그리하여 법률은 그 결과가 된 손해 및 가해자를 안 때부터 기산(起算)함이 마땅하다. 따라서 일본 신 민법은 제724

條에「不法行爲에因ᄒᆞ야損害賠償의請求權은被害者又ᄂᆞᆫ其法定代理人이損害及加害者ᄅᆞᆯ知ᄒᆞᆫ時로브터 三年間此ᄅᆞᆯ行치아니ᄒᆞᆫ 時ᄂᆞᆫ時效에 因ᄒᆞ야消滅ᄒᆞᆷ」이라規定ᄒᆞᆫ바ㅣ라

上述ᄒᆞᆫ規定은元來時效ᄅᆞᆯ短期로定코ᄌᆞᄒᆞᄂᆞᆫ規定이라故로만일此規定만有ᄒᆞᆯ時ᄂᆞᆫ反히長久ᄒᆞᆷ에失ᄒᆞᆯ處가有ᄒᆞᆯ지니即損害事實이數十年을經過ᄒᆞᆫ後에비로소發見된時ᄂᆞᆫ其時로브터更히三年을經過치아니ᄒᆞ면時效에罹치아니ᄒᆞᆯ지니然즉反히普通時效보더長久ᄒᆞᆷ에至ᄒᆞᆯ지라故로同條後段에「不法行爲의時로브터二十年을經過ᄒᆞᆫ時도亦同ᄒᆞᆷ」이라規定ᄒᆞᆫ바ㅣ라

此二十年이라云ᄒᆞᆫ規定은權衡을保有치못ᄒᆞᆫ嫌이有ᄒᆞ니盖債權時效의原則은十年이라故로不法行爲境遇에在ᄒᆞ야도亦十年됨이可ᄒᆞᆯ지로ᄃᆡ此에ᄂᆞᆫ特히二十年이라規定ᄒᆞᆷ은法律의鈌點이라云치아니ᄒᆞᆷ이不可ᄒᆞ도다

尙且此規定에對ᄒᆞᆫ一個例外가有ᄒᆞ니其例外ᄂᆞᆫ卽日本刑事訴訟規定으로브터生ᄒᆞᆫ者ㅣ라 同刑事訴訟法第九條 以下에私訴의 時效에關ᄒᆞᆫ 規定이有ᄒᆞ니此ᄅᆞᆯ依ᄒᆞᆯ진ᄃᆡ公訴가時效에罹ᄒᆞᆫ時ᄂᆞᆫ私訴도亦時效에罹ᄒᆞᄂᆞᆫ者ㅣ라ᄒᆞ고오즉刑

조에서 "불법행위로 인한 손해배상의 청구권은 피해자 또는 그 법정대리인이 손해 및 가해자를 안 때부터 3년간 행사하지 않은 때에는 시효로 인하여 소멸함"이라고 규정한 것이다.

위에 서술한 규정은 원래 시효를 단기로 정하고자 하는 규정이다. 그러므로 만일 이 규정만 있을 때에는 도리어 오랜 세월이 걸릴 우려가 있다. 곧 손해가 발생한 사실이 수십 년이 지난 뒤에 비로소 발견된 때에는 그때부터 다시 3년이 지나지 않으면 시효에 걸리지 않을 것이다. 그렇다면 도리어 일반시효보다 더 오래 걸리게 될 것이다. 그러므로 같은 조 후단에서 "불법행위를 한 때부터 20년이 경과한 때에도 또한 같음"이라고 규정한 것이다.

이 20년이라는 규정은 균형을 잃었다는 의문이 있다. 대개 채권의 시효 원칙은 10년이다. 그러므로 불법행위의 경우 또한 10년이 되는 것이 마땅할 텐데 여기서는 특별히 20년이라고 규정한 것은 법률의 결점이라고 하지 않을 수 없다.

또한 이 규정에 대하여 하나의 예외가 있다. 그 예외는 곧 일본 형사소송법에서 발생한 것이다. 일본 형사소송법 제9조 이하에는 사소(私訴)*의 시효에 관한 규정이 있다. 이에 따르면 공소(公訴)가 시효에 걸린 때에는 사소 또한 시효에 걸리는 것이라고 한다. 다만 형

* 역자 주: 오늘날 '소송촉진 등에 관한 특례법'상 배상명령에 대응하는 제

事의判決이有ᄒᆞᆫ後新히民事의訴訟ᄅᆞᆯ起ᄒᆞᄂᆞᆫ境遇에ᄂᆞᆫ民法規定에에依ᄒᆞᄂᆞᆫ者ㅣ라云ᄒᆞᆫ지라其結果로刑法上罪에就ᄒᆞ야ᄂᆞᆫ損害要償權은重罪에在ᄒᆞ야ᄂᆞᆫ十年、輕罪에在ᄒᆞ야ᄂᆞᆫ二年。違警罪에在ᄒᆞ야ᄂᆞᆫ六個月時效에罹ᄒᆞᄂᆞᆫ者ㅣ라(日本刑事訴訟法第八條) 云ᄒᆞᆫ故로民法에在ᄒᆞ야定ᄒᆞᆫ損害及加害者ᄅᆞᆯ知ᄒᆞᆫ時로브터三年이라云ᄒᆞᆷ보더ᄂᆞᆫ短期됨이有ᄒᆞᆯ지니即違警罪ᄂᆞᆫ恒常短期될바ㅣ오輕罪도亦短期되ᄂᆞᆫ事ㅣ最多ᄒᆞᆯ바ㅣ라蓋此規定을設ᄒᆞᆫ理由ᄂᆞᆫ刑法上犯罪될事項으로尙且刑法上罰ᄒᆞᆷ이不可ᄒᆞᆷ에至ᄒᆞᆫ後에도民事訴訟으로損害賠償의請求ᄅᆞᆯ行ᄒᆞᆷ을得케ᄒᆞᆯ진ᄃᆡ刑法上殺人、歐打創傷等으로罰ᄒᆞ기不能ᄒᆞᆷ에不拘ᄒᆞ고裁判所ᄂᆞᆫ尙且被告ᄅᆞᆯ殺人或歐打創傷者로認치아니ᄒᆞᆷ이不可ᄒᆞᆷ에至ᄒᆞᆯ지라故로私訴의時效ᄅᆞᆯ公訴의時效와同一히規定ᄒᆞᆫㅣ라然而此에關ᄒᆞᆫ規定이立法上其宜ᄅᆞᆯ得ᄒᆞᆫ與否ᄂᆞᆫ玆에詳述ᄒᆞᆯ必要가無ᄒᆞ도다

債權法第三部 (完)

사판결이 있은 뒤 새로 민사소송을 제기하는 경우에는 민법 규정에 따르는 것이라고 하였다. 그 결과 형법상 죄에 대하여는 손해배상청구권이 중죄의 경우 10년, 경죄의 경우 3년, 경범죄는 6개월의 시효에 걸리는 것이라(일본 형사소송법 제8조)고 하였다. 그러므로 민법에서 정한 손해 및 가해자를 안 때부터 3년이라는 것보다 더 기간이 짧은 것이 있다. 곧 경범죄는 언제나 단기가 될 것이고 경죄 또한 단기가 되는 경우가 많을 것이다. 대개 이 규정을 마련한 이유는, 형법상 범죄가 될 사항을 오히려 형법상 처벌할 수 없게 된 뒤에도 민사소송으로 손해배상청구를 할 수 있게 하면 형법상 살인, 폭행, 상해 등으로 처벌할 수 없음에도 불구하고 재판소가 오히려 피고를 살인 또는 폭행, 상해자로 인정할 수밖에 없어질 것이다. 그러므로 사소의 시효를 공소시효와 동일하게 규정한 것이다. 그러나 이에 관한 규정이 입법상 타당한지 여부는 여기서 자세히 서술할 필요가 없다.

채권법 제3부 (끝)

도. 일본의 1890년 형사소송법 제2조는 "사소(私訴)는 범죄로 인하여 발생한 손해의 배상, 장물의 반환을 목적으로 하며 민법에 따라 피해자에게 속함"이라고 규정하였음.

채권법 제3부

초판 발행 1쇄 2025년 1월 20일

지은이 조성구
옮긴이 명순구
www.kupress.com
kupress@korea.ac.kr
(02841) 서울특별시 성북구 안암로 145
Tel 02-3290-4230, 4232
Fax 02-923-6311
찍은곳 네오프린텍(주)

ISBN 979-11-6956-095-5 93360

값 24,000원